ECONOMIA
E INTERDISCIPLINARIDADE(S)

*Celia Lessa Kerstenetzky*
*Vítor Neves* (orgs.)

ALMEDINA   ces

**ECONOMIA E INTERDISCIPLINARIDADE(S)**
ORGANIZADORES
CELIA LESSA KERSTENETZKY
VÍTOR NEVES
EDITOR
EDIÇÕES ALMEDINA, S.A.
Rua Fernandes Tomás, nºs 76-80
3000-167 Coimbra
Tel.: 239 851 904 · Fax: 239 851 901
www.almedina.net · editora@almedina.net
DESIGN DE CAPA
FBA.
PRÉ-IMPRESSÃO, IMPRESSÃO E ACABAMENTO
G.C. – GRÁFICA DE COIMBRA, LDA.
Palheira Assafarge, 3001-453 Coimbra
producao@graficadecoimbra.pt
Julho, 2012
DEPÓSITO LEGAL
346316/12

Os dados e as opiniões inseridos na presente publicação são da exclusiva responsabilidade do(s) seu(s) autor(es).
Toda a reprodução desta obra, por fotocópia ou outro qualquer processo, sem prévia autorização escrita do Editor, é ilícita e passível de procedimento judicial contra o infractor.

---

BIBLIOTECA NACIONAL DE PORTUGAL – CATALOGAÇÃO NA PUBLICAÇÃO
ECONOMIA E INTERDISCIPLINARIDADE(S)
Economia e interdisciplinaridade(s) / org. Celia Lessa
Kerstenetzky, Vítor Neves.
ISBN 978-972-40-4823-9
I – KERSTENETZKY, Celia Lessa
II – NEVES, Vítor

CDU 33

# ÍNDICE

**Introdução**

**Capítulo 1. Notas sobre Furtado e a democracia, ou o economista enquanto cientista político (1947-1967)**
*Mauro Boianovsky*

| | |
|---|---|
| Introdução | 15 |
| Democracia na América | 16 |
| Patriarcalismo e política no Brasil | 21 |
| Populismo e intervenção militar | 23 |
| Discussão | 26 |
| Referências Bibliográficas | 28 |

**Capítulo 2. Um exercício interdisciplinar: identificar o lugar do Estado na Economia**
*José Reis*

| | |
|---|---|
| Introdução | 29 |
| A visão liberal: um lugar demasiado central no pensamento económico | 31 |
| Um ponto específico da discussão institucionalista acerca do Estado: a noção de mercado como construção política | 35 |
| O leque complexo de papéis do Estado imerso na sociedade: base, ação e trajetória | 38 |
| A rediscussão do problema perante uma crise fundamental | 42 |
| A compreensão do papel material do Estado exige uma teoria institucionalista do Estado e da sociedade | 46 |
| Conclusão: os exercícios interdisciplinares sobre o Estado (e a turbulência do mundo) | 50 |
| Referências Bibliográficas | 52 |

**Capítulo 3. Economia e Ética: a virada normativa?**
*Celia Lessa Kerstenetzky*

| | |
|---|---|
| Introdução | 55 |
| No começo foi a Ética ... | 55 |
| No novo começo também ...: Léon Walras e John Neville Keynes | 58 |
| Escolha social e justiça social | 62 |
| Rawls & Sen e o critério de Pareto | 70 |
| Rawls & Sen e justiça | 72 |
| Conclusão | 73 |
| Referências Bibliográficas | 75 |

**Capítulo 4. A objetividade nas ciências sociais: Gunnar Myrdal e o último dogma do empirismo**
*José Castro Caldas*

| | |
|---|---:|
| Introdução | 77 |
| O elemento político escondido na "teoria económica" | 80 |
| A rutura com o "empirismo ingénuo" | 83 |
| Objetividade apesar da dependência dos valores | 86 |
| A objetividade para lá do último dogma do empirismo | 89 |
| Conclusão | 94 |
| Referências Bibliográficas | 96 |

**Capítulo 5. Economia e análise de discurso: para além da retórica**
*Emmanoel de Oliveira Boff*

| | |
|---|---:|
| Introdução | 99 |
| Discurso, Verdade, Referência | 101 |
| Entra o discurso | 104 |
| O aparecimento da figura do Homem e seu papel na obra de Mill | 106 |
| A figura do Homem no livro VI do Sistema de Lógica (SL) | 109 |
| A figura do Homem no Utilitarianismo | 112 |
| A figura do Homem e os PPE | 117 |
| Considerações Finais | 121 |
| Referências Bibliográficas | 123 |

**Capítulo 6. A análise dos custos sociais em Ronald Coase e K. William Kapp: duas perspetivas sobre a Economia e a interdisciplinaridade**
*Vítor Neves*

| | |
|---|---:|
| Introdução | 125 |
| Ronald Coase e os custos sociais | 128 |
| K. W. Kapp e os custos sociais | 134 |
| Duas "visões" e "modos de pensar" a Economia e a interdisciplinaridade | 139 |
|     i. Reciprocidade vs. Poder | 140 |
|     ii. Equilíbrio vs. causalidade cumulativa | 141 |
|     iii. Valoração monetária vs. valoração social | 141 |
| Conclusão | 144 |
| Referências Bibliográficas | 146 |

## Capítulo 7. Economia e Sociologia Econômica: Abordagens, Objetos e Práticas
*David Dequech*

| | |
|---|---|
| Instituições e a relação entre economia e sociologia na academia: uma visão histórica | 150 |
| Disciplinas definidas por abordagens? Algumas complicações | 154 |
| Disciplinas definidas por objetos? A proximidade entre economia e sociologia econômica | 156 |
| Instituições | 157 |
| Instituições e outros aspectos do social | 159 |
| O importante caso particular dos mercados | 160 |
|    a) As bases institucionais dos mercados | 161 |
|    b) A ubiquidade e importância das instituições na vida econômica | 163 |
| Disciplinas definidas por práticas? | 164 |
| Comentários à guisa de conclusão | 165 |
| Referências Bibliográficas | 170 |

## Capítulo 8. Entre a Economia e a Psicologia: comportamento e experiências
*Ana Cordeiro Santos*

| | |
|---|---|
| As origens comuns da economia comportamental e experimental | 173 |
| As difíceis relações entre a Economia e a Psicologia | 176 |
| A fundação da economia comportamental | 180 |
| Economia comportamental versus economia experimental | 184 |
| Notas finais | 190 |
| Referências Bibliográficas | 192 |

## Capítulo 9. História Empresarial e Teoria Econômica: Reiterando um convite de Schumpeter
*Jaques Kerstenetzky*

| | |
|---|---|
| Introdução | 197 |
| "História na teoria": Teoria Econômica e História Econômica | 200 |
| Teoria na História: História de empresas e teoria da firma | 213 |
| Conclusão: juntando história na teoria e teoria na história | 218 |
| Referências Bibliográficas | 222 |

## Capítulo 10. O processo de formação das organizações do terceiro setor: uma abordagem interdisciplinar
*Vasco Almeida*

| | |
|---|---|
| Introdução | 225 |

O institucionalismo económico e os estudos do terceiro setor ... 227
Níveis de análise institucional e terceiro setor ... 229
As instituições ... 230
Os arranjos institucionais ... 233
Os setores institucionais ... 235
As organizações ... 237
O indivíduo institucionalizado ... 239
Um modelo causal de explicação ... 241
Considerações Finais ... 245
Referências Bibliográficas ... 248

**Capítulo 11. As cidades da Economia: de um saber disciplinar a uma ciência aberta**
*Nuno Serra*
Introdução ... 253
As cidades em laboratório: A Economia Urbana convencional
As cidades da Nova Geografia Económica ... 265
Para uma Economia Política das cidades ... 274
Referências Bibliográficas ... 284

**Sobre os autores** ... 287

# INTRODUÇÃO

A Economia é hoje – foi-o sempre, aliás, mais nuns períodos do que noutros – um espaço de confluência de múltiplos saberes. Um lugar de convergência instável de vários discursos disciplinares, de cooperação e conflito. Um campo de estudo onde "visões", temas, métodos e metáforas com origens diversas se cruzam e são assimilados. Mas também um espaço de irradiação para outros domínios.

Contudo, a intensidade, relevância e implicações de tais relações de fertilização recíproca está longe de ser reconhecida e, sobretudo, pensada pelos economistas. Por um lado, tende-se a "naturalizar" a Economia, a supô-la uma ciência totalmente autónoma, ignorando a importância daquelas relações na estruturação da própria disciplina e desvalorizando os esforços e o potencial de uma autorreflexão crítica em torno desta questão. É o que podemos designar como atitude de "negação". Por outro lado, uma atitude simétrica, desta vez de "aceitação", embora reconhecendo, algo vagamente, as origens interdisciplinares da Economia e o facto de os pressupostos, as métricas e as implicações de política poderem não ser neutros nem completamente isentos de valores, aceita isso passivamente como inultrapassável. Em ambos os casos se afirma a irrelevância da discussão da questão da interdisciplinaridade.

Por contraposição a estas atitudes de "negação" e "aceitação", os textos incluídos neste livro assumem a necessidade de estimular o debate e a reflexão, com uma atitude cética de "exame crítico", em torno desta questão.

Temos consciência de que "interdisciplinaridade" é hoje, como se lamentava Olga Pombo, uma palavra gasta, vulgarizada, quantas vezes vazia de sentido – "[u]m conceito à deriva, uma palavra à procura de uma teoria" (Pombo, 2004: 13) –, um conceito desprezado por muitos como uma espécie de regresso ao passado, um sinónimo de fuga ao rigor e exigência das disciplinas contemporâneas especializadas. Mas que é, ao mesmo tempo, "um conceito quase mágico" (idem: 29), porque remete para conexões fundamentais que se deseja reconstruir.

O pressuposto de que partimos é que existem várias interdisciplinaridades e conotações plurais neste domínio, sendo múltiplos os tópicos a tratar e as interconexões que entre eles podem ser estabelecidas. Esta pluralidade está bem expressa nos textos deste livro. Ela traduz-se na diversidade das relações interdisciplinares consideradas (relações da Economia com a Ciência Política, a Sociologia, a Psicologia, a História, a Filosofia ou a Ética), nos diferentes entendimentos sobre o significado da interdisciplinaridade (desde a simples colaboração entre disciplinas à integração transdisciplinar dos saberes), nos temas/problemas analisados (Estado, organizações do terceiro setor, cidades, etc).

Um traço é comum às várias abordagens adotadas. A consciência da necessidade de, através delas, discutir o conceito de interdisciplinaridade, as conceções diversas de Economia que lhe estão associadas e as implicações que daí poderão resultar para as práticas da Economia. Mais especificamente: em que medida os esforços de construção de uma disciplina mais sólida e relevante num mundo turbulento como é o mundo de hoje trazem para primeiro plano a questão da interdisciplinaridade? Poderá a reflexão sobre a interdisciplinaridade fazer avançar a agenda (teórica e aplicada) da Economia? De que modo(s)? Que lições poderemos retirar da história do pensamento económico, nomeadamente revisitando autores como Celso Furtado, Gunnar Myrdal ou Alfred Marshall, reexaminando conceitos como o de custos sociais ou temas como a natureza do Estado e o seu papel na economia ou as origens morais e políticas da Economia? Que implicações para a estruturação e prática da Economia estarão a ter os recentes desenvolvimentos em áreas de fronteira como a economia comportamental ou a sociologia económica? Como as avaliar?

São questões a que não nos podemos furtar. São questões que, de uma maneira ou de outra, são tratadas nos diferentes textos compilados neste livro. Sem pretensões de respostas definitivas. Antes com o propósito de abrir pistas de discussão e aprofundar a reflexão.

No capítulo 1, **Mauro Boianovsky** nos relata episódio, protagonizado por Celso Furtado, do economista enquanto cientista político. A partir de seu interesse pela questão de "por que eles [os Estados Unidos] encontraram o caminho certo, o do desenvolvimento, e nós [o Brasil] o errado, o do subdesenvolvimento?", o Furtado recuperado por Boianovsky nos conduz por um longo caminho analítico que remete à análise histórica e institucional das matrizes socioeconômicas e, sobretudo, das estruturas de poder dessas sociedades, sem o concurso da qual um confronto definitivo com a questão parece inútil. Como registra Boianovsky, "apesar de fazer uso de conceitos da teoria e historia econômica", o autor recusa o lugar do "economista como 'imperialista social'".

**José Reis** convida-nos, no capítulo 2, a repensar a tendência "separatista" que concebe o Estado e a sociedade (ou, de forma ainda mais redutora, o mercado) como entidades opostas. Propõe-nos, em alternativa, pensar o Estado – a que chama *a-instituição-das-instituições* – com base numa perspetiva holista e relacional na qual as dinâmicas materiais e relacionais da sociedade e o papel do Estado como instituição configuradora das dinâmicas económicas e sociais são considerados. Nesse sentido, faz um percurso que o leva da crítica da visão liberal do Estado à defesa de uma teoria institucionalista da sociedade e do Estado – entendido este como ator imerso na sociedade – na qual o Estado define e consolida infraestruturas coletivas de funcionamento e inovação sociais, influencia os padrões coletivos do desempenho económico e social, e corporiza orientações estratégicas configurando trajetórias. Esta abordagem, defende o autor, fundamenta uma aproximação ontológica à identificação e à interpretação de problemas – uma abordagem que designa como "indisciplinar" – mais do que de relação entre disciplinas.

Em um movimento de resignificação das origens da Economia, **Celia Lessa Kerstenetzky**, no capítulo 3, recupera o diálogo com a Ética não apenas por seu interesse histórico, mas, sobretudo, como filiação que lhe confere parentesco: portanto não apenas como gênese, mas como genética. Nesse sentido, a virada normativa representaria a possibilidade de a Economia lidar com vários problemas que foram ou sendo deportados para além-fronteiras (e encapsulados em axiomas frágeis), como a questão das comparações interpessoais em uma escolha social, ou não examinados em sua dimensão normativa e, desse modo, naturalizados, como as questões de desenvolvimento e precificação de bens, retirando-lhe boa dose de relevância.

No capítulo 4, **José Castro Caldas** centra-se na discussão da obra de Gunnar Myrdal para, com base nela, analisar a relação entre a teoria económica e os valores morais. O *ethos* da ciência e a questão da objetividade nas ciências sociais são aqui os temas centrais. A preocupação do autor é a crescente mercadorização do conhecimento e o que considera ser um enviesamento ideológico da Economia a favor de uma conceção particular de organização socioeconómica e a ativa marginalização de visões rivais. Nesse quadro, e recorrendo também aos contributos de John Dewey e Hilary Putnam, procura mostrar de que forma o conceito de objetividade pode ser repensado e reconfigurado e a objetividade – referida tanto a factos como a valores – preservada como fundamento do *ethos* da ciência.

Em uma referência à análise do discurso, que remete a Economia a suas raízes filosóficas, **Emmanoel Boff** examina, no capítulo 5, com o auxílio de Foucault, em que medida ambiguidades presentes na ideia de *homo economicus* remontariam à episteme moderna e sua ambígua construção da ideia de Homem, como ente historicamente condicionado e como sujeito do conhecimento. Essa ambiguidade é identificada em vários momentos da Economia Política de J. S. Mill. Ultrapassando as instâncias identificadas pelo autor, essa problemática convida a uma reflexão contemporânea sobre os modos recentes de eliminá-la da Economia, normalmente em prejuízo da dimensão do "sujeito do conhecimento".

**Vítor Neves**, no capítulo 6, analisa as abordagens de Ronald Coase e K. William Kapp sobre os custos sociais. O propósito é mostrar: (1) que as conceções sobre o que é a Economia, sobre a natureza do seu objeto e sobre a interdisciplinaridade não são irrelevantes para a prática da investigação económica; e (2) que subjacentes às diferenças teóricas entre Coase e Kapp estão, em última análise, visões do mundo e modos de pensar a Economia e o "económico" radicalmente diferentes. É a este nível, defende o autor, que os fundamentos últimos para os entendimentos diversos de Coase e Kapp acerca da interdisciplinaridade – colaboração entre disciplinas mais ou menos autónomas (interdisciplinaridade) ou integração do conhecimento social assente na definição de um quadro conceptual comum e especialização temática (transdisciplinaridade) – deverão ser encontrados. Pensar a questão da interdisciplinaridade será, em última análise, pensar a própria Economia como disciplina.

No capítulo 7, **David Dequech** faz um convite ao diálogo interdisciplinar entre a Economia e a Sociologia (econômica) a partir do reconhecimento de um elemento analítico comum, as instituições. Estas explicitariam o caráter social do econômico, o qual teria sido insuficientemente explorado em seu potencial de constituir as bases para uma abordagem unificada, multidepartamental, explicativamente mais robusta, dos problemas econômicos. As dificuldades de delimitação dos campos disciplinares da economia e da sociologia econômica – campos em si mesmos marcados por irredutível diversidade na compreensão do objeto e nas abordagens –, ao lado do prestígio crescentemente recobrado pelas instituições nas ciências sociais (na economia em particular), testemunhariam a fertilidade do projeto.

**Ana Cordeiro Santos**, no capítulo 8, faz uma incursão pelas difíceis relações entre a Economia e a Psicologia, revendo os debates travados e os argumentos trocados entre economistas experimentais e comportamentais. Ao longo do texto ficamos a saber de que modo a economia comportamental, enquanto área de estudos de interseção entre a Economia e a Psicologia, reabilita o diálogo entre as duas disciplinas. Para a autora, os desenvolvimentos mais recentes neste domínio, nomeadamente o surgimento de novas áreas especializadas – como as finanças comportamentais, a teoria de jogos comportamental ou a economia pública comportamental – tornam expectável uma intensificação das relações entre a Economia e a Psicologia e sugerem que a investigação tenderá a ser, cada vez mais, focada em problemas exigindo recursos heterogéneos de diferentes proveniências disciplinares.

As relações dessa vez entre História e Economia são revisitadas, no capítulo 9, por **Jaques Kerstenetzky**. O processo de "deistoricização" da Economia e posterior "reistoricização", até certo ponto falhada, com a cliometria, é esclarecido, mas o que chama a atenção é o enorme resíduo: uma carência de maior absorção de conteúdo histórico no cerne das proposições teóricas em Economia, para responder à evidente variedade e variação do material a tratar. Na medida em que a Economia se esforça para entender a mudança, é de uma Economia histórica que se carece. A recuperação de procedimentos metodológicos contidos em Marshall – reverberando sugestões da Escola Histórica Alemã e seletivamente esquecidos – e em Schumpeter é oportunamente sugerida.

No capítulo 10, **Vasco Almeida** propõe-nos uma explicação institucionalista do processo de formação das organizações do terceiro setor (OTS) assente na consideração de cinco níveis de análise institucional: as instituições, os arranjos institucionais, os setores institucionais, as organizações e os indivíduos. O modelo causal das dinâmicas institucionais que nos apresenta procura articular o nível micro com o nível macro, isto é, atender quer à motivação e intencionalidade dos atores, quer às estruturas institucionais que contextualizam a ação individual. As tensões e conflitos entre grupos sociais com interesses e graus de poder diversos bem como a dimensão cognitiva presente nos processos de mudança institucional tornam clara, segundo o autor, a necessidade de alargamento das fronteiras disciplinares da análise económica convencional, sem o qual não será possível compreender as diferentes racionalidades envolvidas no processo de formação das OTS.

No último capítulo, **Nuno Serra** centra-se também na análise de um tema específico – as cidades. A questão fundamental aqui é a da definição e delimitação do que é (e não é) económico nas cidades. O percurso que efetua pela Economia Urbana convencional, pela Nova Geografia Económica e pelo que designa por Economia Política das cidades leva-o a identificar diferentes modos de olhar e conceber as cidades na Economia – objetos, modos de aproximação à realidade e métodos de análise distintos – e também diferentes graus de abertura ao diálogo interdisciplinar, desde a relativa impermeabilidade disciplinar da Economia Urbana convencional à abertura transdisciplinar da Economia Política das cidades.

*\*\**

A aventura pelas águas turvas e mágicas das interdisciplinaridades nos reuniu a todos em um workshop ultramarino, em abril de 2010, na Faculdade de Economia da Universidade Federal Fluminense, em Niterói, o qual os organizadores deste volume tiveram a alegria (e a imprudência!) de coordenar. O workshop resultou de cooperação entre o Centro de Estudos Sociais (CES)/Faculdade de Economia da Universidade de Coimbra e o Centro de Estudos sobre Desigualdade e Desenvolvimento (CEDE)/Faculdade de Economia da Universidade Federal Fluminense. Agradecemos vivamente aos respetivos Centros e Universidades pela oportunidade de mais esta reconexão (luso-brasileira), aos autores pelas contribuições inspiradas e inspiradoras, e à fantástica audiência pela presença e participação ativa. Um agradecimento especial é devido ao Nuno Serra pelo inestimável apoio na revisão final dos textos.

*Celia Lessa Kerstenetzky e Vítor Neves*

## REFERÊNCIAS BIBLIOGRÁFICAS

POMBO, Olga (2004), *Interdisciplinaridade: Ambições e Limites*, Lisboa: Relógio D'Água.

## CAPÍTULO 1
## NOTAS SOBRE FURTADO E A DEMOCRACIA, OU O ECONOMISTA ENQUANTO CIENTISTA POLÍTICO (1947-1967)

*Mauro Boianovsky* \*

**Introdução**
A agenda de pesquisa de Celso Furtado, tanto em economia como também em suas incursões ocasionais em ciência política, foi marcada por sua preocupação em analisar de forma comparativa as experiências históricas do Brasil e dos Estados Unidos. No terceiro volume de sua obra autobiográfica, relembra Furtado (1991: 114-15) que "nenhuma questão me obcecou tanto como esta: por que eles [os Estados Unidos] encontraram o caminho certo, o do desenvolvimento, e nós [o Brasil] o errado, o do subdesenvolvimento?" A resposta é encontrada no estudo das respectivas origens históricas das sociedades americana e brasileira. Enquanto a matriz social dos Estados Unidos é representada pela colonização de povoamento do norte - que teria engendrado *ab initio* uma sociedade autogerida e um sistema econômico voltado para a satisfação das necessidades locais – a matriz social brasileira é baseada na escravidão e do sistema de plantações voltado para a exportação.

As contribuições de Furtado à ciência política decorrem em larga medida de sua tentativa de interpretar as consequências das distintas matrizes socio-econômicas para a formação das respectivas estruturas do poder nos dois países. O artigo "Trajetória da Democracia na América", uma das primeiras publicações de Furtado (1946-47) escrita antes mesmo de iniciar na década de 1950 sua vasta obra intelectual como economista, constitui o ponto de partida para investigar a sua reflexão sobre a política. A seção seguinte discute o tratamento por Furtado do patriarcalismo brasileiro, contido em dois trabalhos por ele elaborados em Paris em períodos distintos: sua tese de doutorado de 1948 e sua contribuição ao número especial da revista *Temps Modernes* dedicado ao Brasil em 1967. Finalmente, é considerado o argumento de Furtado (1964; 1965) de que o colapso da experiência democrática

---

\* Professor Titular do Departamento de Economia da Universidade de Brasília.

brasileira em 1964 decorreu em boa parte da crise causada pela fragilidade do populismo como arranjo político.

## Democracia na América

Como relata Furtado (1985: 16) no primeiro volume de sua autobiografia, o ensaio sobre a democracia americana foi publicado na *Revista do Instituto Brasil-Estados Unidos* após ter vencido o premio Franklin D. Roosevelt concedido por aquele instituto. A despeito de sua relevância para o estudo da evolução intelectual de Furtado, e em particular para sua contribuição a ciência política, o ensaio de 1946-47 é raramente mencionado na literatura. Vera Cepêda (2001) destaca a questão democrática como central à perspectiva política de Furtado, mas omite referências àquele ensaio. Rosa M. Vieira (2007: 127, n. 10) observa que a "Trajetória da Democracia" é parte de um conjunto de artigos publicados entre 1944 e 1947 nos quais Furtado examina aspectos diversos da organização da administração pública nos Estados Unidos e no Brasil. Entretanto, não examina em detalhe os argumentos do ensaio de 1946-47, e afirma que na obra de Furtado "não se encontrou uma teorização sobre a democracia" (Vieira, 2007: 249). O estudo de Roberto P. Silva (2010) sobre Furtado e a administração pública constitui uma importante exceção à carência de discussões sobre o ensaio de 1946--47 na literatura secundária. Como nota Silva, a reflexão de Furtado sobre a administração pública se insere no contexto de suas atividades como funcionário do DASP (Departamento Administrativo do Serviço Público) no Rio entre 1944 e 1946, quando, além do artigo de 1946-47, publica outros quatro sobre aspectos gerais da administração pública na *Revista do Serviço Público*.

A autobiografia de Furtado (1985) indica que o ensaio sobre a democracia americana foi escrito em 1946, embora não esteja claro se isso ocorreu pouco antes de voltar à Europa (após ter combatido na Segunda Guerra em 1944-45) ou quando já estava residindo em Paris e cursando a Sorbonne no segundo semestre daquele ano. Como membro da Força Expedicionária Brasileira, Furtado integrara o V Exército dos Estados Unidos na fase final da Segunda Guerra na Itália. O contato com os norte-americanos como oficial de ligação, em escola de treinamento intensivo, e como paciente em hospitais de campanha deixou forte impressão em Furtado, e contribuiu para a formação de sua "visão" da democracia americana. Como recordaria anos depois,

O espírito democrático que prevalecia naquele exército, a aproximação fácil que se estabelecia entre oficiais e sargentos e mesmo entre estes e os soldados me despertara viva admiração. Logo fui percebendo que todos tinham educação básica similar, procediam de uma sociedade pouco estratificada [...] Logo percebi que o profissionalismo que lhes permitia alcançar altos padrões de eficiência em tudo que empreendiam tinha como causa básica o considerável investimento realizado no fator humano desse pais [...] Comemorei o Independence Day de 1945 em um clube de oficiais americanos em Cannes e pude dar-me conta do sentimento que prevalecia entre eles de pertencer a um povo poderoso, generoso e admirado. Como pessoas, os americanos não se pretendiam superiores [...] mas como povo, imaginavam-se guiados pela Providencia (Furtado, 1991: 108-9).

Furtado provavelmente fora exposto a fundamentos de ciência política como parte do curso de Direito realizado na Universidade do Brasil no início da década de 1940. Mesmo tendo optado por doutorado em economia na Sorbonne, matriculou-se no Instituto de Ciências Políticas daquela universidade, onde o curso de André Sigfried lhe abriu os "olhos para as peculiaridades da civilização americana e sua crescente importância no desenho do estilo de vida contemporâneo" (Furtado, 1985: 19; 1991: 114).

O ponto central do ensaio de 1946-47 é a contradição potencial entre a democracia política e a concentração do poder econômico, que reduz o espaço de ação do indivíduo. Furtado voltaria ao tema apenas nas suas reflexões autobiográficas suscitadas pelo período em que residiu nos Estados Unidos em meados da década de 1960 como professor e pesquisador na Universidade de Yale, após o golpe militar de 1964 (Furtado, 1991: parte II). Embora o ensaio sobre a democracia na América contenha ampla bibliografia (incluindo Max Weber, Karl Mannheim, Ortega y Gasset, Robert Brady, V. Pareto, John Dewey etc.), a obra clássica de Alexis de Tocqueville *De la Democratie en Amérique* publicada em 1835 é conspícua por sua ausência nas referencias. Entretanto, Furtado (1991: capitulo intitulado "A dicotomia dos eleitos-excluidos") mais tarde iria referir-se extensivamente a Tocqueville em suas reflexões sobre a sociedade norte-americana, possivelmente por influência de A. Sigfried. Segundo Furtado (1991: 75), Tocqueville teria percebido as características que distinguiam a sociedade norte-americana das demais no século XIX: autonomia da gestão municipal, liberdade de consciência e de imprensa, e independência do poder judiciário. Mas ao mesmo tempo, Tocqueville teria pressentido que a busca de acumulação de riqueza no domínio econômico poderia afetar os valores constituídos na esfera política comunitária. Em particular, a atração da esfera econômica tenderia a afastar da arena política os indivíduos mais talentosos, enquanto a crescente divisão de trabalho causaria aumento da produtividade acompanhado de degradação dos trabalhadores (Furtado, 1991: 78; cf. Tocqueville, 1954 [1835]: vol. II, livro segundo, caps. XIX e XX).

Furtado (1946-47: 14-15) argumenta que dois fatores fundamentais contribuíram para que as "forças da revolução democrática moderna" encontrassem seu campo ideal de expansão nos Estados Unidos: (i) "os primeiros homens que colonizaram aquele país eram portadores do mais pujante complexo de individualismo que a Europa produziu"; e (ii) "a ausência de estruturas governamentais arcaicas e de estratificação social paralisante das forças de expansão do novo homem foi completada por um fundo móvel duplo constituído pelo continente sem fronteiras e pelas camadas sempre renovadas de população imigratória". Enquanto na Europa o individualismo havia sido parcialmente abortado pelo concomitante desenvolvimento do absolutismo e do Estado (muitas vezes monárquico), a vida puritana na Nova Inglaterra teria levado à experiência de sociedades simples, com associações livres e consequente função secundária do Estado. Tal experiência abriu ao indivíduo um espaço histórico que seria a "moldura da civilização mais democrática que o homem já criou" (p. 9). O atrofiamento do poder central do Estado é acompanhado pelo aumento da importância do governo local, o qual, entretanto, não é um organismo diretor da comunidade nem interfere no "mundo que o individualismo criou para o novo homem", mas sim um mecanismo promotor do bem-estar comunitário na ordem liberal (p. 11).

Como Furtado (1991: 73) observaria mais tarde, as colônias que surgiram na faixa que se estende de Nova York a Filadélfia contrastavam com as colônias do Sul, baseadas em economia agrícola de exportação e posteriormente escravidão. O espírito comunitário, a prática do autogoverno e o cosmopolitismo da matriz cultural americana conduzirão em meados do século XIX a uma guerra civil entre o espírito democrático e a estratificação social rígida. Entretanto, havia uma contradição inerente na matriz cultural-política americana, decorrente do papel da religião e da ênfase no conhecimento científico.

> A civilização americana [...] nasce com o Iluminismo, a busca da ampliação dos horizontes do homem pelo conhecimento empírico do mundo. Em nenhuma

parte a escola foi tão cedo universalizada [...] Ao mesmo tempo, essa civilização se nutria de uma visão de mundo fundada no dogma da graça divina, vale dizer, numa antropologia de origem medieval... Essa contradição fará da cultura americana um misto de supramodernidade e anacronismo, de pioneirismo e conservadorismo, de universalismo e tribalismo (Furtado, 1991: 77).

Outra contradição, que não é exclusiva da sociedade americana embora nela encontre sua expressão mais forte, reside nas consequências políticas do individualismo econômico engendrado pela Revolução Industrial. Furtado (1946-47: 16-17) utiliza a teoria de administração de F.W.Taylor e H. Fayol para argumentar que a industrialização tende a ser acompanhada pela centralização do processo produtivo na forma de divisão de tarefas em complexas estruturas burocráticas representadas pelas grandes empresas. Tal busca de eficiência e centralização transborda também para o âmbito governamental, num movimento denominado de "revolução burocrática moderna", que se contrapõe à antiga significação democrática do governo local. O domínio minoritário dos espaços político e econômico se reflete no que Furtado (1946-47: 15) chama de "homem-massa" em contraposição ao individualismo. A reação a tais "forças antidemocráticas", segundo Furtado (p. 24), depende da resposta à pergunta:

*Como equiparar o homem moderno de maneira a permitir-lhe uma posição de independência diante das forças sociais, comparável à liberdade de ação que caracterizou os construtores da democracia? Em outras palavras, como fazer perdurar o humanismo dentro do regime de massas?*

Furtado sugere que a resposta é retomar a preocupação dos pioneiros com o sistema educacional, dessa vez centrado num "novo humanismo" fundamentado no estudo das ciências sociais, o que permitiria a compreensão pelos indivíduos dos mecanismos da sociedade de massas (inclusive macroeconômicos) e a "reconstrução da democracia". Tal desenvolvimento das ciências sociais já estaria ocorrendo então nos Estados Unidos, segundo a avaliação de Furtado na época. Entretanto, anos depois Furtado (1991: 92) afirmaria, concordando com J.K. Galbraith e outros economistas norte-americanos, que o problema do controle do poder político e do poder econômico pela cidadania permanecia uma questão não resolvida naquele país, em virtude da ausência de evolução das instituições políticas no sentido de capacitá-las ao exercício efetivo de poder na esfera econômica em face das grandes corporações econômicas.

Um dos pontos *à la* Tocqueville abordados por Furtado (1991: 79-81) em sua auto-biografia, mas apenas sugeridos no ensaio de 1946-47, é que a estabilidade institucional norte-americana emergiu não como consequência direta da matriz comunitária daquela sociedade, mas sim como reação aos riscos do "democratismo", ou governo das maiorias. Furtado observa que enquanto a Assembleia Constituinte Francesa de 1789 priorizava a Declaração dos Direitos do Homem, a Convenção constitucional de 1787 na Filadélfia partia da premissa de que "o homem era a ameaça, sendo necessário, acima de tudo, enquadrá-lo institucionalmente", o que explicaria porque a Constituição americana trata somente das instituições governamentais, complementada em 1791 pelo *Bill of Rights*. Segundo Furtado (p. 80), Alexander Hamilton ilustrava bem essa perspectiva ao supor que os homens procuram satisfazer seus próprios interesses e que o melhor que as instituições políticas podem fazer é criar mecanismos para canalizar tais interesses para o bem publico. Em particular, para Hamilton a liberdade é baseada na propriedade, pois a estabilização das instituições é importante especialmente para os indivíduos que possuem riqueza para ser protegida. Tal estabilidade dependeria também de um arcabouço que permitisse a neutralização recíproca dos grupos de interesse, como um sistema de forças mecânicas.

Furtado (1991: 80-81) argumenta que "para obter esse extraordinário mecanismo de contrapesos, com o qual os homens haviam sonhado de Aristóteles a Montesquieu", três princípios foram seguidos: (i) descentralização federativa, o que facilitaria a disciplina social e diminuiria o risco de subversão popular; (ii) mecanismo de representação, o que por um lado evitaria os problemas da democracia direta ilustrados pela instabilidade grega e por outro daria legitimidade ao poder; (iii) introdução do bicameralismo, concebido por John Adams como uma síntese dos princípios democrático a aristocrático. Juntamente com a independência entre os poderes, esse desenho político assegurava a estabilidade institucional que fundamentou expansão socioeconômica norte-americana. Embora a discussão madura sobre a democracia americana encontrada em Furtado (1991) tenha vínculos claros com o tratamento oferecido no ensaio de 1946-47, a visão em certa medida idealizada deste último deu lugar a uma percepção mais ampla das características centrais das origens e funcionamento do sistema político dos Estados Unidos.

## Patriarcalismo e política no Brasil

O capítulo IV – intitulado "O domínio patriarcal e o município brasileiro" – da tese de doutorado de Furtado (2001 [1948]) deve ser lido como contraponto à passagem em que Furtado (1946-47: 12-14) trata da organização do governo local americano sob as formas de *county* e *town*. Tais instâncias administrativas, em particular a *town* formaram a base do governo urbano democrático do norte dos Estados Unidos (especialmente na Nova Inglaterra), incluindo a *Home-Rule*, ou direito das cidades de elaborar suas próprias "cartas". Por outro lado, no sul latifundiário e escravocrata a concentração de riqueza levaria a um regime patriarcal onde predominava o *county* ao invés da *town*. De forma similar ao sul americano, mas com características próprias, a matriz da estrutura sociopolítica brasileira, afirma Furtado (2001 [1948]: 165) citando o livro clássico de Caio Prado Jr (1945), era baseada no domínio patriarcal colonial.

O domínio patriarcal, com sua primazia econômica, administrativa e religiosa, implicava o esvaziamento do centro urbano. A independência política em 1822, ao invés de diminuir tal influência, tendeu a reforçá-la mesmo após a criação do município como divisão política territorial. Persistiu a supremacia do domínio patriarcal, "que fará do município seu simples *valet*" (2001 [1948]: 167). Furtado atribui tal fenômeno ao fato do município brasileiro ser uma divisão territorial arbitrária, que lembra em certa medida o *county* americano como unidade administrativa no sul daquele país. Entretanto, enquanto nos Estados Unidos a influência administrativa e política patriarcal diminuiria significativamente após a Guerra da Secessão, no Brasil o município persistiria apenas como uma "expressão exterior" da verdadeira célula da sociedade definida pelo patriarcalismo, com fortes consequências para a vida política brasileira.

> A inexistência de interesses comuns que liguem os domínios semi-autônomos e a tendência ao mandonismo resultante da herança escravista dificultam qualquer entendimento ou colaboração entre os senhores patriarcais. Por outro lado, esse isolamento de grupos semi-autônomos fechará o caminho à formação de uma mentalidade política e de uma consciência de coletividade (Furtado, 2001 [1948]: 169).

Aproximadamente duas décadas após seu doutorado na Sorbonne, Furtado retorna àquela instituição, dessa vez como professor de desenvolvimento econômico. A convite de Jean-Paul Sartre organiza número especial da revista *Temps Modernes*, para o qual contribui ensaio em que retoma a perspectiva histórica sobre a evolução do sistema político brasileiro no longo prazo. Ao invés do Brasil colônia, o foco agora é o período republicano. Entretanto, ao início da fase republicana em 1889 e mesmo após a abolição da escravatura um ano antes, a estrutura sociopolítica brasileira era ainda definida, a partir de suas bases coloniais, pelo grande domínio agrícola ligado ao comercio exterior. Tal "oligarquia feudal" constituía uma "forma extremada de descentralização do poder político", onde "prevaleciam as relações pessoais" e as "normas jurídicas vindas de fora somente penetravam na medida em que se conciliavam com a vontade do chefe local" (Furtado, 1968 [1967]: 3). O papel do Estado nacional nesse contexto era limitado à manutenção da unidade nacional, que era a própria justificativa da monarquia como regime político. Com a instalação da Republica oligárquica controlada pelos cafeicultores, o governo central passaria a desempenhar papel relevante na esfera econômica, particularmente em conexão com o financiamento da imigração e da defesa dos preços do café. Paradoxalmente, como observa Furtado, tal transformação nas funções do governo central se deu através de descentralização federal e aumento de poder dos Estados cafeeiros.

Outra dimensão importante da evolução sociopolítica brasileira no período foi a ascensão da classe militar no cenário político, atribuída por Furtado duplamente à modernização das Forças Armadas durante os conflitos fronteiriços sul-americanos, e ao crescimento da população urbana e consequente formação de grupos de classe media. A incorporação de tais grupos com suas ideias liberais à vida política brasileira, em choque com a aliança formada pelos grupos semifeudais nordestinos e a nova classe agrícola-exportadora do sudeste constituía fator de instabilidade da Republica oligárquica entre 1890 e 1930. É nesse contexto que as Forças Armadas foram transformadas pelos políticos de classe média em instrumento de ataque à oligarquia, a qual resistiu sem concessões significativas até 1930, quando a economia do café foi profundamente abalada pela crise econômica mundial e a fase de industrialização por substituição de importações teve início. As mudanças ocorridas com a revolução de 1930, como a abertura do processo político aos grupos de classe média no marco de uma democracia formal com sufrágio universal, levaria à ampliação do processo político às massas urbanas. O período que se inicia em 1930 e vai até 1964 é marcado, segundo Furtado (p. 10), pelo esforço em atingir um equilíbrio entre a democracia formal demandada pela classe média e o controle do poder pela oligarquia fundiária. Ao invés de equilíbrio, o que se verificou, entretanto, foi a instabilidade do sistema de poder decorrente da tensão entre, de um lado, o Parlamento eleito pela oligarquia rural e, de outro, o Presidente da República, portador de mensagens de modernização ansiadas pelas massas urbanas.

A aceleração do crescimento econômico e da industrialização na década de 1950 foi acompanhada pela substituição, no primeiro plano do processo político, do conflito entre a oligarquia e as classes médias urbanas pelo confronto entre o ideário liberal e as pressões vindas das massas. Juntamente com o populismo que se instalara na política brasileira desde os 1930, tais transformações levariam a uma mudança essencial no papel das Forças Armadas no sistema de poder, como discutido a seguir.

## Populismo e intervenção militar

O surgimento do populismo no Brasil, como argumenta Furtado, foi consequência da forma como se deu a revolução política iniciada em 1930. A necessidade de reformas profundas, aspiradas pelas massas com a implantação do sufrágio universal, veio à tona quando o exercício de democracia formal de inspiração liberal era ainda frágil e incipiente.

> Frustrou-se, portanto, o projeto de criação de uma Republica liberal, na qual os grupos de classe média representassem a frente progressista, compartilhando o poder com os grupos oligárquicos, mediante um sistema de representação qualificada que conservasse as massas urbanas sob uma tutela similar à que vinha prevalecendo com respeito às massas rurais. O atraso e o tumulto com que se realizou a revolução liberal deixou a porta aberta à passagem das massas urbanas, abrindo a era do populismo (Furtado, 1968 [1967]: 10).

As eleições urbanas eram decididas por massas não estruturadas sob lideranças "improvisadas ou oportunistas". Assim, o populismo decorria, por um lado, do atraso na introdução da democracia formal – que impedira as classes médias de introduzirem gradualmente um sistema de controle das massas urbanas – e por outro da resistência da classe média e da oligarquia à organização de tais massas em movimentos autênticos de expressão de suas demandas. O resultado foi a inibição da formação de consciência de classe acompanhado pelo paternalismo e corrupção.

De forma mais geral, a dinâmica das estruturas socioeconômicas duais subdesenvolvidas, ao contrário das economias industrializadas desenvolvidas, não é condicionada essencialmente pela luta de classes entre trabalhadores e capitalistas. Os conflitos internos da classe dirigente tornam o comando do Estado extremamente importante e fazem com que o processo político tenda a se dar na forma de uma luta pelo poder entre os grupos que constituem a classe dominante. Ao mesmo tempo, a falta de consciência de classe dos trabalhadores os torna influenciáveis pelas ideologias das classes dirigentes, conhecidas como "populismo". Como observa Furtado (1964: 86), tais ideologias são aparentadas ao que se denominou no século XIX "socialismo utópico", caracterizado por "acenar com formas de distribuição do produto social sem preocupar-se com a organização da produção".

O populismo no Brasil seria assim uma manifestação do descompasso entre o ritmo do crescimento econômico – e as consequentes mudanças na estrutura socioeconômica – e a inércia do sistema de instituições políticas. Tal descompasso decorreria da ausência de uma ideologia industrialista dominante no plano político, devido ao fato do processo de industrialização ter ocorrido sem antagonismo aberto com os grupos oligárquicos rurais, ao contrário do modelo clássico de desenvolvimento capitalista. Esta é uma das teses centrais do ensaio de Furtado (1965: 137) "Obstáculos políticos ao crescimento econômico no Brasil" – uma reflexão sobre os determinantes do golpe militar de março de 1964 escrita em novembro daquele ano em Yale – provavelmente sua contribuição mais conhecida na área de ciência política. A lenta modernização institucional do sistema político brasileiro deve ser atribuída a essa ausência de uma marcante presença dos industriais na arena política. Desse modo, as constituições políticas, juntamente com o sistema federativo – que dava ao Senado e conseqüentemente aos pequenos estados agrícolas uma fatia significativa do poder legislativo – possibilitavam a manutenção de parte importante da antiga influência política da oligarquia rural. Por outro lado, o pacto com as massas urbanas seria condição necessária, em todo período do pós-guerra, para o domínio do poder executivo. Resultava daí um conflito dentro da Presidência da Republica entre a subordinação ao marco constitucional e a fidelidade à plataforma eleitoral. O pacto populista é intrinsecamente problemático, pois a própria heterogeneidade das massas urbanas leva a compromissos contraditórios ou disfuncionais.

Ao contrario dos movimentos políticos que se apoiam nos interesses de uma classe ou de grupos com objetivos definidos, o populismo pretende dialogar com massas heterogêneas, prometendo-lhes a satisfação para as aspirações mais imediatas, sem qualquer preocupação com as consequências que daí poderiam advir a mais longo prazo. Por esta razão, todo grupo que atua organicamente... tende a conflitar com os movimentos populistas. No Brasil esse conflito tem assumido variadas formas e constitui o fundo da instabilidade política que tem caracterizado o país em toda a fase de industrialização (Furtado, 1965: 141).

De modo geral, as circunstâncias que envolvem o populismo em países subdesenvolvidos favorecem golpes de estado por lideranças de minorias dentro das classes dirigentes, ensejando o surgimento de ditaduras cuja finalidade é consolidar a posição da classe dirigente e desse modo reduzir a importância do povo como massa de manobra. Como argumenta Furtado (1964: 89), tal consolidação pode passar também pela tentativa de promoção do prestígio do ditador no seio da massa através de propaganda e concessão parcimoniosa de favores. Alternativamente, se o ditador não consegue apoio dentro da própria classe dirigente para consolidar-se, transplanta para o regime ditatorial as técnicas populistas. Não foi o que aconteceu no Brasil com o golpe militar de 1964.

Durante a era da República oligárquica até 1930 as Forças Armadas tinham desempenhado papel essencialmente político voltado para a modernização da sociedade. Não teria sido esse o caso no período da República liberal, quando a pressão no sentido da modernização institucional se dava pelos canais da política, abrindo a porta do "reformismo institucional". Segundo Furtado (1968 [1967]: 12), "foi o temor de que essa porta se ampliasse demasiadamente rápido que levou o pânico à classe dirigente, a qual apelou para as Forças Armadas a fim de que estas desempenhassem agora o papel de gendarme do *staus quo* social, cuja preservação passava a exigir a eliminação da democracia formal." O fato das Forças Armadas terem desempenhado em 1964 um papel oposto àquele que haviam desempenhado algumas décadas antes pode ser, assim, explicado na modificação ocorrida no papel da classe media. Entretanto, como argumenta Furtado (p. 13), deve ser entendido também como decorrência do surgimento da doutrina dos "objetivos nacionais" e do "poder nacional" desenvolvida gradualmente a partir do término da Segunda Guerra Mundial no novo contexto internacional da guerra fria.

Dessa forma, o fim do experimento democrático-populista brasileiro ocorre através da arbitragem militar.

> O conflito profundo que existe entre as massas urbanas, sem estruturação definida e com liderança populista, e a velha estrutura de poder que controla o Estado, permeia todo o processo político do Brasil atual [...] Esse conflito de poder entre os líderes populistas e a classe dirigente ocupa o centro da luta política e torna impraticável a consecução de qualquer programa coerente por parte daqueles que ocasionalmente dirigem o pais [...] A existência de um conflito fundamental que põe em xeque o próprio funcionamento das instituições básicas cria condições favoráveis à arbitragem militar, conforme ocorreu recentemente no Brasil. Essa arbitragem em si não elimina as causas do conflito, mas cria condições para a ruptura do impasse (Furtado, 1965: 143-44).

Em princípio, tal arbitragem poderia servir para consolidar a estrutura tradicional de poder ou forçar mudanças nessas estruturas. Entretanto, estava claro para Furtado então que a hipótese de um populismo militar no Brasil era altamente improvável, e que a preservação do *status quo* com o fim da democracia seria o caminho a ser seguido.

**Discussão**
O recurso aos conceitos e esquemas analíticos da ciência política se mostrou fundamental no esforço de Furtado de interpretar as diferentes trajetórias históricas com a democracia no Brasil e nos Estados Unidos. A perspectiva histórica é comum às contribuições do autor tanto em economia como em política. Em particular, fica clara a relevância da herança colonial para entender as dinâmicas divergentes dos dois países, nos planos econômico e político (v. Boianovsky 2009 para a noção de persistência de longo prazo das instituições em Furtado e sua comparação com Douglass North). Apesar de fazer uso de conceitos da teoria e historia econômica, Furtado não incorre na prática do economista como "imperialista social", seja em termos marxistas ou neoclássicos.

A leitura feita por Furtado de aspectos da historia política do Brasil não passou despercebida por cientistas políticos brasileiros, embora às vezes de forma crítica. Wanderley Guilherme dos Santos (2003: 173-79), por exemplo, considera Furtado (1965) a melhor ilustração do paradigma clássico da análise social e política brasileira. Segundo Santos, tal paradigma, embora consistente em sua descrição das variáveis macroeconômicas e macrossociais, peca por suas inferências políticas. Assim, nunca teria sido demonstrado que o Legislativo, mesmo com a maioria de seus membros provenientes de áreas rurais, foi sistematicamente contrário às propostas modernizadoras do Executivo (e.g. criação da Petrobras e implementação do Plano de Metas). A estabilidade do governo Kubitschek tampouco seria satisfatoriamente explicada. Santos sugere que Furtado deixa de lado um conjunto de variáveis estritamente políticas necessárias para explicar o episódio de 1964, que não deve ser interpretado apenas em termos das tendências econômicas e sociais de longo prazo. Por outro lado, Francisco Weffort (1968) [1967]), em seus estudos sobre populismo no Brasil, concorda essencialmente com a perspectiva de Furtado na análise daquele fenômeno, especialmente quanto ao papel do surgimento das massas urbanas. Entretanto, como Furtado (1965: 141) refere-se à versão preliminar de 1964 de Weffort (1978 [1965]) escrita quando ambos estavam em Santiago do Chile, é mais provável que tenha ocorrido uma interação entre os dois autores. Embora Santos e Weffort sejam representativos da pesquisa brasileira em ciência política, persiste o fato de que os escritos de Furtado na área – especialmente o confronto sempre subjacente entre as experiências brasileira e norte-americana – permanecem relativamente pouco estudados por economistas, sociólogos e cientistas políticos.

## REFERÊNCIAS BIBLIOGRÁFICAS

BOIANOVSKY, Mauro (2009), Furtado, North and the New Economic History, *Economia*, 10, 849-66.

CEPÊDA, Vera Alves (2001), O pensamento político de Celso Furtado: desenvolvimento e democracia, in Bresser-Pereira, L.C.; Rego, J.M. (orgs.), *A grande esperança em Celso Furtado*, São Paulo: Editora 34.

FURTADO, Celso (1946-47), Trajetória da Democracia na América, *Revista do Instituto Brasil-Estados Unidos*, 4-5 (10-12), 5-27.

FURTADO, Celso (1964), *Dialética do Desenvolvimento*, Rio de Janeiro: Fundo de Cultura.

FURTADO, Celso (1965), Obstáculos políticos ao crescimento econômico do Brasil, *Revista Civilização Brasileira*, 1, 129-45.

FURTADO, Celso (1968 [1967]), Brasil: da republica oligárquica ao estado militar, in Furtado, C. (org.), *Brasil: Tempos Modernos*, Rio de Janeiro: Paz e Terra. Originalmente publicado em *Les Temps Modernes*, #257.

FURTADO, Celso (1985), *A Fantasia Organizada*, Rio de Janeiro: Paz e Terra.

FURTADO, Celso (1991), *Os Ares do Mundo*, Rio de Janeiro: Paz e Terra.

FURTADO, Celso (2001 [1948]), *Economia colonial no Brasil nos séculos XVI e XVII*, São Paulo: Hucitec e ABPHE.

PRADO Jr., Caio (1945), *Formação do Brasil Contemporâneo (Colônia)*, São Paulo: Brasiliense.

SANTOS, Wanderly Guilherme (2003), *O calculo do conflito: estabilidade e crise na política brasileira*, Belo Horizonte e Rio de Janeiro: Editora UFMG e IUPERJ.

SILVA, Roberto Pereira (2010), Celso Furtado e a administração publica: uma leitura de suas primeiras publicações (1944-1948), *Historia Unisinos*, 14, 88-99.

TOCQUEVILLE, Alexis de (1954 [1835]), *Democracy in America*, tr. por H. Reeve e org. por P. Bradley, 2 vols, New York: Vintage Books.

VIEIRA, Rosa Maria (2007), *Celso Furtado: reforma, política e ideologia (1950-1964)*, São Paulo: Educ.

WEFFORT, Francisco (1968 [1967]), O populismo na política brasileira, in Furtado, C. (org.) *Brasil: Tempos Modernos*, Rio de Janeiro: Paz e Terra. Originalmente publicado em *Les Temps Modernes*, #257.

WEFFORT, Francisco (1978 [1965]), Estado e Massas no Brasil, in *O populismo na política brasileira*, cap. II, Rio de Janeiro: Paz e Terra.

## CAPÍTULO 2
## UM EXERCÍCIO INTERDISCIPLINAR: IDENTIFICAR O LUGAR DO ESTADO NA ECONOMIA

*José Reis* \*

> "É nossa opinião que a vida económica pode ser compreendida muito mais claramente se houver um esforço para analisá-la integralmente"
>
> (JOHN KENNETH GALBRAITH, *O Novo Estado Industrial*, 1967: 23)

**Introdução**

O pressuposto, aqui assumido, de que a identificação do lugar do Estado na economia é um exercício interdisciplinar quer significar que a ação estatal é holista e se articula com um conjunto de processos de natureza diversa, que dificilmente podem ser encarados de forma segmentada. Nem outra coisa se poderia esperar de uma entidade que, na sua matriz mais essencial, é política e que, por isso mesmo, exprime da forma mais global a organização da sociedade e a trajetória que esta seguiu em termos históricos.

Ao falar-se de análise interdisciplinar está, evidentemente, a considerar-se que o "espelho" em que refletimos o papel do Estado é o das disciplinas que compõem as ciências sócio-políticas – ou melhor, o espelho que construímos sobre a diluição dessas disciplinas e das respetivas fronteiras. De facto, trata-se de admitir que a compreensão da matriz constitutiva do Estado carece de uma narrativa sobre as relações entre as dinâmicas materiais e relacionais da sociedade, por um lado, e entre estas e as dinâmicas institucionais, por outro. E isso obriga a reconfigurar os nossos hábitos disciplinares. Acresce que devemos considerar o Estado como a mais complexa entidade institucional – chamar-lhe-ei *a-instituição-das-instituições* – e que, como tal, dispõe de uma singular espessura organizacional e de uma forte capacidade de retroação sobre as circunstâncias que lhe deram forma e razão de ser.

---

\* Professor Catedrático e Diretor da Faculdade de Economia e Investigador do Centro de Estudos Sociais da Universidade de Coimbra.

Os exercícios interdisciplinares são epistemológicos, na medida em que querem discutir a natureza do conhecimento e das condições da sua produção. Mas são também ontológicos (ou temáticos), na medida em que refletem sobre a existência, o processo da vida e os processos de organização concretos. Quero aqui sublinhar este último ponto, pois as circunstâncias contemporâneas tornam particularmente intensas as dependências recíprocas entre a discussão epistemológica e a atenção ontológica. A enorme complexidade das interações na sociedade dificulta, de facto, uma visão segmentada da organização social e, por essa razão, acentua as fragilidades das perspetivas que não ultrapassam os redutos disciplinares.

O que aqui se entende é que a ontologia estatal é um reflexo especialmente nítido dessa complexidade e, ao mesmo tempo, intervém fortemente no seu reforço, dada a densidade de papéis e funções que o Estado cumpre, na sequência da intensa aceleração da história que marcou século XX.

Embora seja certo que o tema do Estado é um entre os muitos que nos convidam a uma aproximação interdisciplinar, pode argumentar-se que este é um exercício particular porque parte de um obstáculo também particular: a presença no pensamento económico de uma forte influência "separatista" que concebe o Estado e a sociedade como entidades opostas. Geralmente, esta visão está muito próxima do que julgo ser um preconceito essencialmente ideológico. Trata-se da perspetiva que concebe o Estado como um "problema" face à sociedade. Como se sabe, tal posição concede à sociedade e ao mercado a condição de espaços privilegiados ou exclusivos de iniciativa, dinâmica e liberdade e atribui ao Estado um papel normalizador ou limitador do espírito criador. Ora, este quadro de pensamento é um poderoso obstáculo a uma conceção relacional do Estado. Por isso, procura-se neste texto discorrer num duplo registo. De maneira esquemática, pode dizer-se que num deles se privilegia a atenção que se dedica à evolução social e, por isso, se dá mais atenção às relações entre a evolução social e económica e a forma, o lugar e o papel do Estado. O outro registo foca-se essencialmente na própria natureza do Estado como instituição, associando essa discussão ao papel que se atribui às instituições enquanto configuradoras das dinâmicas económicas e sociais. Evidentemente que a finalidade essencial é enfatizar a perspetiva relacional que aqui se advoga. Subjacente a este exercício está o objetivo mais amplo deste texto que é contribuir para o debate sobre a interdisciplinaridade.

**A visão liberal: um lugar demasiado central no pensamento económico**
Parece claro que uma dada conceção do Estado pressupõe uma conceção correspondente, simétrica, dos mercados. E vice-versa. A redução da discussão a uma questão dual é, porventura, o primeiro problema com que nos deparamos, pois um tal binómio não é certamente o que melhor nos habilita para uma análise adequada da complexidade das formas de governação nas sociedades contemporâneas onde, a par do Estado e do mercado, encontramos outros mecanismos de coordenação como redes, comunidades, hierarquias empresariais ou associações. Podemos, no entanto, assumir que, para as finalidades deste texto, este é um problema menor.

Contudo, partir daquela visão dual serve-nos para a discussão principal a que aqui se pretende chegar, visto que é no seu âmbito que se desenvolvem as perceções separatistas da relação Estado/mercado que vou procurar contestar. É, aliás, nesse contexto que é comum encontrarmos duas posições essenciais sobre o lugar e o papel dos mercados, ambas merecedoras de crítica. A primeira admite que os mercados são moralmente neutros e são, portanto, um dispositivo geral de afetação de recursos cuja eficiência deve ser avaliada circunstancialmente. A segunda posição pressupõe que os mercados são mais do que isso – são um mecanismo social pujante de virtudes que se exprimiram ao longo da história, gerando efeitos civilizadores, e que contemporaneamente fundamentam a autonomia e a liberdade dos indivíduos.

Dada a sua essência quase naturalista, os mercados (tidos, nesta perspetiva redutora, como equivalente da economia) são o lugar próprio das relações despolitizadas. Nesta base, eles definem a economia. O que os transcende é parte da política, que constitui uma esfera separada. No entanto, numa significativa inversão do argumento inicial, passou a fazer-se do mercado o lugar de onde deve emanar tudo, incluindo a política, considerando-se que são as suas "leis" que hão de determinar os comportamentos coletivos, incluindo os dos Estados. Por isso, vivemos atualmente um período em que uma fortíssima retórica de persuasão deste tipo, que parece ter atingido o seu grau mais elevado, pretende contaminar todas as opções humanas e promover a ideia de que são as restrições incontornáveis dos mercados que têm de ser respeitadas pelas opções sociais e políticas e pelas formas de organização, tanto individuais como coletivas.

Ainda assim, o que está na base da mais difundida das visões sobre a relação Estado/mercado na ciência económica dominante é uma noção contratualista que assume as virtudes naturais do mercado e que encara o Estado como uma entidade não natural, resultante de uma estrita delegação de poderes dos cidadãos. Estamos perante a visão liberal. Esta assenta numa teoria do Estado baseada nas noções de direitos de propriedade e de custos de transação. Nesta aceção, o Estado é essencialmente o resultado de um contrato ente *"ruler"* e *"constituents"*. Por isso, a constituição há de estar limitada à definição de um quadro de direitos de propriedade e o papel do Estado é garanti-lo com minimização dos custos de transação, objetivo que os cidadãos, por si, não poderiam assegurar, pois reconhecem a incerteza radical que os rodeia enquanto indivíduos. É, pois, o contratualismo que está na base das escolhas institucionais. E este resulta de um cálculo sobre a incerteza e a necessidade de a prevenir. Por isso, os indivíduos estabelecem autorizações constitucionais, isto é, concedem um mandato através do qual as instituições assumem a função de vigilância ou prevenção, em nome de quem apenas não está seguro de controlar a sua situação futura. No início há, portanto, um ato fundador dos cidadãos que decidem delegar autoridade num supremo *law-maker* tendo como recompensa a liberdade e a segurança (sob economias de escala): uma decisão dos cidadãos, que "abstraem de qualquer atenção para com a sua riqueza pessoal", como dizia Humboldt em 1792, citado por Furuboton e Richter (2001). O Estado é, assim, o produto de um *self-enforcing agreement* que visa libertar as virtudes do mercado e da sociedade e defender, através de uma estrita contenção da política nos limites do Estado, a condição despolitizada do próprio mercado. A separação das duas esferas estaria, pois, consumada.

Esta visão liberal originária não tardou, no entanto, a ser "revista" por uma outra visão liberal, mais mundana, que passou a tratar a relação Estado//mercado como uma relação entre "bondade" (ou virtude) e "perversidade" (ou maldade). Nesta perspetiva, o Estado, criado de forma purificada através do contrato inicial, rapidamente se tornaria numa entidade apropriada por políticos e burocratas rentistas e *self-seeking*. Ele passou a comportar--se e a ser visto como um espaço intensamente "politizado", e não como o *ruler* inicial. Segundo este modo de ver, os Estados modernos revelariam, afinal, uma forte propensão para a ilegitimidade e para a *over-extension* das suas atribuições e do seu papel. Assim sendo, o Estado aparece, simultaneamente, como uma construção de indivíduos – de indivíduos conscientes dos limites que a incerteza lhes atribui – e como um ator auto-consciente dos seus próprios interesses, que tende a reproduzir à revelia de quem o criou.

Não é, portanto, um Estado-eunuco nem um decisor bondoso e tolerante aquele que passamos a encontrar nas teorias – é antes um Estado perverso, que os indivíduos criaram para tão rapidamente lhes escapar. A perversidade do Estado é a perversidade dos seus agentes, funcionários e políticos que depressa descobrem que podem ser *rent-seekers*.

Foram os trabalhos da *public choice*[1] que, partindo do problema básico de saber como é que preferências individuais necessariamente diferentes se reconciliam nas instituições políticas, passaram a concentrar-se na oferta de bens públicos e formulam uma teoria da burocracia, retomando até à exaustão os argumentos da autonomia do Estado, da sua *separação* da sociedade e das divergências cumulativas entre as preferências estatais e as sociais. O mecanismo desta divergência assenta no facto simples de os funcionários e os políticos transformarem as suas próprias preferências (os seus interesses pessoais pelo poder, que querem auto-reproduzir) em políticas, razão pela qual o Estado não é senão o "paralelograma" dos interesses dos seus agentes. Por exemplo, as políticas sociais seriam mecanismos perversos que existem porque asseguram aos burocratas que as gerem a manutenção no lugar e a garantia de *status*. As suas finalidades próprias contariam pouco. Pode haver uma boa ideia inicial mas ela é rapidamente subvertida e convertida em soluções perversas. A crítica desta noção foi devidamente feita por A. Hirschman (1991), quando dissecou a "retórica da reação"[2].

Um campo mais largo do que o precedente é o da economia constitucional (cf. Reis, 2009: 95-117). Com um denso corpo teórico, ela representa uma visão interessada na política (mais precisamente, nos processos políticos), no Estado e no facto de as sociedades se organizarem à volta de uma intrincada e complexa estrutura institucional. Mas os *building blocks* da economia constitucional são os indivíduos e o seu comportamento totalmente

---

[1] "A origem mais recente da teoria da escolha pública pode situar-se em seis obras, hoje clássicas, escritas por economistas e um cientista político, nos finais da década de cinquenta e década de sessenta" (Pereira, 1997: 420). Apontam-se os trabalhos de Duncan Black (em 1958), James Buchanan e Gordon Tullock (em 1962), Mancur Olson (em 1965), Kenneth Arrow (em 1951), Anthony Downs (em 1957) e William Riker (em 1962). "Estas obras são geralmente consideradas como as fundadoras de dois programas de investigação que têm estado interligados embora sejam distintos: a teoria da escolha pública (*public choice*) e a teoria da escolha social (*social choice*) que se autonomizou seguindo os trabalhos de K. Arrow e Amartya Sen [...], mas que mantém uma estreita relação com a *public choice*" (*idem, ibidem*).
[2] Veja-se o comentário de Reis e Nunes (1993).

subjetivista. Também aqui o Estado e a política não são entidades ou circunstâncias que tenhamos de compreender de forma coletiva, histórica ou processual. Se a interdisciplinaridade for entendida, como pretendo sugerir, como um método para interpretarmos as relações intrincadas que a sociedade e a complexidade da vida nos apresentam, então esse não é um problema sentido pela economia constitucional. A teoria económica das constituições em que ela se baseia deve ser entendida apenas como um procedimento destinado a compreender como as preferências individuais podem ser "amalgamadas" para gerarem resultados coletivos. É, de novo, uma noção contratualista, na busca das "razões das normas", que está em causa. Uma noção construída no ambiente de um cerrado debate contra o keynesianismo, contra o paradigma maximizador e contra a ideia de que há escalas de valor externas, exógenas aos indivíduos, que constituem um padrão social ou coletivo pré-existente, perante o qual se avaliem as decisões individuais (uma função social de utilidade, por exemplo). A fé individualista da leitura *constitucional* expressa-se diretamente no pressuposto de que os indivíduos, de facto, escolhem as suas próprias restrições[3], "pelo menos até um certo grau e dentro de certos limites".

Um autor de referência neste domínio é J. Buchanan[4]. Fundador da *public choice*, consagrou na Economia Constitucional uma elegante e sofisticada construção do constitucionalismo económico. Aí, as razões filosóficas de base são claramente explicitadas, não deixando meio-termo entre concordar ou discordar, mas também não impedindo a quem as recusa o reconhecimento da elegância da proposta. Mais do que ninguém, Buchanan, exprimiu a convicção, tornada doutrina, de que "não se pressupõe apenas a existência do indivíduo autónomo: presume-se também que ele é capaz de escolher entre alternativas de um modo suficientemente ordenado, conduzindo a comportamentos racionais" (Buchanan, 1991: 15).

---

[3] Numa outra designação trata-se de "fechar" os sistemas em que se processam os comportamentos (Neves: 2004). Os sistemas são abertos quando se supõe que as restrições que balizam as decisões são dadas externamente, são exógenas.
[4] James M. Buchanan é um economista conservador, criador, ainda nos anos cinquenta, de um movimento universitário agressivamente anti-keynesiano e deliberadamente político, dirigido ao estudo da *free society*, especialmente conhecido com um dos fundadores da escola da *public choice*. O Prémio Nobel da Economia que lhe foi atribuído em 1986 representa a consagração por Estocolmo da dimensão académica do neo-liberalismo daquela década.

Contudo, esta perspetiva tornou-se rapidamente numa vulgar economia política do *welfare state*[5]. Porque, antes dos desenvolvimentos mais elaborados de uma teoria do Estado, o que encontramos é o argumento de que toda a forma de Estado a que tenha sido conferida qualquer autorização vai, na prática, desrespeitá-la, ultrapassando-a, visto que há um *natural out-growth* das instituições que gerem transferências para os cidadãos. Este argumento é sobretudo um preconceito. A convicção de que as instituições são incapazes de respeitar os limites, porque isso vai contra os incentivos da atividade política, são verdadeiras ideias de base do contratualismo quando procura raciocinar sobre a esfera institucional. É que quem executa as políticas de bem-estar são políticos normais, vulgares, cujos interesses autónomos não se compaginam com as manifestações de autonomia do indivíduo que está na base das interações que constroem a economia *as-an-order* (abrindo-se aqui a contradição de, afinal, nem todos os indivíduos serem... verdadeiros indivíduos).

Por estas razões, o programa liberal passou rapidamente da ideia de contrato para a necessidade de revisão do próprio contrato inicial, limitando-o. Nisto consiste, como se sabe, as tentativas de minimização e desmantelamento do Estado sobretudo da sua forma de Estado social empenhado na construção de políticas que densifiquem as relações Estado/sociedade.

## Um ponto específico da discussão institucionalista acerca do Estado: a noção de mercado como construção política

O pressuposto que o Estado é a sede exclusiva da política enquanto o mercado e a economia são entidades despolitizadas tem sido sujeito a críticas severas. Uma dessas visões críticas e alternativas é a proposta de Chang (2001) de que a abordagem política tem de ser assumida tanto para a análise do Estado como para a do mercado. E há de ser certamente na relação entre ambos que a expressão política é mais expressiva.

---

[5] A proposta de "desmantelamento" do Estado-Providência proporciona também fortes perplexidades, pois ela ilustra as dimensões mais "agrestes" da teoria, como acontece, quando se afirma a superioridade de uma forma de organização da economia que não trate coletivamente problemas como o das pensões de reforma. A liquidação consistiria num acerto de contas com os contribuintes líquidos e os devedores líquidos da segurança social, de forma a reduzir todas as gerações a uma situação igualitária e abandonar a gestão estatal, que por natureza é inter-temporal (Buchanan, 1986: 178-185).

Prosseguindo uma trajetória aberta, entre outros, por Karl Polanyi, (1957: 140), para quem "o caminho para o mercado livre foi aberto e mantido aberto através de um enorme aumento do intervencionismo organizado centralmente, controlado e contínuo", Chang sugere uma abordagem centrada numa economia política institucionalista capaz de iluminar a complexidade institucional do mercado e, em especial, o facto de os mercados serem, irredutivelmente, construções políticas, em vez de estados naturais ou dados de facto sobre que assenta a vida dos indivíduos e das comunidades. São construções políticas porque os direitos de propriedade e os outros direitos que definem as condições dos participantes no mercado são artefactos estabelecidos através de relações de poder, de formas de legitimação e de consagrações jurídicas, políticas e institucionais sem as quais não existiriam. Eles são, de facto, o resultado de "um exercício altamente político", desde a acumulação primitiva capitalista até às formas de privatização contemporâneas (Chang, 2001: 11).

Essa complexidade institucional demonstra-se ainda pela "diversidade institucional do capitalismo", isto é, pelas várias formas de articulação entre o Estado, o mercado e outras instituições. A ausência de uma regra geral ou de uma normalidade é, em termos históricos, ilustrada pelas várias formas de mediação política que originaram modelos diferenciados, como é o caso, por exemplo, do *welfare state* bismarckiano, na Alemanha, do Estado industrial francês do pós-guerra, ou dos Estados desenvolvimentistas asiáticos. As propostas liberais para uma despolitização do mercado e da economia são, pois, "no mínimo contraditórias e, no máximo, desonestas". Do mesmo modo, as transições pós-comunistas revelaram bem os limites das visões simplistas acerca do mercado. Na ausência de um Estado estruturado e estruturador, o mercado não funcionou espontaneamente, sendo evidentes as formas perversas de ocupação do espaço de circulação de bens e serviços e de ganhos de direitos de propriedade, traduzidas em violência, corrupções e mercado negro (Chang e Nolan, 1995; Stiglitz, 1999).

É neste sentido que os trabalhos sobre as "variedades de capitalismo", ao insistirem na diferenciação e nas especificidades de determinados modelos de desenvolvimento, sublinham que isso resulta da arquitetura institucional particular que, por exemplo, caracteriza de modo diferente uma economia de "coordenação pelo mercado" e uma "economia de coordenação central" (Hall e Soskice, 2001). De facto, as economias são sistemas institucionais de produção (Hollingsworth e Boyer, 1997). E isso significa que os pilares do funcionamento de cada uma das suas formas concretas (o sistema financeiro, a modalidade prevalecente de *corporate governance*, as relações entre empresas, o sistemas de relações industriais, os sistemas de educação e formação, a organização do trabalho, o Estado ou os sistemas de inovação) assumem particularidades que, aliás, se estendem às próprias relações entre elas (Jackson e Deeg, 2006). É por isso, aliás, que se supõe que os caminhos para o desenvolvimento implicam a escolha de instituições apropriadas (Rodrik, 2008) – o que pode significar, num primeiro momento, combinações acertadas de Estado e de mercado, ou, em termos mais rigorosos, configurações institucionais progressivamente densas que revigorem a economia e a sociedade e constituam mesmo formas de "refração" das forças que apontam para simples diluições na economia mundial.

As instituições que constituem e rodeiam o mercado são, pois, muito variadas e de diversa natureza. São instituições formais, como o direito ou a regulação estatal, ou instituições informais, como as convenções sociais ou as práticas culturais, ou mesmo regras auto-assumidas, como as que incumbem a associações ou redes. Por isso, as limitações (ou mesmo distorções) da visão liberal só podem ser superadas através do abandono do seu "pressuposto mais crucial", que é o pressuposto da autossuficiência individualista, e da sua substituição por uma perspetiva "mais complexa das relações entre motivação, comportamento e instituições" (Chang, 2001: 18).

Para captar o significado desta última afirmação basta considerar duas variáveis essenciais de toda a economia, salários e taxas de juro. Ambas "são, em larga medida, determinadas politicamente. Os salários não são apenas modificadas pela legislação acerca do salário mínimo. São-no também pela regulação das atividades sindicais, dos padrões de trabalho, dos direitos sociais e, sobretudo, pelo controlo da imigração" (idem: 12).

Esta distinção essencial entre política e economia faz, portanto, pouco sentido para considerarmos o quadro em que assenta o funcionamento das sociedades contemporâneas. O Estado não será, portanto, o reduto da política (e das elaborações sociais) enquanto a economia não é apenas constituída pelo mercado, não sendo igualmente uma entidade despolitizada, objetivável num conjunto de relações "naturais" correspondentes à troca e às transações que a viabilizam. Por isso, o Estado não é necessariamente um obstáculo ao mercado, é sobretudo uma das entidades que o viabilizam.

Neste sentido, as experiências históricas de desenvolvimento, com relevo para as dos países hoje mais ricos, revelam a presença extensa de diferentes formas de intervencionismo, contrariando a narrativa liberal de que a intervenção deve ser mínima porque bastam as noções de que "o sistema de preços constitui um mecanismo eficiente de afectação de recursos" e de que "o desenvolvimento ocorre naturalmente desde que estejam criadas as condições propícias ao investimento privado" (Mamede, 2009: 179-180). Ao contrário, há questões de escalas de produção elevadas que são necessárias para possibilitarem "economias de escala estáticas" e que exigem investimentos iniciais elevados, assim como são precisos mercados alargados ou processos que tornem aquelas "economias de escala dinâmicas", por exemplo através de economias de aprendizagem, e da "superação das falhas de coordenação na produção" – tudo justifica a intervenção estatal (*ibidem*: 182-184).

**O leque complexo de papéis do Estado imerso na sociedade: *base*, *ação* e *trajetória***
O uso social do Estado não se limita, pois, a uma noção contratualista abstrata, estabelecida por indivíduos autossuficientes que pretendem reservar para a sua ação um espaço despolitizado, a que se chame mercado ou economia. Exatamente porque o mercado é uma construção, isso implica a existência de uma densa complexidade institucional que o interliga geneticamente com o Estado. E não se trata apenas da função de superar as "falhas de mercado" que a teoria neo-clássica do Estado lhe atribui. Mas o que também parece certo é que os Estados modernos das sociedades capitalistas desenvolvidas ou em desenvolvimento não têm de ser vistos apenas, como em certo sentido sugere Chang, como uma entidade estritamente institucional, isto é definidoras das relações políticas essenciais, designadamente daquelas que constroem e viabilizam o mercado. Em boa verdade, vê essencialmente o Estado como um interveniente na construção das motivações dos indivíduos: na boa linha institucionalista, ele "não vê estas motivações como dadas mas antes como sendo essencialmente moldadas pelas instituições que rodeiam os indivíduos" (Chang, 2001: 17). Por isso, o seu propósito, aliás muito útil, consiste em mostrar "como uma análise 'institucionalista' das relações entre motivação, comportamento e instituições pode melhorar o nosso pensamento acerca do papel do Estado" (*ibidem, idem*). Mas há que convir que o Estado é mais do que isso, é uma entidade institucional plena, dotada de espessura material e, desse modo, presente não apenas no plano

político ou da configuração dos comportamentos individuais mas também no plano económico e social. Não define apenas a viabilidade das relações em sociedade, é parte delas.

Por isso vou sugerir que, para se interpretar devidamente o processo e construção dos mercados, se distinga a ideia de construção política institucional (com que pretendo representar a proposta de Chang) da de construção política material e relacional, assente numa rede densa de papéis desempenhados pelo Estado na economia e na sociedade. Com esta sugestão pretendo captar a relação entre dinâmicas sociais e consagrações institucionais, por um lado, e, por outro, pretendo sublinhar que as instituições, elas próprias, desempenham um papel material ativo, não sendo meras formas de consagração política do que a sociedade espontaneamente origina.

O papel do Estado na economia e na sociedade e o seu significado institucional têm, pois, uma forte densidade material e são um produto da evolução histórica. Mais ainda, esse papel resulta, na sua principal medida, de tensões sociais, cuja resolução, sob a forma de acordos ou compromissos, se torna necessária e, uma vez obtida, passa a constituir um novo patamar que serve de suporte a dinâmicas sociais subsequentes. Além disso, apesar de ser um produto das dinâmicas históricas, o papel do Estado constitui, no entanto, uma relação hierárquica. O Estado não é, assim, uma simples presença nas interações sociais ou contratuais, o Estado é, ao mesmo tempo, um configurador das dinâmicas coletivas e um definidor de uma determinada ordem relacional, através da legitimidade que obtém e do poder que o define.

Na verdade, o Estado moderno desenvolve um leque complexo de ações e, por isso, a compreensão do seu papel material, configurador das economias, não se alcança enfatizando apenas que os mercados são construções políticas institucionais, dependentes do desenho estatal. Os usos sociais do Estado neste tipo de sociedades demonstram a existência de uma rede densa de formas de ação. O Estado ordena e consagra padrões hierárquicos de organização coletiva (como decore do que se disse atrás sobre economias de escala e de aprendizagem e coordenação na produção), define e redefine os domínios públicos e privados e isso exerce-se através de diversos papéis, que não se limitam à lei, à formulação jurídica ou ao seu papel político. Exerce-se também através de políticas substantivas, quer as mais longamente consolidadas, com as que estruturam a prestação de serviços coletivos de educação, de saúde, de formas de ação social de incidência pessoal, quer as que desenvolvem formas de estruturação moderna das sociedades, nos domínios urbanos, da mobilidade, da ciência, do ordenamento e desenvolvimento dos territórios. Ora, os mercados, na dimensão e na forma que assumem, relacionam-se e dependem deste papel substantivo do Estado, e não apenas da sua função estritamente política. A este propósito, pode retomar-se aqui o diálogo com Chang e anotar a análise que, num plano distinto daquele em que anteriormente discuti, ele faz do papel das empresas públicas na correção das deficiências do mercado e na construção de relações de desenvolvimento no longo prazo, sobretudo em países onde se registam situações de pobreza (Chang, 2007).

Embora seja certo que as funções de poder e domínio do Estado são historicamente dinâmicas e evolutivas, há, porventura, três aspetos que permitem observar a densidade das ações públicas, para além do domínio estritamente político em que há pouco se definiu a relação Estado/mercado.

Em primeiro lugar, o Estado define e consolida *infraestruturas coletivas* de funcionamento e inovação sociais. É esta, porventura, a *base* sobre a qual as sociedades, as economias e os mercados se desenvolvem. Para além disso, em segundo lugar, e num plano que já não é essencialmente de ordem material, o Estado influencia, através de princípios que promove (por exemplo, solução pública ou solução privada de problemas individuais ou coletivos) os *padrões coletivos do desempenho* económico e social. Isso indicia a presença ou a relação do Estado com a própria *ação* da sociedade e da economia. Finalmente, o Estado (mesmo nas situações históricas em que se pretendeu configurar como Estado mínimo) corporiza *orientações estratégicas*, quer dizer, ele é um elemento ativo da configuração de *trajectórias*. Em suma, o Estado pode ser encarado como um ator essencial da formação de uma determinada *ordem relacional* e o principal agente criador de externalidades na economia. Se este último papel lhe é geralmente reconhecido, parece também claro que o anterior não é menos importante, situando-se num espaço intermédio entre as suas funções materiais e as suas funções políticas.

A centralidade do Estado na economia é grande quando é grande o seu papel na estruturação dos comportamentos dos atores sociais e das relações que estes estabelecem. De facto, não será apenas o peso da despesa pública no PIB ou o conjunto dos meios económicos possuídos pelo Estado que servem de indicador da sua importância. Os papéis do Estado são também os de estabelecer contextos de ação, fixar significados, estabelecer consensos (Reis, 2001). Há, assim, uma contratualidade implícita nas relações entre o Estado e a economia. É a este tipo de contratualidade difusa que chamo ordem relacional. A demonstração deste papel do Estado não se encontra nas estatísticas nem resulta de uma dedução aritmética. Está diretamente ligada a uma interpretação das dinâmicas relacionais. Por exemplo, quando se trata de criar uma estrutura de direitos sociais (direitos sindicais, laborais, salariais, direitos reguladores da segurança social, da saúde) e de qualificar as gerações futuras (com papel preponderante para a educação e para a formação profissional) encontramos um papel de fomento exercido pelo Estado que serve de base aos processos de desenvolvimento. A própria estabilização das variáveis macroeconómicas, quando isso é necessário, é essencialmente um papel solitário do Estado, pois a regulação das relações monetárias externas, a condução da capacidade de troca, o desenvolvimento do crédito, o enquadramento da produção e do consumo e, até, a salvaguarda da capacidade produtiva, têm muitas vezes lugar na ausência de parceiros sociais fortes e, sobretudo, autónomos e construtivos.

O Estado é, assim, um criador de externalidades[6]. A produção de capital fixo social, de infraestruturas modernizadoras, de qualificação geral da sociedade é um grande domínio de concretização material da função estatal. É compreensível que seja assim em fases e em circunstâncias em que há entraves aos processos de democratização social e política. Tanto os direitos sociais e a qualificação humana quanto a modernização infraestrutural exigiam esse capital fixo. No primeiro domínio estão as infraestruturas de educação, saúde, formação profissional. No segundo estão as estruturas de mobilidade, bem-estar urbano, bem-estar individual, assim como os contextos materiais de funcionamento das empresas. Pode imaginar-se como este papel do Estado foi decisivo.

O que torna as relações Estado/sociedade num problema essencialmente relacional é que, ao lado do papel "autónomo" do Estado, há também dinâmicas sociais difusas que exigem o envolvimento estatal. Esta relação entre evolução dinâmica relativamente difusa e estruturação formal parece-me central na compreensão da relação entre o Estado e sociedade. Creio que foi J. K. Galbraith quem, em termos modernos, traçou de forma original os termos em que esta dialética opera. Em *Afluent Society* Galbraith (1963) discorre sobre os processos e sobre "os meios de alcançar primeiro e manter

---

[6] Uma externalidade positiva, em economia, refere-se a uma criação de benefícios que transcende os agentes a ela diretamente ligados e que favorece o conjunto dos agentes sem que isso se manifeste através do sistema de preços.

depois um certo equilíbrio no caudaloso fluxo de bens e serviços que, ano após ano, a nossa riqueza nos vai oferecendo". Referindo-se ao progresso e à evolução social enquanto processo difuso, dedica-se sobretudo a pensar no "setor da produção privada". Mas não deixa de convir que, "ao mesmo tempo que isto se passa, manifestam-se, sem que seja preciso inventá-las, necessidades instantes de escolas, hospitais, demolição de bairros insalubres, desenvolvimento urbano, sanidade, parques, terrenos de jogo, policiamento e milhares de outras coisas (*ibidem*: 261). A convicção central é que "entre os serviços públicos e a produção e utilização privada de bens e serviços existe determinada relação, a qual não pode descer aquém de um certo mínimo sem que surjam desordens sociais e fique comprometido o funcionamento normal da economia" (*ibidem*: 218).

No entanto, pode dizer-se que o contributo de Galbraith tem a finalidade de fixar os dois polos da dinâmica relacional. Por isso, ao contrário das perspetivas que atribuem ao indivíduo soberania plena[7], em *The New Industrial State*, prefere "analisar um formidável aparelho de processos e de motivações que lhe modificam radicalmente o sentido" (1967: 264). Centra-se, para isso, na "tecnoestrutura" que rodeia e dirige a grande empresa, a cujas "necessidades e conveniências", aliás, "o mercado, em vez de ser o poder que dirige a economia, [se] acomoda progressivamente". Este "Estado industrial" é, como se vê, muito mais do que a instância política, é um complexo de ralações densas entre a esfera pública e a privada. A dimensão e a substância da própria economia privada desligam-se radicalmente do indivíduo e da conceção normativa de mercado para assumir, ela mesma, uma natureza institucional. Tanto no processo de geração das possibilidades que originam estas circunstâncias como na consagração da sua ação subsequente, as fronteiras do espaço estatal e do espaço económico diluem-se e ganham porosidades.

**A rediscussão do problema perante uma crise fundamental**
O conjunto de considerações anterior redobra de significado perante a crise atual – uma crise que, dada a natureza da rutura entre domínios e agregados económicos, prefiro designar *crise fundamental*. De facto, não são só as noções teóricas e as ontologias do Estado e do mercado que merecem discussão e reflexão. O poderoso processo de reconfiguração das relações

---

[7] Galbraith discute a "soberania do consumidor".

substantivas na economia não se limitou a dar aos mercados um papel desproporcionado, mostrou como aí ocupa um lugar destacado a redefinição de certas categorias que são essenciais para a discussão da relação Estado//mercado. É, aliás, a própria noção de economia, de sistema económico, que carece de uma compreensão apurada. Foi sempre assim, mas não é desadequado dizer-se que isso se tornou mais relevante nas circunstâncias turbulentas que marcam o mundo, pelo menos desde que em 2008 se tornou clara uma situação de crise profunda. Interrogarmo-nos sobre o que constitui a economia e sobre as suas finalidades deverá conduzir-nos à ideia de que a economia é um sistema de provisão e uso de bens e serviços e destinado a desencadear processos de geração de bem-estar e de melhoria das capacidades humanas, tanto individuais como coletivas. Os mercados ou a economia não são, portanto, um jogo simples e livre (libertino) de afirmação de interesses, de interpretação de motivações ou de difusão errática de incentivos ou sanções. Quem centra a economia em lógicas individualistas, em relações competitivas de natureza interesseira ou egoísta, pode dar-se bem com definições muito estritas dos sistemas económicos e da própria ciência económica, quando se foca numa conceção maximizadora e normativa de racionalidade individual e na redução do conjunto dos mecanismos sociais de alocação de recursos e de coordenação económica a um único deles – o do jogo dos mercados.

São conhecidas as circunstâncias tumultuosas dos tempos atuais, decorrentes da financeirização da economia internacional: a entrega do financiamento e do crédito internacionais aos mercados liberalizados e à especulação desencadeou uma crise financeira e esta transformou-se rapidamente numa crise económica profunda e certamente prolongada, mal a turbulência se manifestou num sistema bancário desregrado.

Em termos muito gerais, vale, no entanto, a pena relembrar que, de forma mais profunda, estivemos e estamos perante dois fenómenos incontornáveis. Um deles consistiu no facto de a função social do crédito e do financiamento se ter desconectado radicalmente da economia e dos objetivos de geração de riqueza e de promoção das capacidades individuais e coletivas, em favor de uma autonomização descontrolada da intermediação financeira e da especulação. O que devia ser instrumental tornou-se fonte das normas e assumiu capacidade de mando.

O segundo fenómeno – porventura o mais profundo – resultou da própria desconexão da economia relativamente à sociedade. A economia, definida da forma que há pouco se sugeriu, tem de ser concebida como uma realidade estreitamente articulada com a sociedade. Quer dizer, a economia não pode ser alheia ao conjunto plural de indivíduos e organizações e aos padrões culturais e institucionais que eles estabelecem, bem como aos compromissos e objetivos que resultam do conflito e dos acordos que as comunidades humanas vão gerando. Mas bem sabemos que esta relação se inverteu à medida que tendeu a prevalecer uma noção normativa e redutora da economia, em que esta se impõe à sociedade, em vez de com ela se relacionar positivamente.

Este duplo processo de "desligamento" originou situações generalizadas de insustentabilidade, que agora não se limitam ao domínio financeiro, visto que dizem respeito aos próprios domínios económicos e sociais, para já não referir os ambientais. O que parece claro é que o quadro de circulação e disponibilização de capitais escapou quer a formas de regulação ajustadas, quer à presença prudente de um conjunto plural de mecanismos de alocação de recursos, com enorme fragilização da esfera pública. Pelo contrário, caminhou-se para uma solução única, totalizante e, seguramente, totalitária – a dos "mercados sem fim". Como João Rodrigues (2009: 57 e ss) demonstrou, a conversão do que Polanyi designou *mercadorias fictícias* (trabalho, natureza, terra e sistema monetário e financeiro) em *simples mercadorias* deve ser considerado como o processo mais profundo e substantivo de redefinição do quadro das relações económicas contemporâneas, pondo em causa a noção de economia que acima apontei e colocando numa crise fundamental as relações que tinham estabilizado o capitalismo, enquanto sistema de produção, ao longo das últimas seis décadas. O resultado mais evidente foi uma multiplicação de situações turbulentas, que desencadearam irracionalidades, fomentaram desigualdades, consolidaram periferias e reforçaram assimetrias. Como seria, aliás, lógico esperar-se, em vista da "desconstrução" social e económica a que comecei por aludir. Esta crise é, pois, o culminar destes processos e apresenta-se, por isso, como um poderoso fator de insustentabilidade social e política. No centro desse cenário estão os desequilíbrios profundos introduzidos pela financeirização da economia e pela imposição de lógicas e de comportamentos económicos alheios à produção, à criação de riqueza, à sua justa distribuição e ao que é mais essencial, a lógica inclusiva do desenvolvimento.

Por isso, quando se postula que a economia é um sistema social de provisão e uso que tem a criação de riqueza e a capacitação individual e coletiva como sua finalidade essencial, então o quadro de problemas que se associa à economia há de ser diferente do que resulta da racionalidade financeira desregulada. E há de comportar quer uma interpretação adequada da globalidade dos fenómenos e dos processos que se nos apresentam, quer uma fina compreensão das relações Estado/mercado. É por isso, aliás, que parece claro que o problema da criação e distribuição de riqueza tem de regressar à primeira linha de prioridades da economia e da organização económica. É de estratégias de crescimento que se trata. Estratégias significam opções voluntaristas, concertação de ações e de meios, presença central do interesse coletivo. Significam, pois, processos sociais complexos, compósitos, articulados, isto é, carentes de uma aproximação interdisciplinar.

Uma coisa parece certa. Nos dias de hoje, os puros mecanismos de mercado ("os mercados", essa entidade obscura e quase divina que ouvimos repetidamente ser invocada no dia a dia da discussão económica) não são hoje suficientes para relançar o crescimento e o bem-estar. Basta lembrar como se produziu, de forma radical, uma intensa apropriação especulativa e financeira da chamada lógica do mercado. Ou, como bem lembra Mirowsky (2010), a razão profunda pela qual os mercados têm uma tendência para um "vício inerente", o de se se subverterem a si mesmos.

Quer isto dizer que me parece acertado colocar na agenda, sobretudo para economias periféricas, tópicos que ilustram bem a necessidades de refazermos muitas das inter-relações Estado/sociedade que já observámos e que postulámos como importantes para a discussão que aqui se propõe.

Parece-me claro que inquietações desta natureza sugerem preocupações semelhantes quanto ao conhecimento económico que se tem difundido e reproduzido de forma dominante nas últimas décadas. Sou um dos que acham que a teoria económica dominante foi um dos responsáveis ativos pela crise, designadamente pela teoria dos mercados que propalou. Quer isto dizer que a crise comporta um convite irrecusável ao regresso ao pluralismo das conceções económicas, o que certamente há de estar associado a visões prudentes sobre a organização económica e os mecanismos de que dispomos para promover a coordenação dos agentes.

É por isso que importa considerar que a economia, nesta aceção, não se resume às estruturas materiais e relacionais dos mercados, da produção e do consumo. As instituições, as culturas de decisão, os comportamentos, a governação e as atitudes relacionais dos atores económicos e sociais são também economia. Um paradigma económico mais amplo do que o que assenta na racionalidade do mercado é necessário para observar o modo como se estabelece a coordenação dos atores económicos, como se constrói a espessura do mercado, do Estado, da comunidade. O Estado "calibra" as debilidades do mercado e também lhe consagra o âmbito de atuação em que este é capaz de agir: por exemplo, vamos encontrar o Estado enquanto agente de delimitação da capacidade relacional do mercado, em termos geográficos, ao estabelecer um regime internacional assente na União Europeia.

## A compreensão do papel material do Estado exige uma teoria institucionalista do Estado e da sociedade

A compreensão do papel do Estado exige certamente que pressuponhamos a natureza evolucionista do seu desempenho. O Estado liberal, o Estado social, o Estado neo-liberal, o Estado neo-social são formas evolutivas cuja matriz e razão de ser encontramos nas tensões (nos conflitos e nos consensos) que determinam os vários planos das dinâmicas coletivas. Exige também, certamente, uma análise comparativa institucional, em que o pressuposto das "variedades de capitalismo" seja central. Ambas as aproximações facilitarão, por certo, uma clarificação da relação necessária entre a concretização histórica de cada forma de Estado e a condição de cada país. Central a uma perspetiva institucionalista há de estar a ideia de que os indivíduos são capacitados pelas instituições através dos contextos, das referências e dos padrões que estas lhes possibilitam.

Se a natureza histórica do Estado e dos papéis que desempenha na economia e na sociedade não precisará de ser especialmente realçada, já a perceção da ontologia estatal dependerá mais fortemente do que a visão evolucionista nos oferece. Suponho que é importante atender ao facto de ser notório o paralelismo entre os processos cumulativos de desenvolvimento material, por um lado, e a constituição do Estado como agente estruturador desses processos, por outro lado. Por exemplo, a configuração do Estado social não pode deixar de se considerar fortemente associada aos fenómenos mais intensos de transformação das sociedades capitalistas que seguem trajetórias dinâmicas. A industrialização, a salarização, a urbanização ou o desenvolvimento de mecanismos redistributivos sugeridos pelo aumento da capacidade coletiva para criar mais riqueza consolidaram lógicas de "progresso" inevitáveis e definiram padrões sociais não reversíveis. Poderia considerar-se que tudo isto assenta em mecanismos de natureza social ou económica distintos dos de natureza política e mais poderosos do que eles. Neste sentido, poderia também admitir-se que a natureza do Estado ou a sua qualificação como social, ou de bem-estar, ou Estado-providência, é empurrada pela própria evolução material e coletiva, isto é, pela dinâmica das estruturas que configuram a sociedade e as interações.

Mas parece também claro – e é isso que torna complexa a relação do Estado com a economia e a sociedade e revela a pluralidade dos fenómenos que a compõem – que tal evolução da vida material e das relações sociais carece radicalmente de ser consagrada, consolidada, "formalizada" institucionalmente. Ora, isso supõe um papel que só uma entidade estruturada, dotada de poder e de capacidade de legitimação, e relativamente autónoma, como o Estado, pode assegurar. É aí que a natureza evolucionista do Estado se revela como a instituição que valida, legitima, consagra e dá sentido cumulativo àquilo que a sociedade e a economia viabilizaram através das dinâmicas materiais e relacionais que lhes são próprias. As inter-relações e interdependência são, pois, poderosas.

Uma análise interdisciplinar não pode deixar de dar uma atenção particular aos usos sociais do Estado, e não à sua condição transcendente. O seu papel na produção de normas e regras, a sua função legitimadora, o próprio facto de ser uma organização, isto é, um lugar de acumulação coletiva de saberes e competências, mostra-nos que o Estado define contextos de ação, formas de comportamento coletivo e de bem-estar individual, estabelece redes densas e complexas, produz impactos fortes em decisões não-estatais e na definição de objetivos coletivos. De facto, o Estado é *a-instituição-das--instituições* e, por isso, é uma entidade profundamente material, relacional, interveniente em lógicas processuais cujo lugar não tem fronteiras exatamente delimitadas.

Como se afirmou logo no início, a perspetiva que enfatiza a natureza política autónoma, desligada da sociedade, do Estado parece pouco útil para as finalidades que aqui se prosseguem. De facto, o Estado é mais facilmente interpretável se considerarmos os usos sociais que ele serve e a profunda inter-relação com domínios que só de forma errada se podem considerar como autónomos. Viu-se anteriormente que a validação e consagração de formas evolutivas desencadeadas pela sociedade é um desses usos, especialmente relevante se admitirmos que estamos perante processos que representam uma condição progressista, tanto em termos materiais como sociais. A função de produção de regras e normas não é, assim, uma simples característica abstrata definidora do Estado. Pelo contrário, a relevância das instituições nas sociedades vê-se pelo seu papel na estruturação das interações sociais.

As regras e as normas, as regras implícitas e, sobretudo, as regras sociais mostram o papel institucional do Estado. G. Hodgson (2006: 2) encara as instituições "como sistemas de regras sociais estabelecidas e dominantes que estruturam as interações sociais", enquanto para D. North (2005: 1) as instituições são "restrições institucionais" que se "acumulam ao longo do tempo", de tal forma que "a cultura de uma sociedade é a estrutura cumulativa de regras e normas (crenças/valores) que herdamos do passado e que marcam o nosso presente e influenciam o nosso futuro".

A dimensão institucional ou a estrutura institucional apela, pois, para a compreensão de três aspetos decisivos: a acumulação de valores ao longo de processos longos, a sua consagração sob forma legitimada e legitimadora e a condição multiforme desses valores, de tal forma, que eles assumem não apenas a característica de normas mas também de cultura. É neste contexto que a perceção do Estado colhe, com proveito, da conceitualização própria da noção de instituições, nos termos que acabo de propor.

A dimensão normativa que acabámos de observar consagra e institui valores, ideias, culturas – e um sistema institucional é, antes de tudo, isso mesmo. Por tal razão, tenho definido instituições como "consolidações colectivas de formas de compreender, agir e organizar as acções em sociedade" (Reis, 2009: 20). Numa aceção larga e dinâmica, certas instituições devem também ser vistas como entidades dotadas de *espessura* própria, com pesos e papéis substantivos na sociedade, isto é, como sujeitos de ação. Ora, o Estado, para além do que consolida e consagra sob a forma de instituição legitimadora, é também um lugar de acumulação coletiva, de acumulação de saberes e de competências, e é isso que o delimita e define como organização. As dimensões técnicas e organizacionais tornam-se especialmente relevantes em funções como as de administração, de regulação, de planeamento e de provisão. O aparelho técnico-estatal mostra o que, no Estado, existe para além da sua natureza política. Essas funções relacionam-se com processos de intervenção na organização coletiva.

Um dos aspetos da dinâmica histórica que melhor poderá exemplificar a natureza institucional da evolução económica e social e, portanto, a relação Estado/economia é a emergência da sociedade salarial. Pode admitir-se que a questão essencial consiste na passagem do salário de categoria imersa nas relações de dependência pessoal à categoria de variável "económica". Se neste caso estaríamos perante mercados de trabalho iniciais como contextos "privados" altamente assimétricos, com a sociedade industrial a natureza de tal variável muda radicalmente. O salário deixa de poder ser visto como um simples retribuição da cedência de trabalho para ter de ser encarado como uma relação central, tanto económica como política. A dupla condição do salário – simultaneamente custo e rendimento – associa-se rapidamente a outra dimensão, a de salário direto e a de salário indireto. O facto de ser um custo mostra que vai haver uma relação reforçada entre salário e produtividade. Ora, esta última liga-se diretamente a condições microeconómicas e organizacionais próprias da empresa mas liga-se também, igualmente de forma direta, a capacidades do trabalhador que não lhe são dadas pelo empregador (educação, saúde, mobilidade, inserção numa rede de relações sociais), dependendo antes de decisões públicas prévias e da garantia de formas de provisão que possibilitam acessos coletivos. Para além desta relação avaliável em termos microeconómicos, a capacidade de suportar determinados níveis de custo por parte das empresas depende também dos contextos de valorização da sua própria produção de bens ou serviços. Ora, a isso associam-se as externalidades positivas de que possam ou não beneficiar – externalidades de características infraestruturais ou externalidades de informação, de conhecimento ou simplesmente contextuais.

É, no entanto, o facto de o salário também ser um rendimento, com que a maioria dos cidadãos forma a sua procura e assegura a inserção no quadro social, que enfatiza a natureza económica, pública e coletiva da relação que o origina. Os seus impactos e influências passam a ser macroeconómicos e macro-sociais e, evidentemente, políticos. Desde logo porque é o conjunto das dinâmicas globais de uma sociedade, desde as de crescimento às de bem-estar, que lhe está associado. Isso mesmo tem a ver com o facto de, em sociedades deste tipo, não bastar que a relação salarial se limite ao salário direto, quer dizer à relação monetária imediata que se estabelece entre empregador e trabalhador. Para além de esta ter uma dimensão contratual que envolve várias outras dimensões em matéria de direitos e de obrigações (que em si mesmo já definem níveis de salário indireto), são as políticas públicas e as formas de intervenção do Estado no rendimento dos cidadãos, estabelecidas no pressuposto de que o mercado do trabalho é um mecanismo poderoso de inclusão social, que finalmente definem esse salário indireto.

Por todo este conjunto de razões, a relação salarial passa, assim, de uma relação económica de produção privada para uma relação social de natureza pública, fundadora, aliás, de uma fase nova na história, marcada não apenas pela industrialização e pela salarização mas também pela urbanização, pelo desenvolvimento do conhecimento e pelo lugar essencial da organização coletiva.

As constituições económicas dos países industrializados e as democracias "trabalhistas" que aí se desenvolveram até à súbita deflação salarial originada pela crise iniciada em 2008 são expressões concretas do que se acaba de dizer. Se considerarmos a relação entre salário direto e salário indireto e todas as formas de políticas sociais associadas à condição dos trabalhadores, pode perguntar-se: quanto é que, na retribuição dos assalariados, é política pública? A passagem do salário de simples relação individual às convenções parciais de tipo setorial e, depois, às normas salariais gerais e aos padrões laborais mínimos mostra a presença de processos de natureza variada, mas interligados.

## Conclusão: os exercícios interdisciplinares sobre o Estado (e a turbulência do mundo)

O papel do Estado nas sociedades contemporâneas, apesar das diferenças que possa revelar consoante os contextos nacionais, é o resultado de um longo processo relacional. Nesse processo intervêm fenómenos sociais relevantes e problemas essenciais de organização coletiva. E intervêm, igualmente, soluções institucionais que fixam e delimitam o lugar do Estado nas sociedades. A natureza política do Estado e a consolidação institucional que ele representa estão intimamente vinculadas à lógica de conflito e compromisso que os fenómenos e as dinâmicas sociais comportam.

Ambas as matérias – tanto a fenomenologia relacional como a consagração institucional de soluções e formas de intervenção – indiciam questões que são intrinsecamente interdisciplinares. Regresse-se aos exemplos já anteriormente dados. A urbanização e a industrialização são processos não compagináveis com perspetivas disciplinares, pois eles relacionam-se com os conhecimentos da Economia, da Sociologia, da Antropologia, da Geografia ou da Ciência Política, entre muitos outros. E o mesmo acontece com a forma como o Estado acolhe tais fenómenos, os consagra e neles intervém. Por isso, não é apenas o Estado enquanto instituição, organização ou aparelho que aqui se presume como objeto de um exercício de análise interdisciplinar. São, identicamente, os fenómenos e processos que supõem o papel do Estado e delimitam o seu lugar que são, eles mesmos, matéria bastante para demonstrar o carácter interdisciplinar da abordagem a propor.

De facto, são espaços coletivos de construção dos processos sociais que aqui reencontramos nas duas dimensões que estou a distinguir, a da vida material e a da configuração institucional, neste caso de tipo estatal, que elas desencadeiam. O lugar dos processos coletivos na organização social pode ser reconstruído a partir de pontos com origens muito diversas. Mas ficar nessas origens, em vez de procurar soluções interdisciplinares, pode conduzir a grandes problemas de sustentabilidade disciplinar, como é hoje em dia bem ilustrado pela Economia que, ao reduzir-se a uma disciplina dos mercados, minou profundamente a sua condição científica e a sua capacidade para interpretar a evolução social, tendo também sido altamente responsável por uma "colonização" do espaço público através de ideias profundamente perversas. Por isso, o problema da sustentabilidade disciplinar pode procurar uma solução numa visão "indisciplinar" que se aproxime da globalidade e da complexidade dos fenómenos e dos processos sociais. O mais profícuo programa interdisciplinar há de ser, porventura, uma aproximação ontológica à identificação e à interpretação de problemas, mais do que um quadro de relações "entre disciplinas".

## REFERÊNCIAS BIBLIOGRÁFICAS

BUCHANAN, James (1986), *Liberty, Market and State: Political Economy in the 1980s*, Brighton: Wheatsheaf Books.

BUCHANAN, James (1991), *Constitutional Economics*, Oxford, Cambridge: Basil Blackwell.

CHANG, Ha-Joon (2001), Breaking the Mould – An Institutionalist Political Economy Alternative to the Neo-Liberal Theory of the Market and the State, *Social Policy and Development Programme*, Paper 6, Nova Iorque: United Nations, Research Institute for Social Development.

CHANG, Ha-Joon (2007), State-Owned Enterprise Reform, *Policy Notes*, Nova Iorque: United Nations, Department for Economic and Social Affairs, National Development Strategies.

CHANG, Ha-Joon; NOLAN, Peter (1995), Europe versus Asia – Contrasting Paths to the Reform of Centrally Planned Systems of Political Economy, in Chang, Ha-Joon; Nolan, Peter (orgs.) *The Transformation of the Communist Economies – Against the Mainstream*, Londres e Basingstoke: Macmillan.

FURUBOTN, Eirik G.; RICHETER, Rudolf (2001), *Institutions and Economic Theory: The Contribution of the New Institutional Economics*, Ann Arbor: The University of Michigan Press.

GALBRAITH, John Kenneth (1963), *A Sociedade da Abundância*, Lisboa: Sá da Costa.

GALBRAITH, John Kenneth (1967), *O Novo Estado Industrial*, Lisboa: Publicações Dom Quixote.

HALL, Peter; SOSKICE, David (2001), *Varieties of Capitalism. The Institutional Foundations of Comparative Advantage*, Oxford: Oxford University Press.

HIRSCHMAN, Albert (1991), *The Rhetoric of Reaction: Perversity, Futility, Jeopardy*, Cambridge: The Belknap Press of Harvard University Press.

HODGSON, Geoffrey (2006), What Are Institutions?, *Journal of Economic Issues*, XL (1), 1-25.

HOLLINGSWORTH, J. Rogers; BOYER, Robert (1997), Coordination of Economic Actors and Social Systems of Production, in Hollingsworth, J. Rogers; Boyer, Robert (orgs.), *Contemporary Capitalism: The Embeddedness of Institutions*, Nova Iorque e Cambridge: Cambridge University Press, 1-47.

JACKSON, Gregory; DEEG, Richard (2006), How Many Varieties of Capitalism? Comparing the Comparative Institutional Analyses of Capitalist Diversity, *Discussion Paper* 06/02, Max Plank Institute for the Study of Societies.

MAMEDE, Ricardo Pais (2009), Os desafios do desenvolvimento económico e o papel das políticas públicas, in Carmo, Renato Miguel; Rodrigues, João, *Onde Pára o Estado*. Lisboa: Edições Nelson de Matos.

MIROWSKY, Philip (2010), Inherent Vice: Minsky, Markomata, and the tendency of markets to undermine themselves, *Journal of Institutional Economics*, 6: 4, 415-433.

NEVES, Vítor (2004), Situational analysis beyond "single-exit" modelling, *Cambridge Journal of Economics*, 6, 921-936.

NORTH, Douglass (2005), *Understanding the Process of Economic Change*, Princeton e Oxford: Princeton University Press.

PEREIRA, Paulo Trigo (1997), A teoria da escolha pública (public choice): uma abordagem neoliberal?, *Análise Social*, 141, 419-442.

POLANYI, Karl (1957), *The Great Transformation*, Boston: Beacon Press.

REIS, José (2001), A globalização como metáfora da perplexidade? Os processos geoeconómicos e o "simples" funcionamento dos sistemas complexos, in Santos, Boaventura de Sousa (org.), *Globalização: Fatalidade ou utopia?*, Porto: Edições Afrontamento, 109-134.

REIS, José (2009), *Ensaios de Economia Impura*, Coimbra: Almedina/CES.

REIS, José; NUNES, João Arriscado (1993), Albert O. Hirschman: a propósito de The Retoric of Reaction, *Notas Económicas – Revista da Faculdade de Economia da Universidade de Coimbra*, 1, 108-112.

RODRIGUES, João (2009), Onde pára o Mercado: movimentos e contramovimentos nas políticas públicas, in Carmo, Renato Miguel; Rodrigues, João, *Onde Pára o Estado*, Lisboa: Edições Nelson de Matos.

RODRIK, Dani (2008), *Second-Best Institutions*, http://ksghome.harvard.edu/~drodrik/Second-best%20institutions%20paper.pdf

STIGLITZ, Joseph (1999), Wither Reform? Ten Years of the Transition, *Annual Bank Conference on Development Economics*, Washington.

# CAPÍTULO 3
# ECONOMIA E ÉTICA: A VIRADA NORMATIVA?

*Celia Lessa Kerstenetzky* *

**Introdução**
Neste ensaio, argumento que o nascimento da Economia a partir da Filosofia Moral marcou, ao mesmo tempo, a separação e a ligação, por meio da relação de filiação, entre os dois campos – assim como a separação da mãe no ato do nascimento inaugura entre ela e o filho um elo, inevitável e inquebrantável. Argumento, ainda, que a afirmação de autonomia da cria teve seus momentos adolescentes e que, na maturidade, esta afirmação se aproxima mais de reconhecimento e reconciliação do que negação das origens. Como uma instância de radicalismo adolescente e reparação na maturidade, apresento o caso da escolha social: o Teorema de Arrow, afirmando a impossibilidade de uma escolha social sem Ética, foi ocasião para mostrar que a reconciliação com as origens pode resgatar a disciplina econômica de algumas de suas dificuldades. Argumentos normativos foram então centrais para salvar a escolha social de sua irrelevância.

Começo, brevemente, por recordar alguns fatos estilizados sobre a separação da Economia em relação à Filosofia Moral, nas duas primeiras seções. Faço-o por meio da identificação de dois momentos de separação falhados, nos séculos 18 e 19, e a partir de evidência no século 20 de que, a despeito de intenções declaradas, a atração entre os dois campos é ainda forte. Na seção seguinte, apresento um caso de relação intensa e vitalizadora entre Economia e Ética: como teorias de justiça distributiva podem resgatar a escolha social de problemas fatais. Finalmente, concluo o ensaio com reflexões sobre o futuro da disciplina.

**No começo foi a Ética ...**
"Ética" é uma categoria filosófica particularmente carregada de significados. A definição que adotarei neste ensaio é Ética como o estudo da conduta humana relativa à concepção de uma vida boa.

* Professora Titular da Universidade Federal Fluminense, Diretora do CEDE e Bolsista de Podutividade em Pesquisa do CNPq.

Parte desse estudo tem a ver exclusivamente com a conduta individual, mas parte dele, especialmente na era moderna, é devotada à compreensão das consequências da conduta humana para o nosso viver juntos. Ambos os temas têm importantes conexões com a Economia. Por exemplo, ter as necessidades materiais satisfeitas pode ser parte da concepção individual de uma vida boa (ainda que não necessariamente esgotasse essa ideia); alternativamente, é possível que o interesse seja em examinar, como fez Adam Smith e outros antes dele, se certos tipos de conduta econômica individual têm ou não consequências desejáveis para o nosso viver juntos. A economia de Aristóteles esteve muito preocupada com o primeiro problema – em relação a esse problema é que ele desenvolveu sua famosa distinção entre Economia e Crematística. Mas a Economia dos modernos se dedicou a examinar as consequências sociais ou coletivas da conduta individual – o que é compreensível tendo em vista o fato de terem dispensado noções transcendentes de ordem e adotado perspectivas individualistas.

De fato, este último tipo de investigação deitou raízes na era moderna, no Renascimento político, e o trabalho de Maquiavel é frequentemente mencionado como seminal a esse respeito. Hirschman (1977), Dumont (1977), Rosanvallon (1999 [1979]), entre muitos outros, escreveram importantes volumes sobre a história das ideias sociais e as sucessivas hegemonias discursivas – de enquadramentos religiosos e políticos a enquadramentos econômicos – no provimento ou tentativa de provimento de respostas convincentes à questão ética concernente à possibilidade da ordem social derivar-se da conduta individual. De certo modo, a adequação da conduta individual era para ser avaliada ao nível do nosso viver juntos, isto é, se e em que medida seria ela conducente a algum tipo de ordem.

É contra o pano de fundo do problema da ordem social que a Economia emergiria como uma disciplina de pleno direito, e não mais como um apêndice de outros campos discursivos, como a Religião ou a Política. Em uma primeira aproximação, podemos dizer que a Economia, nas mãos engenhosas de Smith e, antes dele, dos fisiocratas e mercantilistas, se dedica a demonstrar que, sem a exigência da adoção por parte dos indivíduos de qualquer concepção particular de vida boa e mesmo supondo que pouco mais do que as partes "vegetais e animais" dos homens (como Aristóteles colocaria) estivessem animando sua conduta, algum tipo de ordem emergiria da interação entre eles, especialmente se os "excessos" pudessem ser contidos por instituições não econômicas, como o Estado. Mas o núcleo dessa ordem é econômico: é uma ordem de mercado, estruturada por instituições econômicas como a divisão do trabalho e o sistema de preços e animada por motivações econômicas, a principal delas o interesse próprio material de seus membros. A ação do Estado é não apenas complementar, como "delicada" e, sobretudo, sábia (Winch, 1996), o ofício de um demiurgo relojoeiro, não de um oleiro (Hirschman, 1977). Desse modo, uma alternativa a visões teocêntricas ou estadocêntricas de ordem estava sendo proposta, baseada em uma interpretação diferente da conduta individual: não mais a conduta moral da pessoa piedosa ou, no outro extremo, a conduta imprevisível e impulsiva do homem tomado por paixões, mas a conduta baseada na busca pelo bem-estar material próprio.

Entre os historiadores desse fluxo de ideias há certo desacordo sobre se as respostas econômicas ao problema da ordem deveriam ser consideradas como redução ou amplificação do campo de interesse intelectual. De um lado, Hirschman sugere que a resposta de Adam Smith à questão da ordem é um empreendimento reducionista que encerrou a busca essencialmente interdisciplinar que prevalecera antes dele. Outros, como Rosanvallon, alternativamente interpretam a resposta de Adam Smith como significando que a Economia, a partir de então, estaria condenada a ser um tipo de teoria social, na medida em que herdava o campo inteiro de problemas que a teoria política e o pensamento religioso tinham lidado quando se confrontaram com a mesma questão. Além disso, os pensadores franceses (aqui incluo Dumont além de Rosanvallon) enfatizavam que na competição entre diferentes tipos de resposta ao problema da ordem, a abordagem econômica, quando finalmente provê uma resposta convincente, se separa legitimamente do continente da Filosofia Moral, como uma disciplina de pleno direito – com um objeto discernível e uma abordagem própria. Esta era uma resposta diferente das alternativas religiosa e política, mas construída em termos aceitáveis aos competidores. E era, além do mais, parcimoniosa, o que provavelmente contribuiu para sua adoção subsequente. Seja como for, é digno de nota que a diferenciação da Economia do continente de origem não implicou perda de parentesco. A Economia carregou consigo o entremeio de perspectivas explanatórias e normativas no projeto de explicação da ordem social, na medida em que o próprio objeto a ser explicado é um arranjo idealizado, "ordem". Smith explica a emergência de ordem a partir do comportamento idealizado de indivíduos; em outras palavras, ele se propõe a descrever os mecanismos necessários para que esse resultado ocorra (motivação e instituições econômicas, como a divisão do trabalho e o sistema de preço), os resíduos (quando o interesse próprio é prejudicial à ordem) e as saídas para as dificuldades que estes resíduos poderiam criar (ação qualificada do Estado).

O que faz essa noção de ordem como "ordem de mercado" se qualificar como uma boa concepção do nosso viver juntos? Alguns valores que encontramos em *A Riqueza das Nações* proveem a resposta: essa noção aparentemente acomoda a liberdade individual (especialmente a liberdade de progredir na vida), a justiça comutativa (a troca entre equivalentes) e mesmo alguma medida de justiça social (igualdade de oportunidades, tendência ao aumento da parcela salarial na renda nacional e, portanto, à igualdade econômica) (Verburg, 2000; Young & Gordon, 1996; Kerstenetzky, 2006). No tipo de explicação da ordem empregada por Smith, frequentemente temos de nos voltar ao "resultado", isto é, à ordem esperada, para especificar mais claramente as premissas do argumento: que tipos de interesse próprio são compatíveis com o resultado? Certamente não a variedade oportunista, a muito ambiciosa ou ainda a truculenta ou a sedenta de poder. Este processo (inevitável dado o projeto), de ida das conclusões às premissas e destas de volta às conclusões, ilustra porque Smith não poderia separar os aspectos positivos e normativos da economia. Sua investigação científica era em Ética, estava impregnada por temas éticos e orientada por seus métodos de explicação e justificação.

### No novo começo também ...: Léon Walras e John Neville Keynes

Quando nos voltamos para os *Eléments d'Economie Politique Pure* de Léon Walras (Walras, 1983 [1874]) e para *The Scope and Method of Political Economy* de John Neville Keynes (Neville Keynes, 1955 [1891]), o projeto de separação aparece muito explicitamente. Eles se propõem a distinguir, no caso de Walras, a economia pura da economia social e aplicada, e a economia positiva da economia normativa e da arte da economia, no caso de N. Keynes. Mas, o projeto parece incompleto ou pelo menos impreciso desde o começo, pois o objeto de interesse tem características inextricavelmente híbridas.

Por que estudar a determinação de preços sob concorrência livre e não outro arranjo? Walras parece oferecer duas respostas diferentes, e não apenas uma, sendo desse modo curiosamente pouco parcimonioso. Uma das respostas tem a ver com simplicidade, a outra com um ideal diferente, justiça: o caso mais simples, o da concorrência livre, também por acaso satisfaz pelo menos um ideal de justiça, a justiça comutativa, isto é, a igualdade na troca (Backhouse, 1985). De fato, simplicidade em si poderia não ser tudo: temos tantas ideias simples e patentemente erradas ou inúteis... Tampouco a separação, proposta por Walras, entre os ramos da Economia – separação motivada pela confusão de objetos que o autor atribui a Smith e a Say entre outros (Walras, op.cit.) – parece movida pela intenção de distinção da explicação científica da argumentação moral. Isso porque, como afirma nos *Élements* e, mais tarde, reafirma nos seus *Mélanges* (cf. Jolink and van Daal, 1989), as três relações de interesse para a Economia, quais sejam, a relação entre coisas (o fato do valor de troca), a relação entre pessoas e coisas (o fato da indústria) e a relação entre pessoas (o fato da distribuição), respectivamente os objetos da Economia Pura, da Economia Aplicada e da Economia Social, são para ele ramos da ciência e não de outra forma de saber.

Quanto ao volume metodológico de Neville Keynes, um tratado sobre o(s) objeto(s) e o método(s) da economia política, o que atrai a atenção, do nosso ponto de vista, é a insistência inicial do autor em que a economia política deva se dedicar ao problema da busca do bem-estar material, e não da relação entre meios e fins que acabou contribuindo para a sua popularização.[1] Desse modo, a abordagem "administrativa" à Economia, que a representa como a ciência que trata de problemas de ajustamento de meios a fins, foi rejeitada desde o início em favor da concepção clássica do estudo da produção, acumulação e distribuição da riqueza social. Não se trata apenas de saber como o sistema funciona (economia positiva) para poder transformá-lo (arte da economia) de modo a atingir certo propósito (economia normativa), como N. Keynes também afirma. Tampouco se trata apenas do fato de variáveis psicológicas, políticas e morais inevitavelmente interferirem

---

[1] Então, contraste a primeira definição, popular, de 'econômico' e 'economia' – "Qualquer linha de ação é comumente denominada econômica quando atinge seus objetivos com o menor gasto possível de dinheiro, tempo e esforço; e por economia entende-se o emprego de nossos recursos com prudência e discrição, de modo que possamos deduzir a partir deles o retorno líquido máximo de utilidade" – com a segunda, 'sofisticada' (adotada por N. Keynes): "em obras sobre economia política o termo econômico é geralmente empregado simplesmente como um adjetivo correspondente à *riqueza* material. Por um fato econômico, consequentemente, entende-se qualquer fato relacionado com os fenômenos da riqueza. Por actividades econômicas entendem-se as atividades que se dirigem para a criação, apropriação e acumulação de riqueza; e por costumes e instituições econômicas os costumes e as instituições da sociedade humana no que diz respeito à riqueza." (Neville Keynes, 1955 [1891]: 1-2).

em vários níveis sobre a própria operação do sistema[2], e que o economista deva estar consciente disso tudo, como ele acrescenta. Antes disso, há uma interrogação quanto ao próprio objeto de estudo. Por que estamos estudando as consequências da procura individual por bem-estar material, por que estamos interessados em articular as conexões lógicas que se seguem a essa premissa? Apesar de Neville Keynes não providenciar uma resposta direta, percebemos que o seu livro se insere na tradição intelectual clássica. No mínimo, como afirma, a *Paideia* completa do economista envolve uma análise das três dimensões de seu objeto e de suas fortes interconexões.

Pode bem ser que a adesão ao positivismo seja o fator responsável pela crescente suspeita com que os economistas do século 20 passaram a encarar as questões éticas e morais. Afinal de contas, o positivismo fornece a segurança de que estamos falando sobre ciência: sobre uma estrutura lógica de explicação e sobre juízos sintéticos, empiricamente enraizados, sobre o mundo. Juízos morais não podem ser empiricamente verificados, portanto não são científicos: a Ética é, pois, o domínio da controvérsia intratável.

Previsivelmente, a economia do bem-estar, na tradição utilitarista, seria a primeira vítima dos novos tempos. Não apenas sua concepção agregativa de bem-estar, baseada em utilidades, repousava sobre utilidades mensuráveis, como estava também ancorada em comparações interpessoais de utilidade. Estas comparações tornariam a agregação de utilidades individuais possível, já que proveriam os pesos a serem atribuídos a cada função de utilidade individual. Mas como medir "sensações" ou "satisfação"? E mais: como comparar diferentes pessoas a esse respeito? Para que essas operações fossem viáveis, teríamos preliminarmente que ser capazes de conhecer os "fatos" relativos aos diferentes níveis de utilidade que os diferentes indivíduos extrairiam do uso de recursos, mas esses não são diretamente observáveis. No fim das contas, dada a dificuldade empírica, a solução seria mergulhar em uma reflexão ética sobre quem merece o quê, o que significaria ultrapassar a fronteira disciplinar entre Economia e Ética.

Refletidamente, essa dificuldade não deveria deter o economista, que está habituado a importar supostos de outras disciplinas, mesmo quando estes não se acham bem estabelecidos (ou tenham sido fortemente desa-

---

[2] Ele nota de modo significativo que a oferta e a demanda não seriam meras curvas, mas refletiriam decisões tomadas por agentes livres, a partir de uma variedade de influências (costumes, valores, cálculos etc).

fiados) no campo de origem – como ocorreu com os supostos psicológicos. Deve então ter havido outra razão, que não o simples pudor de ultrapassar fronteiras, a compelir Stanley Jevons (1986 [1871]) e depois Lionel Robbins (1935) a declarar que as comparações interpessoais de utilidade deveriam ser banidas da Economia. Minha conjectura é que era a convicção de que faltava à Filosofia Moral um método apropriado para resolver controvérsias quanto a valores – e obviamente também a alta consideração que eles tinham por seu próprio método empírico de resolução de disputas sobre juízos factuais.

A dificuldade de estabelecer comparações interpessoais completas persiste na assim chamada tradição ordinalista, quando as utilidades são concebidas não como mensuráveis, mas como representações funcionais de ordens de preferências. Com o princípio de Pareto, a função de bem-estar social expressaria apenas uma ordenação (unânime) parcial das preferências. A nova economia do bem-estar – Paretiana e sem comparações interpessoais – contudo se envolveria em sérias dificuldades, como demonstrado pelo famoso Teorema Geral da Possibilidade[3], estabelecido e provado por Kenneth Arrow, em 1951. Arrow demonstrou que, a despeito do procedimento de agregação adotado para a construção de uma função de bem-estar social – se sua base eram as preferências e valores dos indivíduos, definidas de um modo simples e obedecendo a um conjunto módico e persuasivo de axiomas –, a escolha social seria impossível, isto é, não preservaria a racionalidade das escolhas individuais que constituem a sua base.

A agenda matemática na Economia perseguiu o relaxamento dos axiomas de Arrow para contornar a "impossibilidade" da escolha social, mas o próprio Arrow (1984) mais tarde indicou onde o problema estaria: na exclusão das comparações interpessoais (CI). Elas teriam que ser de algum modo reintroduzidas para superar a impossibilidade de agregação. E, no entanto, sua introdução violaria a separação entre Economia e Ética encarecida pela Economia pós-Robbins. Arrow sugere, de fato, que mais intercâmbio entre a economia do bem-estar e teorias da justiça deveria ocorrer, pois estas poderiam prover a justificativa necessária para o uso de CI. Desse modo, o problema da escolha social se tornaria um problema determinado e a escolha social se tornaria uma ferramenta relevante para lidar com problemas reais.

---

[3] Teorema Geral da *Possibilidade* (Arrow 1951), que mostrou uma *impossibilidade*.

No que segue, passo a elaborar a sugestão de Arrow, argumentando que há um espaço importante de colaboração entre as teorias da justiça e a economia do bem-estar a esse respeito.

**Escolha social e justiça social**
Amartya Sen (1999) e Daniel Hausman & Michael McPherson (1993), entre outros, têm insistido, mais recentemente, que a Ética segue sendo importante para a Economia. Eles argumentam que as variadas perguntas, teorias e orientações de política econômica dos economistas estão inevitavelmente apoiadas em pressupostos éticos, mais ou menos explicitamente elaborados. Uma consequência de tal situação é a própria diversidade teórica que observamos na Economia. Um exemplo notável é a noção de racionalidade, com seus vários significados e justificações.

O status deste suposto na teoria econômica contemporânea é análogo ao status do autointeresse no pensamento clássico e protoneoclássico. O seu uso é muitas vezes justificado com base no realismo (a racionalidade é uma habilidade que as pessoas usam, na média), como ocorreu com o interesse próprio na Economia moderna. Mas, à medida que esta justificação se torna menos convincente (como documentado pela ocorrência de erros sistemáticos na coleta, no processamento e no armazenamento de informação, observados pela economia experimental e em estudos de campo, cf. Kahneman, 2002), a base para o seu uso tem em alguns casos se tornado abertamente normativa (as pessoas não são racionais, mas deveriam ser), e, com ela, a teoria vai se transmutando em mais prescritiva que descritiva (por exemplo, a teoria da utilidade subjetiva esperada, cf. Shoemaker, 1982).

Poderíamos entender esta "virada normativa" em termos axiomáticos, como as condições ideais para o fechamento do modelo. Muito frequentemente, no entanto, é alguma noção de equilíbrio e eficiência alocativa que está sendo preservada ou resguardada pela reelaboração axiomática. O processo de "ir e vir" metodológico, das premissas às conclusões e destas de volta às premissas, que tínhamos identificado no jogo Smithiano entre as noções de interesse próprio e ordem, é aqui igualmente identificável: agora perguntamos que noção de racionalidade precisamos para garantir equilíbrios eficientes. Mas, do mesmo modo que a racionalidade é uma questão em aberto, o que pode ser considerado um resultado eficiente é também discutível. De fato, Sen tem frequentemente desafiado a base informacional simplória da economia do bem-estar: por que a ênfase exclusiva em "preferências"? Por que não, alternativamente, em "funcionamentos e capacitações"? Sustentando a abordagem das preferências e a perspectiva das capacitações estão duas concepções éticas diferentes, dois modos diferentes de avaliar o funcionamento "adequado" do sistema econômico. O ponto aqui não é que um está mais certo do que o outro, mas sim que ambos estão fazendo a mesma coisa, se apoiando em pressupostos éticos, de modo mais ou menos admitido.

Voltaremos a esse problema mais adiante nesta seção. Por ora, tratarei de apresentar um caso simples de colaboração entre argumentos éticos e teoria econômica. Meu estudo de caso é o intercâmbio entre escolha social e teorias de justiça social.

Como mencionado na seção anterior, o "tiro fatal" de Arrow na economia do bem-estar pode ser visto como o começo de uma vida nova, uma nova escolha social, na qual argumentos normativos estão combinados com argumentos "positivos". A questão que as teorias da justiça poderiam resolver para a economia do bem-estar refere-se à provisão de uma justificação para comparações interpessoais. Na medida em que esta não poderia em princípio ser provida em termos empíricos, outro tipo de justificação é requerido.

Minha interpretação é que uma maneira de teorias da justiça proverem uma base justificativa para comparações interpessoais é em termos de comparações *intrapessoais,* isto é, essas teorias propõem que as comparações entre pessoas resultem de um processo interno de ponderação de razões na mente de uma única pessoa[4]. Esse exercício mental, por meio do qual uma pessoa racional (em um sentido específico) poderia deduzir um critério para comparar todas as pessoas, precisaria ser regulado para ser imparcial, pois não sendo regulado, os resultados poderiam favorecer indivíduos ou posições particulares. As teorias, então, especificam as restrições, isto é, as circunstâncias apropriadas para o exercício mental preservar sua imparcialidade. Isso envolve situar a pessoa que faz a deliberação em uma espécie de "posição original". O resultado do experimento é um conjunto de princípios de justiça para regular a distribuição das vantagens da cooperação social. Os princípios então expressam o modo como as comparações interpessoais foram resolvidas, por exemplo, atribuindo-se a cada indivíduo o mesmo peso ou atribuindo-se aos que estão situados nas posições inferiores da distribuição de vantagens um peso maior, etc.

---

[4] Esta interpretação foi primeiramente apresentada em Kerstenetzky (1998).

As teorias da justiça então articulam condições ideais para que o exercício mental de comparar as pessoas (para construir uma função de escolha social), levado a cabo pelo indivíduo, seja o menos possível contaminado pelo conhecimento dos fatos empíricos relativos a ele mesmo. Essas condições incluem a de que o experimento ideal seja realizado por detrás de um "véu de ignorância". Isso significa que o indivíduo refletindo sobre os princípios de justiça (e, portanto, sobre um critério de comparações interpessoais), enquanto reflete sobre os princípios ideais, deveria tentar se abstrair de sua posição atual na distribuição de vantagens. Forçando sobre si mesmo uma perspectiva imparcial, o indivíduo se perguntaria: que classe de princípios deveria regular a distribuição em uma sociedade justa?

Em termos familiares ao economista, é como se a escolha de princípios de justiça fosse desenhada como uma decisão sob incerteza, onde o objeto de decisão seriam os princípios de justiça que devem regular a sociedade e a incerteza se referiria à identidade da pessoa que faz as escolhas. Como resultado desse exercício, pelo menos dois conjuntos de princípios emergiram na literatura normativa: o princípio do "utilitarismo procedimental" (*rule-utilitarianism*), segundo o qual o resultado do exercício mental seria o princípio utilitário de maximização da utilidade média, e os princípios rawlsianos de justiça, que explicarei em seguida. Meu propósito aqui não é advogar uma solução particular, mas mostrar como as teorias de justiça podem cooperar com a economia do bem-estar por meio, por exemplo, dos resultados a que chegaram, aplicando um método sistemático, para lidar com problemas considerados intratáveis no passado de nossa disciplina. O próximo passo é ilustrar essa cooperação, o que farei mostrando o potencial dos princípios rawlsianos de justiça para tornar a economia do bem-estar determinada.

Em *A Theory of Justice*, John Rawls (1971) argumenta que uma pessoa racional em um sentido específico, situada em uma posição apropriada decidindo que princípios de justiça deveriam regular uma sociedade justa, acabaria por escolher dois princípios de justiça para regular a sociedade justa[5]. O primeiro princípio seria o da liberdade igual: em uma sociedade justa,

---

[5] Insisto que o propósito não é concluir que Rawls está certo em afirmar que os princípios de justiça que propõe seriam deduzidos por qualquer pessoa, mesmo com as restrições que impõe, e sim mostrar que juízos quanto a comparações interpessoais podem ser "disciplinados" por um método, não sendo portanto intratáveis.

as liberdades básicas – pessoais, civis, políticas – são iguais e máximas, não havendo justificativa para algumas pessoas terem mais liberdades básicas que outras. O segundo princípio tem duas partes. A primeira é o princípio que regula a distribuição de oportunidades, que estipula que as oportunidades deveriam ser distribuídas tão igualmente quanto possível. A segunda parte, o princípio que regula a distribuição de renda e riqueza, é chamada de "princípio da diferença", e estabelece que os recursos econômicos sejam distribuídos de modo a maximizar as vantagens daqueles que estão na posição em maior desvantagem na sociedade. Os dois princípios, e as duas partes do segundo princípio, estão ordenados lexicograficamente, isto é, não são admitidos sacrifícios do primeiro pelo outro (por exemplo, de liberdade por riqueza: nenhum montante de riqueza deveria comprar a liberdade de ninguém, ou de, por exemplo, liberdade por educação), nem da primeira parte pela segunda parte do segundo princípio (ou seja, de oportunidades por renda).

Os dois princípios de justiça, então, regulam a distribuição de liberdades, oportunidades e vantagens econômicas segundo as regras da igualdade (o primeiro princípio e a primeira parte do segundo princípio) e da maximização da posição dos que estão em desvantagem (o princípio da diferença).

Os principais elementos do exercício de comparações interpessoais são os seguintes:

(1) "Vantagens" são definidas não em termos de "utilidades", mas de liberdades, oportunidades, renda e riqueza (e as bases sociais do respeito próprio), ou o que Rawls chamou de "bens sociais primários". A lógica aqui é que as vantagens da cooperação social são mais apropriadamente expressas em termos objetivos, como um conjunto de meios multipropósitos para uma variedade de fins que as pessoas possam perseguir, e não como experiências subjetivas. Isso é uma consequência do ponto de partida objetivista;

(2) Bens primários são atribuídos a pessoas situadas em posições sociais, de modo que o experimento de reflexão sobre princípios é realizado a partir da consideração da sociedade como estratificada em posições sociais (similares a classes sociais), e não como um agregado não estruturado de indivíduos. Essa é uma consequência de se repousar em teorias sociais que especificam que o que os indivíduos podem atingir na sociedade (e mesmo o que eles são) está fortemente associado ao lugar que eles ocupam no ordenamento social;

(3) Quando se trata da distribuição de liberdades e oportunidades, não há justificativa para se dar mais peso a um indivíduo (representante de uma posição social) do que a outro. A intuição é que não importa a posição social que a pessoa terminará ocupando depois que o véu é suspenso, não deverá haver chance de ela ser submetida à escravidão ou ser sujeita à discriminação na aplicação da lei, devido a sua posição social, ou ter direitos políticos inferiores aos que outros ocupando posições diferentes possuam. Isso libera a pessoa de opressão inaceitável. Quanto às oportunidades, devem ser as mais igualmente distribuídas dentro do que for possível, observando-se que sua distribuição perfeitamente igualitária é impossível ou mesmo indesejável (por exemplo, as famílias são estruturas de oportunidades);

(4) O princípio da diferença, por sua vez, atribui um peso maior ao indivíduo na posição de menor vantagem em recursos econômicos. No contexto estático da cooperação social, a maximização da posição de menor vantagem é alcançada apenas quando se chega à igualdade na distribuição de renda e riqueza. Uma lógica possível sustentando o princípio da diferença é a regra do *maximin*: dada a incerteza envolvendo a escolha dos princípios de justiça, quero ao menos garantir que caso me encontre entre os mais pobres, na sociedade justa esta posição é a melhor possível (frente a outros arranjos sociais menos justos). Dado o modo específico como Rawls enquadrou as preferências da pessoa racional deliberando sobre os princípios de justiça, não precisou supor que as pessoas tivessem preferências por igualdade. Do mesmo modo que não precisou supor preferências igualitárias, Rawls descartou as preferências invejosas entre as preferências racionais. Isso significa que, uma vez que liberdades e oportunidades sejam distribuídas igualmente, a pessoa racional se preocuparia em ter mais (do que menos) vantagens econômicas, o que a levaria naturalmente a se preocupar mais com a posição do menos avantajado (a pior que poderia lhe caber) do que com a igualdade em si ou, de modo geral, com a posição dos outros. De fato, é mesmo possível que em uma distribuição mais igualitária, a porção do menos avantajado seja inferior à que lhe caberia em uma distribuição mais desigual.

Considere as seguintes "sociedades" $i, j$ e $k$, as posições $x, y, z$ e os valores atribuídos a cada uma das posições expressando índices de vantagens:

($i$) $x_i = 8; y_i = 6; z_i = 5;$
($j$) $x_j = 15; y_j = 10; z_j = 6.$
($k$) $x_k = 20; y_k = 18; z_k = 4.$

O princípio da diferença (PD) requer que escolhamos a sociedade *j*, na qual a posição do menos avantajado é maximizada. Note que um princípio puramente igualitário selecionaria a sociedade *i*, enquanto um princípio utilitário selecionaria a sociedade *k* (na qual tanto a utilidade total quanto a média são maiores).[6] Outra intuição para a escolha do PD, levando aos mesmos resultados, se baseia no princípio de reciprocidade que deveria regular a interação entre membros plenos da cooperação social.

Minha questão agora é: em que sentido esta abordagem normativa seria útil à economia do bem-estar? Vejo a utilidade de, pelo menos, duas maneiras. Em primeiro lugar, ela provê um protocolo para a prática de comparações interpessoais de vantagens (CI): o exercício mental na posição original, ou o que chamei de exercício de comparação "intrapessoal". Em segundo lugar, ela fornece um critério para as comparações concretas: o índice de bens primários e as regras distributivas embutidas nos dois primeiros princípios de justiça.

A base para CI é importante para lidar com o problema da seleção entre múltiplos ótimos na fronteira de Pareto. Como se sabe, é possível comparar alguns pontos que estão fora da fronteira de Pareto com alguns pontos que estão sobre ela, mas não selecionar entre pontos sobre a fronteira. Podemos, por exemplo, dizer que pontos que estão localizados a sudoeste de um ponto específico sobre a fronteira de Pareto são inferiores a este ponto, ou, alternativamente, que qualquer ponto situado a nordeste lhe é superior. Os pontos B, D e A no Diagrama 1, no entanto, são igualmente bons, mesmo se correspondem a distribuições dramaticamente diferentes de utilidades entre os indivíduos $X_1$ e $X_2$.

---

[6] Claro que esta comparação não é estritamente precisa, já que, no enquadramento de Rawls, os valores são índices de bens primários, enquanto no enquadramento utilitário os valores são utilidades.

## Diagrama 1[7]

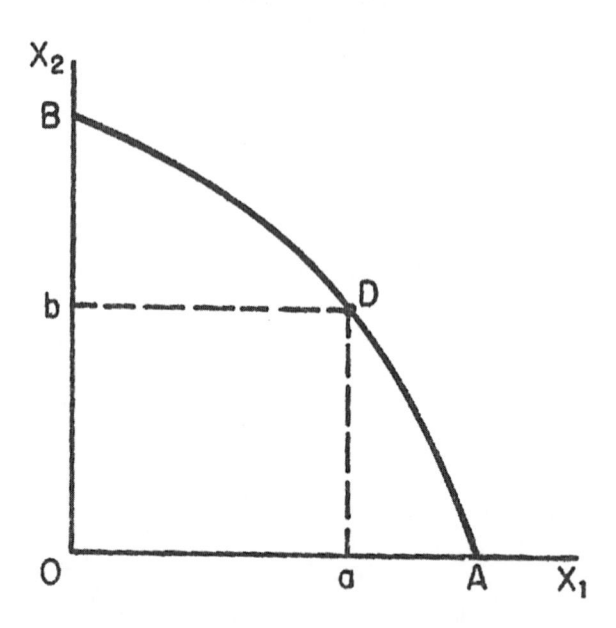

Isso é uma consequência de as melhorias de Pareto descartarem redistribuições de utilidades entre os indivíduos envolvidos, representando exclusivamente situações "unânimes", que são, isto é, ao mesmo tempo, vantajosas para pelo menos um dos indivíduos e não desvantajosas para nenhum dos demais. O método sugerido pelo sistema Rawlsiano de justiça social, por sua vez, justifica comparações de vantagens sobre a fronteira de Pareto. Em um enquadramento estático, este método selecionaria o ponto de distribuição igual D (lembremos que em um ambiente estático de cooperação social, a maximização da posição do menos avantajado ocorre quando as vantagens são distribuídas igualmente entre todos). Em um quadro dinâmico (dentro do qual distribuições desiguais podem se justificar se trouxerem vantagens ainda maiores para os menos avantajados), o diagrama 2, que tomamos de Rawls (2002), nos fornece uma lógica diferente para a seleção da solução de Pareto D:

[7] Diagrama retirado de Rawls (1971).

Diagrama 2 [8]

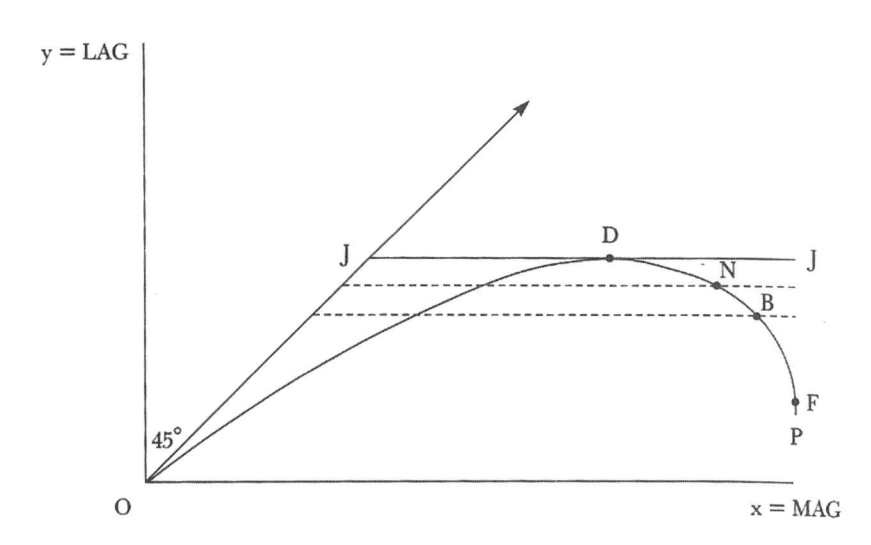

Os indivíduos y e x são, respectivamente, o menos avantajado (LAG, na sigla em inglês) e o mais avantajado (MAG, idem). A linha OP agora representa o modo como os resultados da cooperação entre eles são compartilhados – é, portanto, chamada de Curva de Contribuição. A linha de 45 graus representa a distribuição igual de vantagens entre x e y para uma soma crescente de vantagens. As linhas horizontais, paralelas ao eixo dos x, descrevem linhas que refletem situações "igualmente justas" – ou linhas de isojustiça, em nossa terminologia aqui – já que ao longo delas a situação do LAG (o menos avantajado) é constante; linhas de isojustiça mais altas representam maior vantagem para o LAG.

São notáveis algumas implicações do nosso uso do Princípio da Diferença como a lógica para a escolha da solução de Pareto D. Em primeiro lugar, o Princípio da Diferença (PD) nos faz escolher a linha de isojustiça mais alta, que é a linha tangencial à Curva de Contribuição, a curva de isojustiça J, ou seja, o Princípio indica o ponto (ponto D) na Curva de Contribuição no qual as vantagens para os menos avantajados é máxima.

[8] Diagrama retirado de Rawls (2002).

Em segundo lugar, já que o PD é parte do conjunto de princípios de justiça que são escolhidos por detrás do véu de ignorância, em circunstâncias específicas, agora temos uma justificativa (que não teríamos se nos apoiássemos exclusivamente no critério de Pareto) para comparar diferentes arranjos distributivos sobre uma Curva de Contribuição – em particular "melhorias rawlsianas" são observáveis em qualquer deslocamento em direção ao ponto D, enquanto "melhorias paretianas" descartariam comparações à direita do ponto D: os pontos distributivamente muito diferentes D, N, B e F não poderiam ser comparados, constituindo soluções paretianas igualmente válidas.

Em terceiro lugar, a Curva de Contribuição já foi corrigida por liberdades e oportunidades iguais – isso essencialmente quer dizer que a cooperação entre os que estão em melhores condições e os com menos vantagens se desenrola contra um pano de fundo de igualdade de liberdades e oportunidades, incorporadas em instituições justas. O significado disso é que, em contraste com o critério de Pareto, um conjunto de possibilidades distributivas é eliminado já que não resulta do funcionamento de instituições justas. No lugar de um simples princípio de eficiência temos, então, o que chamarei de "princípio da eficiência justa".

### Rawls & Sen e o critério de Pareto

Os princípios de justiça de Rawls poderiam então ser absorvidos pela economia do bem-estar por selecionar, entre possíveis situações de eficiência paretiana, a solução de justa eficiência, sob a condição de que a cooperação social fosse permeada por instituições justas e as vantagens da cooperação fossem medidas não em utilidade, mas em renda e riqueza.

Amartya Sen, em sua discussão sobre a economia do bem-estar tem igualmente visado o critério de Pareto, cuja neutralidade valorativa seria atestada, segundo os seus advogados, pelo foco nas preferências e por um critério implícito de unanimidade (o deslocamento de um arranjo distributivo em direção a outro teria que ser unânime). A crítica de Sen se dedica a mostrar que o foco na satisfação de preferências não é valorativamente neutro, dada a conhecida contaminação das preferências pelas condições de vida ou circunstâncias da escolha. Por que, pergunta ele, tomar a satisfação de preferências como medida de bem estar, se sabemos que preferências não são independentes de restrições de vários tipos? Pessoas pobres submetidas a duradoura privação tendem a desenvolver preferências "baratas", enquanto pessoas ricas, que não seriam limitadas por tais restrições, desenvolveriam gostos caros. Nesse caso, como tomar as preferências como uma fonte neutra de informação para políticas públicas? A base em preferências contamina o aparentemente neutro princípio de eficiência com um viés dificilmente justificável, do ponto de vista normativo. Em conjunto as análises de Rawls e Sen indicam que o princípio de Pareto, além de valorativamente não neutro, produz indeterminação desnecessária ao longo da Curva de Contribuição.

Sen notoriamente sugere outra base para os julgamentos de bem estar: a mudança de foco da satisfação de preferências para a "qualidade de vida" e, então, para as chances reais que as pessoas têm de viver vidas significativas, os conjuntos de "funcionamentos" e "capacitações". Enquanto os funcionamentos expressam o que as pessoas são ou fazem em suas vidas, as capacitações revelam as opções que estão abertas para elas escolherem entre diferentes realizações, ou seja, sua real liberdade de escolha. Para defender este novo foco, Sen recorre a noções aristotélicas e de outras tradições da filosofia moral. Um contraste relevante aqui é entre a visão utilitarista do homem como máquina de prazer e a visão aristotélica de um ser em florescimento.

Mais recentemente, o casamento de estudos sobre a felicidade, vindos da psicologia, com a economia do bem-estar revelou uma disjunção entre felicidade autodeclarada e renda, a partir de certos níveis de renda. O chamado paradoxo de Easterlin estimulou volumosa literatura, que se dedicou seja à sua explicação ou à sua refutação (Graham, 2005; Kahneman & Deaton, 2010). Qualquer que seja o caso, o bem estar subjetivo está de volta à cena. A questão sobre a qual boa parte dos artigos se debruça é qual o significado desse achado para a intervenção pública: por exemplo, deveriam as políticas públicas buscar a maximização da felicidade nacional? De novo, como no caso da satisfação de preferências, a tentação é forte na direção da atribuição de neutralidade a essa medida de bem estar, caso não se proceda a uma discussão ética que explicite os seus pressupostos e implicações. Uma das interpretações oferecidas é que os níveis de aspiração aumentam com a renda, e isso explicaria porque países ou pessoas mais ricas são mais difíceis de satisfazer (Graham, 2005; Clark et al., 2008). Contudo, que implicações se podem extrair dessa interpretação em termos da intervenção pública? Deveria a felicidade autodeclarada – e, de modo geral, os resultados de tentativas recentes de observar a satisfação de preferências diretamente, como os da neuroeconomia (Camerer, 2008) – serem tratados como informação não criticável? Tratá-las como um fato bruto tem o óbvio inconveniente de negar a infiltração das condições e do ambiente que cercam o sujeito na formação de suas preferências. Sen tem insistido que a felicidade ou o bem-estar subjetivo são parte do bem estar, mas não todo o bem-estar. Realizações objetivas e liberdades para realizar seriam também importantes.

**Rawls & Sen e justiça**
Como a contribuição potencial de Rawls à economia do bem-estar se relacionaria à de Sen? Há importantes pontos de contato, os mais notáveis sendo a rejeição à doutrina utilitarista e a adoção de um ponto de vista objetivista. Uma diferença entre eles, à primeira vista, é que Rawls parece focar em recursos (bens primários) e Sen em realizações (os funcionamentos, reais e potenciais), como o próprio Sen (1992) declarou. Creio, no entanto, ser esta distinção enganosa, uma vez que funcionamentos e capacitações são fortemente dependentes de recursos. Talvez a real diferença esteja nas diferentes estratificações da sociedade, no caso de Rawls, uma estratificação baseada nas posições que os indivíduos ocupam na cooperação social, enquanto em Sen, uma estratificação com base em necessidades, mais do que em posições na estrutura produtiva. Os indivíduos de Rawls são membros produtivos de um empreendimento coletivo chamado sociedade, posicionados socialmente, enquanto entre os indivíduos de Sen estão também incluídos membros não tão produtivos (deficientes, doentes, grávidas, crianças, idosos, pessoas submetidas a privações duradouras etc.), na medida em que ele delineia uma perspectiva de "necessidades" – mesmo que esta perspectiva seja sofisticada por uma noção de florescimento ("desenvolvimento") humano, não sendo portanto, necessariamente, uma perspectiva de necessidades *básicas*.

Uma importante consequência dessas diferentes escolhas parece ser que Rawls, baseado na noção de reciprocidade, pôde propor uma teoria de justiça completa, articulando princípios de justiça para regular a estrutura institucional básica da sociedade no que diz respeito à atribuição de direitos e deveres, além da distribuição dos frutos da cooperação social – e essa conquista é fundamentada no exercício mental na posição original – enquanto Sen não pôde. E apesar de Martha Nussbaum (2006) arriscar uma perspectiva de justiça seguindo um caminho mais próximo a Sen do que a Rawls, ela reconhece que o resultado não vai muito além de um princípio de maximização das capacitações básicas. Não sabemos, é claro, se sucesso (de Rawls) ou insucesso (de Nussbaum) nessa tentativa de produzir uma teoria completa de justiça distributiva se qualificam como prova da superioridade de uma abordagem sobre a outra. Para Sen (2009), por exemplo, tal teoria seria impossível.

Como vemos, mesmo que "disciplinada", a controvérsia, no campo explicitamente normativo, está longe de ser eliminada. O problema maior, contudo, está não em sua existência, que é inevitável, mas em sua sublimação.

**Conclusão**
Gostaria de concluir com a sugestão de que o pluralismo ético é em parte responsável pelo pluralismo teórico que observamos existir na Economia. Essa vinculação é visível na economia do bem-estar, nas diferentes teorias de bem-estar baseadas em critérios distributivos divergentes. Mas, é verdadeira também em uma Economia mais "positiva".

De fato, considerações sobre bem-estar implícita ou explicitamente abundam em estudos sobre crescimento e desenvolvimento e em estudos sobre políticas públicas. Diferentes estilos de desenvolvimento têm implicações distributivas radicalmente diferentes: é natural que os impactos e, por implicação, os projetos e as teorias de desenvolvimento que os promovem, sejam examinados à luz de seus pressupostos éticos.

O tratamento separado de questões de crescimento e questões de distribuição, sob o efeito da convicção de que os dois campos de problemas não estariam diretamente relacionados, tem implicações não apenas metodológicas – no sentido em que não sabemos com clareza quais os pressupostos – mas também práticas, quando, por exemplo, se traduz em trajetórias de crescimento altamente desiguais, sem perspectiva de autocorreção. Em contraste, há um forte sentimento – senão unânime, generalizado – de que desenvolvimento não é apenas crescimento, mas também disponibilidade de direitos civis e políticos, e de várias oportunidades, que em conjunto garantam que os seus frutos sejam justamente distribuídos e de modo geral o desenvolvimento humano em múltiplas dimensões seja promovido. Essa reflexão levou Sen a elaborar o conceito de desenvolvimento como liberdade, um conceito que não resistiria se o projeto positivista-separatista tivesse sobrevivido, sublimando o elemento normativo, não sem consequências. O conceito de desenvolvimento sustentável é ainda outro híbrido, que trouxe à tona a ideia polissêmica de sustentabilidade, com suas conotações ambiental, social, cultural e econômica, e que teria igual destino sob idênticas circunstâncias.

Além de esclarecer pressupostos em diferentes teorias, iluminando desse modo as diferenças entre elas, e possibilitar desenvolvimentos conceituais híbridos, a cooperação com a Ética é também explanatoriamente promissora. Ao nos aproximarmos do núcleo da teoria, observamos que, no que diz respeito à teoria de preços, a colaboração com a Ética pode resolver indeterminações. Na conturbada área teórica relativa à produção e à avaliação de bens públicos, como apontado por Sen (1999), mas também na precificação de bens privados (na medida em que considerações éticas afetam preferências e atitudes de consumidores, produtores, trabalhadores) e de bens posicionais (como os ativos líquidos globais, os direitos de propriedade intelectual, as posições executivas em corporações), variáveis éticas têm grande valor explanatório. De um modo geral, variáveis éticas podem ajudar a entender as funções-objetivo das pessoas e iluminar processos correntes de avaliação relativa que, refletidamente, podemos achar injustos, como, por exemplo, os termos e condições de contratos de empréstimo entre partes assimetricamente posicionadas, onde o poder econômico inclina a balança em favor da posição mais forte no mercado (Dymski e Kerstenetzky, 2009).

É claro que essa cooperação irá aumentar significativamente o leque de questões e estimular discussões também no outro lado da fronteira, na Ética. De todo modo, o exercício neste ensaio, que se limitou ao lado de cá da fronteira, me faz concluir que a cooperação não se resume aos resíduos do passado que anacronicamente sobrevivem em nossa disciplina, mas sinaliza uma possível orientação futura para a Economia.

# REFERÊNCIAS BIBLIOGRÁFICAS

Arrow, Kenneth (1951), *Social choice and individual values*, New York: John Wiley and Sons.
Arrow, Kenneth (1984), *Social choice and justice (Collected papers of Kenneth Arrow, vol.I)*, Cambridge, MA.: The Belknap press.
Backhouse, Roger (1985), *A History of Modern Economic Analysis*, New York: Basil Blackwell.
Camerer, Colin (2008), "Neuroeconomics: Opening the Gray Box", *Neuron* 60(3), 416-419.
Clark, Andrew E.; Frijters, Paul; Shields, Michael A. (2008), Relative Income, Happiness, and Utility: An Explanation for the Easterlin Paradox and Other Puzzles, *Journal of Economic Literature*, 46:1, 95–144.
Dumont, Louis (1977), *Homo Aequalis - Genèse et epanouissement de l'idéologie économique*, Paris: Gallimard.
Dymski, Gary; Kerstenetzky, Celia L. (2009), Global Financial Markets, in Peil, J.; Staveren, I. (orgs.), *The Handbook of Economics and Ethics*, Edward Elgar, 193-201.
Graham, Carol (2005), "The Economics of Happiness", Economic Studies Program, The Brookings Institution, in Durlauf, Steven; Blume, Larry (orgs.), *The New Palgrave Dictionary of Economics*, second edition.
Hausman, Daniel; McPherson, Michael (1993), Taking Ethics Seriously: Economics and contemporary moral philosophy, *Journal of Economic Literature*, XXXI, 671-731.
Hirschman, Albert (1977), *The passions and the interests*, Princeton: Princeton University Press.
Jevons, Stanley (1986 [1871]), *A Teoria da Economia Política*, São Paulo: Abril Cultural.
Jolink, Albert; van Daal, J. (1989), Léon Walras' Latest Book: Mélanges d'économie politique et sociale, *De Economist*, 137(3).
Kahneman, Daniel (2002), Maps of bounded rationality: a perspective on intuitive judgment and choice, mimeo.
Kahneman, Daniel; Deaton, Angus (2010), *High income improves evaluation of life but not emotional well-being*, manuscrito não publicado, http://www.pnas.org/content/107/38/16489.full.pdf+html [20 de junho de 2011].
Kerstenetzky, Celia L. (1998), *The One, the Two and the Many – autonomous, self-interested and interacting individuals in images of social order within contemporary social thought*. Ph.D. dissertation, European University Institute.

KERSTENETZKY, Celia L. (2006), Os Sentimentos Morais da Riqueza das Nações – progresso e pobreza na Economia Política Clássica, *Economia* – ANPEC, (7) 3, 411-430.

NEVILLE KEYNES, John (1955 [1891]), *The scope and method of political economy*, New York: Kelley & Millman, Inc.

NUSSBAUM, Martha (2006), *Frontiers of Justice*, Cambridge, MA: The Belknap Press of Harvard University Press.

RAWLS, John (1971), *A Theory of Justice*, Cambridge, MA: The Belknap Press of Harvard University Press.

RAWLS, John (2002), *Justice as Fairness: a Restatement*, Cambridge, MA: The Belknap Press of Harvard University Press.

ROBBINS, Lionel (1935), *An Essay on the nature and significance of economic science*, Londres: Macmillan.

ROSANVALLON, Pierre (1999 [1979]), *Capitalisme Utopique – critique de l'idéologie économique*, Paris: Seuil.

SCHOEMAKER, Paul (1982), The expected utility model: its variants, purposes, evidence and limitations, *Journal of Economic Literature*, XX, 529-563.

SEN, Amartya (1992), *Inequality reexamined*, Cambridge: Harvard University Press.

SEN, Amartya (1999), *Sobre Ética e Economia*, São Paulo: Companhia das Letras.

SEN, Amartya (2009), *The Idea of Justice*, Cambridge, MA.: Belknap Press of Harvard University Press.

VERBURG, Rudi (2000), Adam Smith's growing concern on the issue of distributive justice, *The European Journal of the History of Economic Thought*, 7(1).

WALRAS, Léon (1983 [1874]), *Compêndio dos Elementos de Economia Política Pura*, "Os Economistas", São Paulo: Abril Cultural e Industrial.

WINCH, Donald (1996), *Riches and Poverty - an intellectual history of political economy in Britain 1750-1834*, Cambridge: Cambrigde University Press.

YOUNG, Jeffrey T.; GORDON, Barry (1996), Distributive justice as a normative criterion in Adam Smith's Political Economy, *History of Political Economy*, 28.

# CAPÍTULO 4
# A OBJETIVIDADE NAS CIÊNCIAS SOCIAIS: GUNNAR MYRDAL E O ÚLTIMO DOGMA DO EMPIRISMO

*José Castro Caldas* *

**Introdução**

Na famosa mensagem de despedida em que cunhou a expressão "complexo industrial-militar", Dwight D. Eisenhower (1961), prevenia:

> [...] a universidade livre, historicamente a fonte de ideias livres, experimentou uma revolução na conduta da pesquisa. Em parte devido aos enormes custos envolvidos, um contracto do governo tende a tornar-se na prática num substituto da curiosidade intelectual [...] A perspetiva de domínio dos académicos da nação pelo emprego federal, alocações de projetos, e o poder do dinheiro, está sempre presente e deve ser encarada com preocupação.

Nos nossos dias a Universidade está a experimentar uma nova revolução impulsionada pela substituição dos fundos públicos por contratos privados com a indústria. Isto não significa, antes pelo contrário, que os motivos de preocupação a respeito do "domínio dos académicos" pelo "poder do dinheiro" tenham diminuído, tanto mais que o poder que agora se exerce sobre a pesquisa e a pode condicionar não está sujeito a qualquer espécie de escrutínio no quadro de instituições democráticas. A questão do *ethos* da ciência não só conserva, como adquiriu redobrada relevância no atual contexto de produção de conhecimento para o mercado, ou mercadorização do conhecimento.

O *ethos* da ciência, fundado em valores como a "objetividade", a "imparcialidade", a "procura da verdade", constituiu desde sempre um entrave ao alastramento do mercenarismo, assegurando, ou procurando assegurar, a correspondência da prática dos cientistas com o bem comum. As instituições académicas concebidas à luz destes valores contribuíam para nutrir,

---

* Investigador do Centro de Estudos Sociais da Universidade de Coimbra.

não sem dificuldades, as virtudes constitutivas da prática científica. Agora que estas instituições estão a ser redesenhadas num contexto onde predomina "o poder do dinheiro" privado, os motivos de preocupação com a orientação ética dos cientistas não podem deixar de se tornar ainda mais relevantes do que no tempo de Eisenhower.

À pressão do poder do dinheiro acresce, como motivo de preocupação, a própria erosão dos valores fundadores do *ethos* da ciência. As noções de "objetividade", "imparcialidade" e de "verdade" sobre as quais assentava este *ethos* tornaram-se no século XX, em grande medida, tributárias das conceções positivistas do circulo de Viena. Mas, na segunda metade deste século, em consequência de impasses internos e da crítica externa, o projeto positivista desmoronou-se, criando um vazio que até hoje não foi preenchido.

Na Economia as questões éticas não são mais nem menos importantes do que nas restantes ciências. Isso mesmo foi tornado manifesto com a atual crise financeira. O envolvimento teórico e prático de economistas das mais conceituadas universidades do mundo no desenho da arquitetura financeira que levou o mundo à beira do abismo, é hoje manifesto e encontra-se bem documentado até em filmes norte-americanos que fizeram sucesso de bilheteira.[1] O que está em causa é o enviesamento ideológico da Economia a favor de uma conceção particular de organização socioeconómica, com a ativa marginalização de visões rivais, e o mercenarismo de alguns dos seus praticantes a favor do interesse particular dos clientes das suas atividades de consultoria.

As questões éticas da Economia que agora adquirem renovada relevância estão longe de ser novas questões. Os economistas da tradição liberal tiveram sempre consciência da tensão existente entre observação, descrição, análise e predição, por um lado, e recomendação, ou prescrição, por outro. Procuraram resolvê-la de três formas distintas: proclamando a ilegitimidade das prescrições; subsumindo a Economia numa filosofia moral utilitarista que procurava objetivar os julgamentos morais através do cálculo de prazeres e penas; ou traçando uma fronteira entre conhecimento factual (baseado no *que é*) e prescrição normativa (baseada no que *deve ser*) que deixava de um lado uma Economia *ciência* e doutro uma Economia *arte* (conhecimento aplicado ou Economia Política).

---

[1] Ver, por exemplo, *Inside Job* (2010) de Charles Ferguson.

Mas na realidade a tensão entre descrição e prescrição nunca foi resolvida. Na prática, os economistas da tradição liberal, mesmo os que interditavam a prescrição, ou sustentavam a distinção ciência-arte, raramente se eximiriam de "aconselhar, recomendar, exortar, prevenir, etc. – e tudo isto com a ajuda de argumentos diretamente derivados da 'ciência' da economia". (Streeten, 1958: xii).

Não tendo a pretensão de descrever e discutir as controvérsias acerca da ética da Economia e dos economistas ao longo do tempo, este capítulo dedica-se à tarefa mais modesta de revisitar a obra de um autor – Gunnar Myrdal (1898-1987) – que nos deixou, indiscutivelmente, um dos contributos mais inovadores e marcantes do século XX para a reflexão acerca da relação entre a teoria económica e os valores morais. Confrontados de novo, no início do novo século, com a questão do *ethos* da Economia não podemos deixar de nos voltar para o seu legado como fonte inspiração.

Tendo começado por se destacar nos anos 30 do século XX pela denúncia da contradição entre as palavras e os atos dos economistas da tradição liberal a que se referia Streeten, Myrdal empenhou-se ao longo de toda a sua vida em clarificar os fundamentos do *ethos* da Economia. A sua principal obra de referência, *Objectivity in Social Research* (Myrdal, 1969), abria precisamente com a proclamação de que o *"ethos* da ciência social [...] é a procura da verdade 'objetiva'". As aspas na palavra "objetiva" assinalam que, nessa obra, Myrdal opera uma reconfiguração da noção de objetividade que tem por objetivo compatibilizar a objetividade com o reconhecimento da dependência das teorias científicas e dos próprios factos de valores embutidos na cultura e incorporados nas visões do mundo dos próprios investigadores.

O problema que aqui se coloca é verificar em que medida a conceção de objetividade articulada por Myrdal nesta obra é ou não robusta ao ponto de poder resistir aos impactos cruzados da mercadorização da investigação, por um lado, e da crítica pós-positivista da ciência, por outro.

Para isso vale a pena acompanhar a maturação das ideias de Myrdal a este respeito ao longo da sua vida, revisitando em primeiro lugar *The Political Element in the Development of Economic Theory* (Myrdal (1990 [1930]), de 1930, e por fim *Objectivity in Social Research*, de 1969, com referência a outros escritos metodológicos de permeio. Entre estas duas obras, uma de juventude e outra da maturidade, há um longo percurso em que a posição metodológica de Myrdal evoluiu ao mesmo tempo que era elaborada e aplicada à investigação e procura de solução de problemas sociais concretos.

A releitura de Myrdal permite identificar pontos de continuidade e de rutura interessantes no seu pensamento. Digno de registo é a influência, muitas vezes pouco explícita, do pensamento pragmatista de John Dewey em Mydal. A releitura proposta ajuda a compreender que, embora influenciado pelo pragmatismo de Dewey, Myrdal não o acompanhou até ao fim da estrada, nunca se libertando completamente da dicotomia facto-valor que Putnam (2002: 145) designou por "último dogma do empirismo".

Isto é tanto mais relevante quanto, como se procurará mostrar na secção final deste artigo, não obstante a importância da contribuição de Myrdal, a reconfiguração do sentido no termo "objetividade" necessária para reafirmar esse valor como um elemento constitutivo do *ethos* da ciência pode encontrar-se, não em Myrdal, mas na parte do caminho percorrido por John Dewey sem a sua companhia.

### O elemento político escondido na "teoria económica"

Gunnar Myrdal evoluiu ao longo da sua vida de economista de uma posição que pode ser considerada "neoclássica" para o institucionalismo. Em 1930, quando escreveu *The Political Element in the Develpment of Economic Theory* a sua crítica era dirigida não à "teoria económica" que havia recebido dos seus mestres, nomeadamente de Cassel, no seu conjunto, mas antes aos "enviesamentos" que resultariam da ocultação de ideologia política sob as roupagens de "ciência económica", quer na Economia política clássica, quer nas diversas modalidades de neoclassicismo desse tempo, incluindo a sueca (Myrdal, 1943, 1953, 1958a, Swedberg, 1990).

A posição epistemológica do jovem Myrdal em *The Political Element*, poderia ser definida sem exagero como empirista: "a tarefa da ciência económica é observar e descrever a realidade social empírica e analisar e explicar as relações causais entre factos económicos"; as preferências relativas a estados sociais, reais ou imaginados, – a opinião política – situava-se fora do âmbito da ciência económica (Myrdal, 1990 [1930]: 1).

A separação entre ciência e opinião política não implicava, no entanto, que a "ciência económica" fosse inútil ou dispensável nos debates políticos. A opinião política, pensava Myrdal, envolve crenças acerca de factos e relações causais assim como valorações. A "ciência económica" nada teria a dizer quanto às valorações, mas, quanto aos factos e relações causais, proporcionaria recursos para uma crítica objetiva.

Sob a influência do filósofo sueco Axel Hägerstorm[2], o jovem Myrdal partia para a crítica da "teoria económica" no pressuposto de que "não existem valores no sentido objetivo, apenas valorações subjetivas... distintas de perceções da realidade" (Myrdal, 1990 [1930]: 13). Reconhecia que as valorações desempenhavam sempre um papel na formação de noções acerca da realidade, mas acreditava que o papel da ciência consistia precisamente em corrigir essas "fontes subjetivas de erro que resultam em enviesamentos" (Myrdal, 1990 [1930]: 2).[3]

Myrdal reconhecia abertamente que o seu ponto de vista acerca das fronteiras da "ciência económica" e a necessidade de demarcação entre a Economia, por um lado, e a Ética e a Política, por outro, não era novo, nem peculiar. Pensadores económicos de grande estatura como Mill, Senior, Cairnes, Sidgwick e John Neville Keynes, antes dele, haviam restringido o campo da "ciência económica" ao estudo do factual e do provável. A questão que o intrigava era a razão pela qual apesar disso e de todas as proclamações de objetividade e neutralidade, "ao longo do século passado, falando em nome da sua ciência, os economistas têm vindo a dar expressão às suas opiniões acerca do que consideram ser socialmente imperativo" (Myrdal, 1990 [1930]: 4). Em particular Myrdal considerava estranho que a teoria da "livre concorrência", ou livre mobilidade dos capitais, não sendo descritiva das relações económicas reais, fosse apresentada como um *desideratum* político. Para ele, o que *devia ser*, contrariamente ao que *é*, situava-se claramente fora das fronteiras da ciência.

Para o jovem Myrdal, o principal problema da "teoria económica" era, portanto, a "falta de concordância entre os princípios da investigação na Economia e a sua prática" (Myrdal, 1990 [1930]: 4). A "teoria económica" havia-se desenvolvido sobre sistemas de Ética que reclamavam estar radicados em

---

[2] Hägerstrom, um filósofo de Uppsala cujo moto era "a metafísica deve ser destruída", exercia uma grande influência na geração de jovens académicos a que Myrdal pertenceu. Hägerstrom defendia que as proposições normalmente tomadas como verdades morais mais não são do que associações entre uma ideia e uma emoção. As proposições eram tomadas como verdadeiras pelos indivíduos apenas porque haviam sido instituídas e inculcadas na infância. Myrdal parece nunca ter estudado a filosofia de Hägerstrom em detalhe, mas, apesar disso, toda a vida sustentou uma perspetiva subjetivista dos valores (Jackson, 1990: 56).

[3] É curioso verificar que a posição de Myrdal em 1930 a este respeito não diferia substancialmente da de Lionnel Robins (1984 [1932]) que haveria de predominar até hoje entre os economistas.

conhecimento objetivo – a filosofia da lei natural e mais tarde o utilitarismo. Segundo Myrdal, a pretensão de objetividade destes sistemas era insustentável – ambos dependiam de valorações não suscetíveis de confirmação ou infirmação. A "teoria económica", tendo-se mostrado incapaz de se emancipar destes antecedentes filosóficos, não podia satisfazer os requisitos da neutralidade a respeito dos valores que o jovem Myrdal impunha à ciência.

O *Political Element* é uma releitura crítica do processo histórico de desenvolvimento das ideias económicas chave. Discute as teorias do valor clássicas e neoclássicas, o liberalismo económico, os conceitos de Economia como "governo da casa social" e as teorias das finanças públicas, expondo nelas "o elemento político" disfarçado de teoria científica. Com esta crítica Myrdal procurava exorcizar os elementos "metafísicos" da "teoria económica", purificá-la, mas não revolucioná-la (Barber, 2005). O resultado foi um livro que era ao mesmo tempo uma afirmação otimista da possibilidade de uma Economia "científica" e uma rejeição da possibilidade de uma Economia normativa e ao mesmo tempo científica.

No último capítulo do livro, designado "O Papel da Economia na Política" Myrdal debatia-se com um problema que o haveria de preocupar ao longo de toda a vida: como reconciliar o reconhecimento da impossibilidade de uma ciência normativa com o imperativo de intervenção do economista (cientista) em questões práticas? (Cherrier, 2009). Como reconciliar objetividade com a aplicação da teoria científica ao melhoramento da sociedade?

A sua resposta neste capítulo, como ele próprio haveria de reconhecer no seu prefácio à edição inglesa do *Political Element*, era "muito pouco elaborada" (Myrdal, 1953, xli): "há casos em que os interesses económicos não colidem uns com os outros [;...] quando a harmonia de interesses prevalece, os economistas podem fazer recomendações universalmente válidas" (Myrdal, 1990 [1930]: 191), mas quando isso não acontece o mais que a Economia pode fazer, sem abrir mão da objetividade, é identificar os pontos de convergência e de conflito e oferecer soluções alternativas, cada uma delas correspondendo a um conjunto particular de interesses.

O mesmo capítulo continha, no entanto, elementos que prenunciavam as posições que viriam a ser elaboradas em *Objectivity in Social Research*. Escrevia Myrdal:

> Soluções que correspondem a interesses particulares, explicitamente assumidos, podem reclamar objetividade, não porque exprimam normas políticas

objetivas, mas porque decorrem de premissas valorativas explícitas que correspondem a interesses reais. As soluções têm interesse prático na medida em que as suas premissas valorativas são relevantes para as controvérsias políticas, isto é, na medida em que representam os interesses de grupos suficientemente poderosos (Myrdal, 1990 [1930]: 193).

No momento em que estava a concluir o *Political Element* é bem possível que Myrdal não se tenha dado conta que esta passagem continha uma conceção de objetividade diferente da objetividade entendida como correspondência com os factos (ou objetos) que ele próprio sustentava noutros capítulos do mesmo livro. Seja como for, existe já no *Political Element* um esboço de reconcetualização da objetividade que se situa já no caminho que o haveria de conduzir ao ponto de vista que veio a defender na idade madura.

### A rutura com o "empirismo ingénuo"

Em 1953, quando escreveu o *Prefácio* à edição inglesa de *Political Element*, Myrdal avaliava positivamente a parte desta obra de juventude que tinha como objetivo expor o contrabando de valorações no interior de conceitos e teorias, e o uso posterior destas teorias para justificar tomadas de posição políticas. Contudo, já não estava satisfeito com um outro aspeto crucial do livro:

> [T]odo o livro está permeado pela ideia de que quando todos os elementos metafísicos são radicalmente erradicados, restará um corpo são de teoria económica que no seu conjunto é independente de valorações. Seria então possível inferir conclusões de política simplesmente adicionando um conjunto selecionado e explícito de premissas valorativas ao conhecimento científico objetivo dos factos.

Para o Myrdal de 1953 isto era "empirismo ingénuo":

> Os factos não se organizam a si próprios em conceitos e teorias só porque são observados; na realidade, fora do quadro de conceitos e teorias não há factos mas só caos. Há um elemento *a priori* inelutável em todo o trabalho científico. É preciso fazer perguntas antes de dar respostas. As perguntas são todas expressões do nosso interesse no mundo; no fundo são valorações. As valorações estão portanto envolvidas à partida na fase que observamos os factos e desenvolvemos

a análise teórica e não só na fase em que fazemos inferências de política a partir de factos e valorações. (Myrdal, 1990 [1954]: xli)

A conceção ingénua que ligava factos puros a implicações políticas, com valorações explícitas de permeio, tornara-se insustentável para Myrdal. Os próprios factos eram dependentes de valores.

Embora esta passagem tenha sido publicada em 1953 tudo indica que o reconhecimento da inevitável dependência dos factos relativamente a valores por parte de Myrdal, tenha sido anterior. Segundo Barber (2005) foi durante a escrita de *American Dilemma* (Myrdal, 2009 [1944]) nos EUA, entre 1938 e 1942, que Myrdal concluiu que "os julgamentos de valores eram inevitáveis na conduta da investigação social" (Barber, 2005: 73).

Este reconhecimento não pode deixar de resultar de uma exposição de Myrdal à filosofia pragmatista. Todos os pragmatistas clássicos, Pierce, James, Dewey e Mead defenderam que o valor e a normatividade permeiam inevitavelmente a ciência e continuavam a defendê-lo na década de 1930 contra a opinião positivista contrária, então dominante. Tão cedo como 1896, John Dewey escrevia já, contra a epistemologia e a metafísica lockeana, que os "dados" nunca são "dados" (*given*) mas antes "tomados" (*taken*), isto é, que aquilo que tomamos como "dados" depende, pelo menos em parte, dos propósitos da pesquisa. Atualizando a terminologia, Webb (2005: 512) escreve: "a crítica de Dewey do arco reflexo significa que a observação científica (ou de todos os dias) é mediada por órgãos sensoriais limitados, hábitos, constructos intelectuais, perspetivas e os propósitos da observação."

Em 1938 Dewey era ainda mais claro a este respeito (1938: 497):

> A noção de que a avaliação (*evaluation*) diz respeito apenas aos *fins* e de que com a exclusão de fins morais os julgamentos avaliativos são excluídos, assenta portanto, numa conceção profundamente equivocada da natureza das condições lógicas e dos constituintes de toda a pesquisa científica. Toda a pesquisa competente e autêntica requer que do manancial complexo de material existencial e potencialmente observável e registável, seja selecionado e ponderado algum material e tomado *como* dados ou "factos a considerar". Este processo envolve julgamento, apreciação ou avaliação. Por outro lado, não há [...] avaliação quando os fins são tomados como dados à partida. A ideia de um fim *a* alcançar, de um fim-*em-vista*, é logicamente indispensável na discriminação do material existen-

cial enquanto factos de prova e teste do caso. Sem isso não há guia para a observação; sem isso, não poderemos conceber sequer para onde olhar ou mesmo o que *estamos* a olhar. Um "facto" seria tão bom como qualquer outro – isto é, não serviria para nada...

O Myrdal de *America Dilemma*, cuidadoso a formular e a expor as premissas de valor da investigação, compreendia evidentemente bem e concordava com Dewey.

A exposição de Myrdal ao pensamento pragmatista, em particular à obra de John Dewey é referida e documentada por Jackson (1990). A sua companheira, Alva Myrdal, uma estudiosa de Psicologia e de Psicologia Social interessada em questões de educação não pode ter deixado de desempenhar um papel fundamental no processo de desenvolvimento intelectual que levou Gunnar a interessar-se pela obra de Dewey[4]:

> Dewey havia influenciado enormemente as ideias de Alva Myrdal, e ambos os Myrdal continuaram a ler o seu trabalho. Em 1939, quando Gunnar estava a organizar o seu estudo sobre a questão racial, Dewey publicou *Freedom and Culture*, onde defendia que os problemas sociais são fundamentalmente problemas morais (Jackson, 1990: 105).

De facto, logo na introdução a *An American Dilemma,* Myrdal cita uma passagem de Dewey em *Freedom and Culture* onde afirma a natureza fundamentalmente moral do problema social[5] para concluir: "[t]entaremos seguir Dewey e a sua conceção do que um problema social na realidade é" (Myrdal, 1958b: 58). E mais adiante nesta mesma introdução, precisamente quando expõe as premissas de valor do estudo, recorre de novo a Dewey para justificar a seleção do que designa como o *American Creed*: "a teoria da liberdade humana desenvolvida nos escritos dos filósofos da Revolução Americana, em particular Jefferson" (Myrdal, 1958b: 68, nota 2), que "chamemos-lhe sonho ou chamemos-lhe visão, tem estado entretecida numa tradição que tem tido

---

[4] A colaboração intelectual entre Alva e Gunnar Myrdal é amplamente documentada em Bok (1991).
[5] "[T]udo o que obscureça a natureza fundamentalmente moral do problema social é prejudicial [...] Qualquer doutrina que elimine ou obscureça a função da escolha de valores e alistamento de desejos e emoções em representação dos valores escolhidos enfraquece a responsabilidade no julgamento e na ação".

um efeito imenso na vida americana" (Dewey citado em Myrdal, 1958b 68). É a Dewey também que recorre (Myrdal, 1958b: 77-78, nota 1) para justificar o uso do termo "valoração" (*valuation*, raramente utilizado na língua inglesa) em vez simplesmente de "valor".

Em *An American Dilemma* existem outras referências a diversas obras de Dewey, indicativas de um contacto com a obra deste autor que vai para além de *Freedom and Culture* e de uma influência intelectual importante.

No entanto, o que aqui nos interessa é verificar os limites desta influência e determinar se está ou não presente na conceção de objetividade defendida por Dewey na sua obra de maturidade. Como veremos de seguida a questão coloca-se não no modo como os valores, ou as valorações, condicionam a escolha dos "factos" ou dos "dados" mas no significado da "escolha de valores", expressão que Dewey utiliza frequentemente, por sinal também na passagem que Myrdal selecionou como guia para a pesquisa em *An American Dilemma*.

### Objetividade apesar da dependência dos valores

Quarenta anos depois da publicação na Suécia do *Political Element*, Myrdal revistou a questão da objetividade nas ciências sociais no que se viria a tornar o seu mais conhecido e celebrado trabalho sobre este tema – *Objectivity in Social Research* (Myrdal, 1969).

Partindo da reafirmação da procura da "verdade objetiva" como fundamento do *ethos* da "ciência social", Myrdal voltava nesse opúsculo às perguntas que o haviam acompanhado ao longo da vida: O que é a "objetividade"? Como é que os "enviesamentos" decorrentes da influência dos autores clássicos, da cultura e da própria personalidade podem ser evitados? E além disto: como é que o cientista pode ser objetivo e ao mesmo tempo prático? Qual a relação entre querer compreender e querer mudar a sociedade?

A "objetividade" não pode ser concebida de forma ingénua como correspondência com os factos (ou os objetos). Isso mesmo decorria do reconhecimento da dependência dos factos relativamente aos valores, já assinalada no prefácio à edição inglesa de *Political Element*. Mas, apesar disso, Myrdal reafirmava uma distinção entre "crenças" e "valorações" segundo a qual as primeiras seriam "intelectuais e cognitivas" – exprimindo ideias acerca do que a realidade *é* – e as segundas "emocionais e volitivas" – exprimindo ideias acerca do que a realidade deveria ser (Myrdal, 1969: 15). Se no que diz respeito às crenças Myrdal acreditava fazerem sentido atribuições de verdade ou falsidade, já quanto às valorações não existiriam "critérios objetivos" para estabelecer a sua verdade, correção ou bondade.

As valorações, no entanto, eram para Myrdal, um aspeto objetivo da realidade. As valorações dos indivíduos ou dos grupos determinam o comportamento, tanto como as crenças dos indivíduos. Tomadas deste modo – como factos – as valorações poderiam e deveriam ser consideradas como um objeto de investigação.

Myrdal considerava que a investigação sobre as valorações era extremamente difícil. As valorações e as crenças surgem fundidas em "opiniões". Existem valorações de nível "inferior" – relacionadas com interesses particulares – e de nível "superior" – relativas ao bem comum. As valorações de um nível podem ocultar as de outro nível. Pior ainda, as pessoas tendem a *racionalizar*, isto é, a "revestir as suas valorações da aparência de crenças acerca da realidade" distorcendo deste modo as crenças (Myrdal, 1969: 18).[6]

As crenças, ou o que tomamos como crenças, dependem de valorações. Isto tanto seria válido na vida quotidiana como na ciência. De resto, Myrdal pensava agora que a ciência "nada mais é do que senso comum altamente sofisticado" (Myrdal, 1969: 14). Mas as valorações dependem também de crenças. "Os factos pontapeiam (*kick*)" (Myrdal, 1969: 40); podem ajudar a expor racionalizações, ultrapassar o preconceito e desejavelmente a enfraquecer as valorações de nível inferior a favor das de nível superior. Contribuindo para desvendar e afirmar os factos, purgando as crenças das valorações ocultas, a ciência social constituir-se-ia como "uma força de autoajuda [moral]" na sociedade. No entanto, notava Myrdal, os cientistas estão a enganar-se a si mesmos quando "ingenuamente acreditam [...] não tenderem a procurar de forma oportunista conclusões que se ajustam a preconceitos claramente semelhantes aos de outras pessoas na sociedade" (Myrdal, 1969: 43). A ciência é tão vulnerável ao enviesamento como o senso-comum, concluía Myrdal, e isso transportava-o para a questão que considerava central:

---

[6] O estudo da "questão racial" nos EUA (Myrdal, 2009 [1944]) havia sugerido a Myrdal numerosas provas da tendência para ocultar as valorações sob o manto de factos, na realidade estereótipos amplamente disseminados nas populações "brancas" do Sul acerca da população afro-americana.

Como evitar o enviesamento nas ciências sociais? Como é que a objetividade pode ser assegurada ou pelo menos perseguida?

Duas coisas eram claras para Myrdal: (a) "Atermo-nos aos factos", isto é, refinar os métodos de tratamento de dados, não é suficiente – "o caos dos dados potencialmente relevantes para a investigação não se organiza em conhecimento sistemático por mera observação"; (b) Refrearmo-nos de conclusões políticas seria vão – "em qualquer caso, há quase sempre conclusões políticas que são retiradas" (Myrdal, 1969: 52). Em vez disso a solução seria, como é bem conhecido, "trazer as valorações a céu aberto":

> Uma ciência social "desinteressada" nunca existiu e, por razões lógicas, nunca poderá existir [...] A única forma de procurar alcançar a "objetividade" na análise teórica é expor as valorações à luz do dia, torná-las conscientes, específicas e explícitas, e permitir que determinem a investigação teórica. (Myrdal, 1969: 55-56)

Neste ponto importa clarificar a que valorações está Myrdal a referir-se. A resposta dada em *Objectivity in Social Research*, pouco escrutinada nas leituras correntes de Myrdal, baseia-se numa definição de princípios para a seleção de premissas de valor. O primeiro princípio seria o da *relevância*: as valorações relevantes são as "de pessoas e de grupos sociais", não as valorações idiossincráticas do investigador. O segundo princípio seria o da *significância*: as valorações a considerar são as de "grupos substanciais de pessoas ou de pequenos grupos com um poder substancial." O terceiro seria o da *admissibilidade*: "valorações que têm em vista o impossível [...] não deveriam ser escolhidas como premissas de valor" (Myrdal, 1969: 65-66). Implicada está também a ideia de que as valorações a considerar são as de nível superior, normalmente "com expressão explícita no Estado ou em diferentes instituições dentro do Estado" (Myrdal, 1969: 68), não as de nível inferior.

Como ilustração Myrdal evoca a sua experiência durante a investigação que levaria ao seu *Asian Drama* (Myrdal, 1968). Myrdal havia notado que nos países estudados do Sul da Ásia os "Ideais da Modernização" constituíam uma espécie de *ethos* nacional, um enquadramento ideológico para os debates políticos, o planeamento e as políticas públicas. Outras opções, como um retorno à sociedade tradicional, existiam, mas estavam bloqueadas. Os "Ideais da Modernização" foram consequentemente escolhidos por Myrdal como premissas de valor para o estudo, apesar da consciência da existência de um conflito entre esses ideais e outras valorações presentes na sociedade.

Myrdal estava agora bem consciente de que a defesa da procura da objetividade pela exposição das valorações prévias à luz do dia correspondia a uma reconceptualização da objetividade. Usava o termo objetividade entre aspas. Não estava já a falar de objetividade como correspondência com os factos, mas antes de uma forma de inter-subjetividade que toma em consideração a diversidade das valorações e a distribuição desigual do poder na sociedade. Esta seria uma conceção mais fraca de objetividade, mas Myrdal pensava que era "o único significado que o termo pode ter nas ciências sociais" (Myrdal, 1969: 56).

Nos capítulos finais de *Objetividade*, Myrdal sentiu-se obrigado a defender-se da acusação de "relativismo moral". Negava que o "relativismo a respeito dos valores" possa inibir a defesa de um ponto de vista moral. Pelo contrário, ao declarar as premissas de valor os investigadores estariam a abrir os seus argumentos à crítica moral. Myrdal estava bem consciente de que nenhuma ciência social pode ser "amoral" ou "apolítica". O relativismo a respeito dos valores não era uma forma de niilismo moral. Proclamava então:

> Ao terem que expor abertamente as suas valorações básicas, a investigação social tornar-se-á mais eficaz ao serviço do propósito da catarse intelectual e moral em que depositamos esperanças tendo em vista o melhoramento da sociedade. (Myrdal, 1969: 76)

## A objetividade para lá do último dogma do empirismo

A objetividade, reconceptualizada por Myrdal em termos de premissas de valor abertamente declaradas, representa um avanço relativamente à conceção ingénua de objetividade como correspondência com os factos, ou neutralidade relativamente aos valores, tanto mais importante de enfatizar quanto é a segunda que (erroneamente) ainda predomina na Economia. Em particular, como sublinhava Myrdal, a sua conceção de objetividade favorece o exercício do escrutínio moral e político das teorias.

No entanto, para o (re)leitor de Myrdal não pode deixar de haver pelo menos um motivo de desconforto que vai aumentando à medida que o argumento se vai desenrolando: a seleção das valorações básicas de acordo com os critérios da *relevância, significância,* e *admissibilidade*.

O critério da significância ao convidar a reter as valorações de "grupos substanciais de pessoas ou de pequenos grupos com um poder substancial", se levado à letra, retiraria ao analista social margem para a crítica dos valores sustentados por grupos poderosos na sociedade, ou pelo Estado, por mais absurdos ou aberrantes que eles fossem. O analista deveria limitar-se a tomar como factos valores que efetivamente são poderosos, sem os discutir ou procurar modificar. Por outro lado, o critério da admissibilidade – "valorações que têm em vista o impossível [...] não deveriam ser escolhidas como premissas de valor" – faz perder de vista que o próprio espaço das possibilidades é condicionado pelas valorações prévias que forem selecionadas.[7]

Apesar dos seus critérios de seleção das valorações prévias, Myrdal seria certamente o primeiro a recusar tomar como premissas valores que ele próprio considerasse absurdos ou aberrantes. Os valores que adotou como premissas em *American Dilemma* ou *Asian Drama* são os valores do Iluminismo que ele próprio subscrevia. Myrdal torna-se assim vulnerável à crítica expressa por Cherrier (2009: 52):

> A própria metodologia concebida para reconciliar a aplicabilidade [da teoria] com a objetividade tornou-se finalmente o canal pelo qual os seus valores acabaram por informar a sua ciência [...] os seus valores social-democratas e a sua utopia de controlo social informavam a sua perspetiva científica tão profundamente que finalmente viu nos cidadãos americanos tal como nos asiáticos o seu desejo de racionalidade, os seus próprios valores progressistas.

A objetivação dos valores pela aplicação dos critérios da relevância, significância e admissibilidade impôs-se a Myrdal como a única possível no quadro de uma conceção subjetivista dos valores de que nunca abdicou. Na realidade o Myrdal da maturidade, não obstante a influência de Dewey, não tinha abandonado os ensinamentos de Axel Hägersorm. Ele ainda sustentava a "subjetividade do processo de valoração" (Myrdal, 1969: 15, nota de pé de página) e insistia em que as "[v]alorações são factos subjetivos" (Myrdal, 1969: 73), continuando neste ponto próximo da posição de Lionel

---

[7] Na realidade entre meios e fins há uma imbricação inelutável que Dewey nunca se cansou de enfatizar. O autor agradece a Tiago Santos Pereira a chamada de atenção para este ponto.

Robbins (1984 [1932]) que entretanto fizera escola na Economia neoclássica[8].

Isto significa que em 1969 Myrdal havia quebrado apenas metade do que Putnam afirma ser "o último dogma do empirismo": a convicção de que "os factos são objetivos e os valores são subjetivos e de que nunca os dois se encontraram" (Putnam, 2002: 145). Os factos para Myrdal haviam deixado de ser objetivos de forma ingénua, passando a existir fundidos com valores, mas os valores continuavam a ser subjetivos.

A possibilidade de uma crítica racional dos valores e de uma definição das premissas de valor a partir de uma reflexão racional implica uma rutura com o último dogma do empirismo que Myrdal nunca operou. Implica o reconhecimento de que, dependendo de uma nova reconfiguração conceptual da "objetividade", há lugar para podermos falar de *valores objetivos*.

Contributos fundamentais para essa reconfiguração conceptual encontram-se em obras de Dewey (1938, 1988 [1939]) e são sistematizados por Putnam (2002).

A rutura com "o último dogma do empirismo" envolve, por um lado, o reconhecimento do que Putnam designou como o "entretecimento (*entanglement*) de factos, teorias e valores" (Putnam e Walsh, 2007) e, por outro lado, o de que as questões normativas não são um domínio de subjetividade emocional, vedado à reflexão inteligente, à crítica e à racionalidade.

Influenciado por Dewey, e possivelmente por outra literatura pragmatista, Myrdal compreendia bem que o projeto positivista de uma ciência "livre de valores" estava condenado ao fracasso, mas não concebia sequer a possibilidade de discussão racional acerca dos "fins", ou melhor, de "uma noção de racionalidade aplicável a questões normativas" (Putnam, 2002: 2).

Esta possibilidade, no entanto, era enfatizada pelo mesmo Dewey que Myrdal tomara como inspiração. Na realidade, para Dewey a pesquisa (*inquiry*), isto é, a atividade que James Pierce encarava como a procura de superação da irritação da dúvida, ocorre no contexto da ação face a situações problemáticas e envolve quer os *meios*, quer os *fins* da ação.

---

[8] "[O] conflito entre [valorações] só pode ser declarado, não resolvido pela discussão" (Robbins, 1984 [1932]: 192). "Se discordamos acerca dos fins a situação decide-se entre o duelo de sangue e o viver e deixa viver, dependendo da importância da discordância e da força relativa dos oponentes" (1984 [1932]: 150).

Seguindo Dewey para lá "do último dogma do empirismo", Putnam (2002) condensa em *The Collapse of the Fact/Value Dichotomy* os resultados da sua crítica do positivismo na Economia e mostra-nos de que forma a "objetividade" pode ser reconceptualizada e preservada como fundamento do *ethos* da ciência social, sem recorrer, como Myrdal, a critérios de seleção de premissas valorativas que retiram aos cientistas sociais espaço para a crítica das valorações dos grupos influentes e poderosos na sociedade e sem incorrer num relativismo cultural que os deixa desarmados face aos interesses de que falava Dwight D. Eisenhower e de outros interesses que se configuram nos nossos dias tão influentes como os primeiros.

Como refere Putnam (2002: 30) os pragmatistas norte-americanos sempre defenderam que os valores e a normatividade permeiam *toda* a experiência e que a ciência, como atividade humana orientada para a resolução de problemas, não é, a este respeito, uma exceção. Percorrendo a história da transformação das inofensivas distinções analítico-sintético e facto-valor em dicotomias que haveriam de condicionar profundamente o entendimento de ciência que viria a prevalecer no século XX, Putnam mostra que foi preciso o projeto positivista chegar a um impasse para que a posição pragmatista merecesse a devida atenção.

A partir da década de 1950 os trabalhos de Quine persuadiram a maior parte dos filósofos da ciência de que a ideia positivista de classificar todas as proposições como analíticas ou convencionais (sintéticas na linguagem positivista) estava condenada ao fracasso já que todas as teorias eram "tecidos brancos nos factos e negros na convenção" (Quine citado em Putnam e Walsh, 2007: 185) em que não é fácil identificar fios inteiramente brancos e inteiramente negros. Do reconhecimento deste entretecimento a um outro mais complexo que os pragmatistas tinham em mente, vai, como assinalou Walsh, um pequeno passo:

> [S]e uma teoria pode ser negra em factos e branca em convenções, poderá também ser (tanto quando os positivistas são capazes de estabelecer) vermelha em valores. Uma vez que para eles a confirmação ou a falsificação têm de ser uma propriedade da teoria *no seu todo*, eles não têm forma de desfiar todo este pano (Putnam e Walsh, 2007: 185).

Os valores entretecidos nas teorias mais fáceis de identificar são os que Putnam veio a designar de valores epistémicos: "coerência", "plausibilidade", "razoabilidade", "simplicidade". Mas, para os pragmatistas, as teorias científicas envolvem também valores "morais" ou "éticos" assim como estéticos (a beleza de uma hipótese, por exemplo).

Tudo isto seria facilmente reconhecido e aceite por Myrdal. O que Myrdal não aceitava, e aí se separava de Dewey, era a inexistência de uma base conceptual para a distinção entre julgamentos factuais e julgamentos de valor. Não aceitava também que os julgamentos de valor não se distinguissem do ponto de vista metodológico de outros julgamentos científicos – isto é, recusava sequer admitir que o que é válido para a pesquisa em geral pudesse também ser válido para a pesquisa de valores (Putnam, 2002: 110).

Em Dewey, o termo pesquisa tem uma ampla significação, podendo ser entendido como atividade humana orientada para a resolução de situações problemáticas. A pesquisa científica é apenas uma instância particular da atividade genérica que Dewey designa como pesquisa.

Seres humanos confrontados com a "irritação da dúvida", ou a surpresa, são levados a pesquisar, isto é, a procurar os meios *e* os fins que lhes permitam retomar o curso da ação. A pesquisa, contrariamente ao que é assumido pela Economia neoclássica, não é redutível à descoberta dos meios mais eficientes para alcançar fins dados. Na perspetiva de Dewey nem os meios nem os fins são dados ao pesquisador – ambos devem ser descobertos no curso da investigação. Toda a pesquisa envolve "pressupostos 'factuais'", incluindo pressupostos relativos à eficiência de vários meios relativamente a vários fins, e pressupostos de valor. Os pressupostos factuais, os factos relevantes, são selecionados à luz de pressupostos de valor, mas os pressupostos de valor devem eles próprios ser descobertos, ou melhor, escolhidos, no processo de pesquisa.

A escolha de valores é um exercício imaginativo simultaneamente cognitivo e emocional; uma antecipação avaliativa das consequências da ação que resultaria da seleção de determinados meios *e* de determinados fins.

A experiência (ou a antecipação da experiência), como escreve Putnam (2002: 103), chega-nos sempre "gritando com valores": experimentamos na infância a comida, a bebida, o carinho e o calor como "bom" e a dor e a solidão como "mau". No entanto, ser "valorizado" e ser "valioso" (*valued* e *valuable*), como insistia Dewey, não significam o mesmo. O que faz então que algo que é valorizado seja também valioso? A crítica ou, como diria Dewey, a reflexão inteligente: "o valor objetivo decorre não de um órgão sensorial mas da crítica das nossas valorações" (Putnam, 2002, p. 103). É pela reflexão inteligente que concluímos se os nossos julgamentos (em geral, incluindo os julgamentos de valor) são justificados (*warranted*) ou não.

A questão então é saber como podemos avaliar se os nossos julgamentos são ou não justificados. A resposta de Dewey, tal como surge sintetizada em Putnam (2002), envolve três aspetos: (a) Qualquer julgamento sobre as conclusões de uma pesquisa seja ela acerca de "factos" ou de "valores" envolve sempre um grande número de valorações e de descrições que não estão envolvidas, nem estão a ser questionadas, pela pesquisa em causa; nunca estamos na posição de dispor de um *stock* de crenças factuais despidas de valorações a partir do qual tenhamos de decidir se um julgamento de valor é justificado ou não; (b) Não dispomos de um critério único, ou algoritmo, para estabelecer a "assertibilidade justificada" (*warranted assertability*) nem em questões éticas nem em quaisquer outras; (c) Embora não disponhamos de um critério único ou de um algoritmo para estabelecer a "assertibilidade justificada", seja em ciência seja na vida de todos os dias, há alguma coisa acerca da conduta da pesquisa que aprendemos a partir da própria pesquisa; o que é válido para a pesquisa, isto é, o que aprendemos relativamente à pesquisa em geral, é válido para a pesquisa de valores.

Falta então saber o que é válido para a pesquisa em geral. Para Dewey o inquérito que faz pleno uso da inteligência humana obedece a certas características: não aceita o bloqueio de sendas de pesquisa e de crítica; evita relações de dependência; procura a experimentação (quando possível) e a observação; envolve escrutínio público.

A objetividade pode então ser concebida como o que é possível alcançar com a pesquisa orientada por estes critérios; uma objetividade que diz respeito tanto a "factos" como a "valorações"; uma objetividade precária, falível, mas que confere espaço e distância crítica, quer quanto aos factos, quer quanto às valorações.

## Conclusão

Partindo de uma posição que o próprio viria a considerar como empirismo ingénuo, Myrdal viria a evoluir, sob a influência do pragmatismo, em particular de Dewey, para o reconhecimento da dependência dos factos relativamente a valores. Isto levou-o a operar uma reconfiguração do conceito de objetividade, deslocando-o de noções de objetividade como correspondência com os factos, ou neutralidade relativamente a valores, para uma outra baseada na explicitação prévia à investigação das valorações que determinam o seu curso.

A importância do contributo de Myrdal para a reconfiguração do conceito de objetividade não deve ser subestimada. Ao exigir aos investigadores em ciências sociais a declaração das premissas de valor em que se funda o seu trabalho de recolha e organização dos dados, de formulação de hipóteses e de teorias, Myrdal contribuiu não só para denunciar a tendência para a ocultação das premissas valorativas sob o manto da "ciência", particularmente frequente em Economia, como para expor as teorias, inclusive as económicas, ao escrutínio moral de outros.

No entanto, a sua conceção subjetivista dos valores, a sua dificuldade em romper com uma parte do último dogma do empirismo, levou-o a adotar a via da incorporação das valorações na teoria e na análise "como factos" e não como resultados da pesquisa abertos ao escrutínio crítico. Esta opção torna a conceção de objetividade de Myrdal vulnerável à acusação de que priva o investigador e a comunidade de investigação da capacidade de distanciamento crítico relativamente às valorações de grupos ou instituições poderosas na sociedade, ou pior ainda, de que serve de veículo para valorações do próprio investigador apresentadas como factos sociais.

Myrdal não disse a última palavra quanto à questão da objetividade nas ciências sociais. Para lá do último dogma do empirismo, na parte do caminho que Myrdal não partilhou com Dewey, encontram-se indicações importantes quanto à reconfiguração do conceito de objetividade que permitem restabelecer a posição deste valor como esteio do *ethos* da ciência. Na perspetiva de Dewey a objetividade, referida tanto a factos como a valores, é o que pode ser conseguido quando a investigação é concebida à luz dos princípios da democracia como um processo coletivo, livre, não hierárquico, aberto à experiência, à observação e ao debate.

## REFERÊNCIAS BIBLIOGRÁFICAS

BARBER, William J. (2005), *Gunnar Myrdal – An Intellectual Biography*, Londres: Palgrave.

BOK, Sissela (1991), *Alva Myrdal – A Daughter's Memoir*, Cambridge, MA: Perseus Publishing.

CHERRIER, Beatrice (2009), Gunnar Myrdal and the Scientific Way to Social Democracy, 1914-1968, *Journal of the History of Economic Thought*, Vol. 31, n. 1, 33-55.

DEWEY, John (1938), *Logic – The Theory of Inquiry*, New York: Henry Holt and Co.

DEWEY, John (1988, [1939]), Theory of Valuation, in Boydston, Jo Ann (ed.), *The Collected Works of John Dewey, 1882-1953, The Later Works, 1925-1953*, Vol. 13: 1938--1939, Carbondale: Southern Illinois University Press.

EISENHOWER, Dwight D. (1961), *Farewell Speech*, http://www.youtube.com/watch?v=cbUAwCE7JVY&feature=related [22 de março de 2010]

JACKSON, Walter A. (1990), *Gunnar Myrdal and America's Conscience – Social Engineering and Racial Liberalism, 1938-1987*, Chapel Hill: The University of North Carolina Press.

MYRDAL, Gunnar (1953), Preface to the English Edition, in Myrdal, Gunnar (1990 [1930]), *The Political Element in the Development of Economic Theory*, Londres: Transaction Publishers, xxxix-xlixi.

MYRDAL, Gunnar (1958a), Postscript, in Streeten, Paul (org.), *Value in Social Theory – A selection of Essays on Methodology*, Londres: Routledge.

MYRDAL, Gunnar (1958b), *Value in Social Theory – A selection of Essays on Methodology*, in Streeten, Paul (org.), Londres: Routledge.

MYRDAL, Gunnar (1968), *Asian Drama – An Inquiry into the Poverty of Nations*, Harmondsworth: Penguin.

MYRDAL, Gunnar (1969), *Objectivity in Social Research*, Londres: Pantheon Books.

MYRDAL, Gunnar (1990 [1930]), *The Political Element in the Development of Economic Theory*, Londres: Transaction Publishers.

MYRDAL, Gunnar (2005 [1943]), From a positive radical, in Appelqvist, Örjan; Andersson, Stellan (orgs.), *The Essencial Gunnar Myrdal*, New York: The New Press.

MYRDAL, Gunnar (2009 [1944]), *An American Dilemma: The Negro Problem and Modern Democracy*, New Jersey: Transaction Publishers.

PUTNAM, Hilary (2002), *The Collapse of the Fact/Value Dichotomy and Other Essays*, Cambridge MA: Harvard University Press.

PUTNAM, Hilary; WALSH, Vivian (2007), Facts, Theories and Destitution in the Works of Sir Partha Dasgupta, *Review of Political Economy*, Vol. 19, nº 2, 181-202.

ROBBINS, Lionel (1984 [1932]), *An Essay on the Nature and Significance of Economic Science*, Terceira Edição, Londres: MacMillan.

STREETEN, Paul (1958), Introduction, *in* Myrdal, Gunnar (1958), *Value in Social Theory*, Londres: Routledge & Kegan Paul.

SWEDBERG, Richard (1990), Introduction to the Transaction Edition, in Myrdal, Gunnar (1990 [1930]), *The Political Element in the Development of Economic Theory*, Londres: Transaction Publishers.

WEBB, James L. (2005), Deweyan Inquiry and Economic Practice, *Journal of Economic Issues*, Vol. XXXIX, n. 2, 511-517.

# CAPÍTULO 5
## ECONOMIA E ANÁLISE DE DISCURSO: PARA ALÉM DA RETÓRICA

*Emmanoel de Oliveira Boff**

### Introdução[1]

> Assim como falham as palavras quando querem exprimir qualquer pensamento,
> Assim falham os pensamentos quando querem exprimir qualquer realidade.
> Mas, como a realidade pensada não é a dita mas a pensada.
> Assim a mesma dita realidade existe, não o ser pensada.
> Assim tudo o que existe, simplesmente existe.
> O resto é uma espécie de sono que temos, infância da doença.
> Uma velhice que nos acompanha desde a infância da doença.
> 
> Alberto Caeiro, "Assim Como..."

Escrito no início do século XX, o poema "Assim Como...", de Alberto Caeiro, heterônimo de Fernando Pessoa, talvez tenha inadvertidamente antevisto muito dos problemas com que a filosofia da linguagem veio a se deparar no decorrer do século XX. Como se vê, o poema trata da impossibilidade de relacionar a realidade do pensamento à realidade das palavras, e esta última à realidade exterior. À tentativa ilusória de ligar estas três realidades incomunicáveis o poeta associa o início de uma velha – e talvez incurável? – doença.

É exatamente no contexto da dúvida quanto à possibilidade de ligar as realidades do pensamento, das palavras e do mundo que a abordagem retórica na economia ganhou força[2]. Assim como no poema de Caeiro, os adeptos da abordagem retórica questionam qualquer relação simples entre a realidade econômica, as teorias econômicas e a referência que uma pode

---

* Professor Adjunto da Faculdade de Economia da Universidade Federal Fluminense – UFF.
[1] O autor agradece os comentários de Celia Lessa Kerstenetzky e de Mauro Boianovsky.
[2] Primeiramente com artigos de Henderson em 1982 sobre o papel das metáforas na economia, mas principalmente através do artigo de McCloskey (1983). No Brasil, o artigo de Arida já é um clássico na área (Arida, 2003).

fazer à outra. Mais precisamente, ao enfatizar que os textos acadêmicos em economia não espelham imediatamente a realidade econômica externa, a teoria passou a ter a função precípua de convencer determinado público acerca de determinado ponto de vista. Este convencimento não é feito de forma aleatória, mas seguiria certas regras de boa conversação, como sugere Arida (2003: 36-40). Deste modo, fazer economia retoricamente envolveria estar a par das diversas conversações dos economistas e das regras que elas seguem, de forma a ser capaz de argumentar convincentemente – contra ou a favor – acerca de determinados pontos das discussões. Dentro deste arcabouço, questões sobre a verdade das sentenças ou sobre a referência às práticas econômicas extradiscursivas ficam em segundo plano.

Este artigo pressupõe que questões sobre verdade e referência com relação às práticas econômicas extradiscursivas não devem ficar em segundo plano quando se trata da análise de textos econômicos. Desta forma, uma abordagem retórica consequente deve tratar destas questões, mostrando qual é seu papel dentro do estudo da economia. Assim, vai se propor um tipo de investigação dos textos econômicos que envolve não apenas o convencimento e a interação com uma dada audiência, mas vai *além* dessas dimensões retóricas: envolve também os *modos de mostrar* os objetos ao qual o discurso se refere. Dentro da perspectiva aqui exposta, é exatamente a questão dos modos de mostrar que não é adequadamente tratada na abordagem retórica na economia derivada de McCloskey.

O problema da verdade e referência dentro da retórica da economia, deixe-se logo claro, não é de tratamento simples e já foi discutido tanto no exterior quanto no Brasil[3]. Contudo, até o presente momento, a literatura específica na história do pensamento econômico não se aventurou pelo conjunto de técnicas de leitura desenvolvidas tanto nos EUA quanto na França e Inglaterra conhecidas como *análise de discurso*. A novidade deste artigo está em contribuir para uma análise dos textos econômicos que vá *além da retórica*, complementando-a, de forma que os temas da verdade e da referência sejam aí incluídos. Embora a tarefa de incluir estes temas esteja longe de ser simples, as análises de discurso contemporâneas levam seriamente em

---

[3] No exterior, podemos citar a coletânea de artigos editada por Mäki (2003). No Brasil, temos a coletânea organizada por Gala e Rego (2003). Evidentemente, as próprias definições de "verdade", "referência" e "retórica" são objeto de disputa. O panorama traçado na seção 2 deixará claro como se entendem estes termos neste artigo.

conta as críticas às teorias tradicionais da referência na linguística (basicamente a teoria da correspondência) e ao problema da verdade.

Um segundo objetivo do trabalho é mostrar a eficácia da análise proposta para a história do pensamento econômico através de um exemplo. Deste modo, tomar-se-á um problema bem conhecido na história do pensamento econômico – as contradições e tensões no tratamento que J. S. Mill (daqui em diante, Mill) faz do indivíduo – para verificar como a análise do discurso pode ser útil em iluminá-lo[4]. Neste caso específico, será realizada uma análise do tipo arqueológico, introduzida pelo filósofo e historiador francês Michel Foucault na década de 1960.

**Discurso, Verdade, Referência**
Doença incurável ou não, os filósofos da linguagem contrapuseram ao pessimismo do poeta o esforço de análise da linguagem, tanto no seu contato com o pensamento quanto com a realidade exterior. Esta análise permitiu caracterizar a linguagem em dimensões distintas, caso se privilegie um ou outro aspecto e/ou problemática da linguagem (por exemplo, sua estrutura própria independente da realidade externa ou a natureza de sua ligação com o mundo exterior, de modo a poder referir). Vamos fazer uma breve introdução a estas dimensões, para verificar onde o discurso se situa[5].

A primeira dimensão da linguagem é a dos *signos*. O estudo da estrutura dos signos, desenvolvido primeiramente por Saussure, foi o marco zero da linguística, e revelou que a linguagem possui uma organização própria que prescinde do mundo exterior para funcionar. A famosa frase de Chomsky, "ideias verdes dormem furiosamente sobre a grama" é exemplo disso: ela é sintaticamente correta, mas não encontra correspondência alguma com o mundo. Para Saussure, a sintática trata das regras que coordenam esta estrutura a-histórica da língua, e não da relação da linguagem com o mundo, que seria objeto da filosofia. Deste modo, uma abordagem de textos econômicos que privilegiasse sua coerência e estrutura internas não nos ajudaria a resolver o problema espinhoso da referência e da verdade.

---

[4] Seguimos aqui a posição de Mattos (1997; 2005) e Paulani (2005).
[5] Devo esta caracterização multidimensional da linguagem ao trabalho de Araújo (2004). As referências quanto à história da filosofia da linguagem no século XX vêm de Araújo (2004) e Baldwin (2008).

Passemos, então, à dimensão das *proposições*, que almejam ter significado e dizer a verdade ou falsidade sobre estados de coisas e fatos do mundo exterior. Ela não é redutível à primeira dimensão, já que claramente visa estudar a ligação da linguagem com o mundo. Em princípio, estudar a economia desta perspectiva pode nos ser útil, pois trata especificamente do problema da verdade e referência.

Desde os lógicos de Port Royal, no século XVII, até Bertrand Russell e os positivistas lógicos, no início do século XX, pode-se dizer, *grosso modo*, que há dois pressupostos fundamentais sobre como as sentenças de uma linguagem se relacionam com os estados de coisas do mundo. O primeiro é que, se uma linguagem é sintática e semanticamente não ambígua, as sentenças representam os fatos e os estados de coisas do mundo por meio de uma relação de *correspondência* (a chamada *teoria da correspondência da verdade*). O segundo pressuposto é que as proposições podem ser verdadeiras ou falsas, dependendo da correspondência (ou não) entre os fatos e/ou estados de mundo que a sentença pretende descrever[6]. Dentro desta perspectiva, a linguagem pode ser vista como um "meio de troca" que intercambia pensamentos com fatos/estados de coisas no mundo. Na adequação das palavras aos pensamentos e aos estados do mundo o conhecimento verdadeiro é gerado. O sujeito capaz de gerar essa adequação por meio das palavras também não é um sujeito historicamente situado, mas antes um *cogito cartesiano*. Muito resumidamente, o *cogito* pode ser compreendido como um sujeito dotado de ideias claras, distintas e capaz de transmitir pensamentos por meio da linguagem. Ele ainda é capaz de separar suas ideias de suas paixões ou contexto histórico concreto em que está situado. Logo, palavras corretamente combinadas numa sintaxe não interferem na correspondência entre os pensamentos claros e distintos do *cogito* e os entes do mundo.

Todo este arcabouço conceitual foi posto em cheque durante o século XX: por um lado, Frege mostrou que podemos falar com sentido sobre algo sem referência no mundo – por exemplo, "o maior número inteiro", ou "cavalo alado". O problema das "frases protocolo" entre os positivistas lógicos também mostrou ser questionável a ideia de haver uma correspondência imediata entre dados atômicos dos sentidos e palavras usadas pelo

---

[6] Este não é a única tradição no pensamento europeu no tratamento da linguagem. A tradição hegeliana, por exemplo, não considera que o discurso faz a ponte entre o pensamento e o mundo, mas que o discurso científico é "em si, objetividade verdadeira" (Reid, J., 2007: 3).

cientista/observador. Por fim, Quine mostrou que os termos da linguagem não se relacionam um a um, biunivocamente, com os entes na realidade: na verdade, eles formam um sistema cujos termos *podem referir* a aspectos da realidade, sob certas condições. Para que a referência se efetive, deve haver um contexto discursivo e extradiscursivo[7] que instrua o falante no processo de referir a palavra x ao ente y no mundo. Assim, a atividade de referência da linguagem pode ser bem ou mal sucedida dependendo do contexto onde a sentença é proferida.

Ora, todos os exemplos acima apontam para a linguagem *não* como produto de um *cogito*, mas de uma comunidade de falantes histórica e geograficamente situada. Apontam também que a adequação pensamento-linguagem-mundo depende de certas condições (discursivas e extradiscursivas) externas ao *cogito*. Daí termos que lidar com o fato de a linguagem poder recortar aspectos da realidade *mostrando* a um grupo de falantes apenas certos estados de coisas e fatos do mundo. Essas coisas e fatos passíveis de serem mostrados formam um *campo referencial*. É analisando a linguagem como um sistema de signos usado socialmente por sujeitos historicamente situados (e não um *cogito*) que o estudo do *processo de referenciação* se aproxima da realidade.

Os desenvolvimentos na filosofia da linguagem na dimensão proposicional demonstram, portanto, que o conceito tradicional de verdade – a adequação da coisa ao pensamento por meio das palavras – deve ser qualificado. Ou seja, é preciso levar em conta os limites do *processo de referenciação* e do *campo referencial* dos falantes para que possamos entender como a verdade pode ou não aparecer nas sentenças.

Para complicar ainda mais o problema da referência e verdade, a dimensão dos *atos de fala* indica que a linguagem pode, de fato, *mudar e criar fatos e estados de coisas no mundo*. Esta dimensão mostra que referir é apenas uma das muitas *atividades* possíveis da linguagem. Com *atividade*, queremos enfatizar que a linguagem é uma prática concreta que interage com muitas outras práticas humanas e que pode mudar estados de coisas do mundo. Por exemplo, quando declaramos algo, um estado de coisas no mundo muda: uma declaração de guerra modifica a relação entre dois ou mais países e provoca uma série de mudanças nas práticas sociais dos seus habitantes.

---

[7] Ou seja, a existência de uma rede de instituições sociais, econômicas e políticas que permitam e necessitem da produção de textos no seu funcionamento.

Dentro da dimensão dos atos de fala, a linguagem pode ser usada para convencer e persuadir, tal como na abordagem retórica. Contudo, a análise do convencimento está ainda *aquém* do estudo das condições que permitem *mostrar* a realidade de certos modos e não de outros. A linguagem pode ir *além da retórica e mostrar o mundo de diversos modos distintos*. É na dimensão discursiva que essa possibilidade se efetiva.

**Entra o discurso**
Não podemos partilhar do pessimismo do poeta, portanto, dado o que vimos na seção anterior: é possível, sim, referir; as palavras podem fazer a ponte entre os pensamentos e o mundo exterior, *mas sob certas condições*. A abordagem arqueológica de Foucault visa desvelar as condições especificamente *discursivas* que permitiram o pronunciamento de certos enunciados e não de outros em certa cultura, numa dada época e lugar. Consoante os desenvolvimentos na filosofia da linguagem do século XX, uma análise de discursos arqueológica não reconhece o *cogito* como produtor de conhecimento, nem a linguagem como simples meio para o *cogito* transmitir pensamentos. Foucault vai aceitar, seguindo os estruturalistas, que a linguagem funciona segundo regras e estrutura próprias; mas, contra os estruturalistas, vai inserir estas regras e estrutura na história. Ou seja, é a história que dá as condições *a priori* para que certas sentenças entrem no discurso, podendo, assim, serem passíveis de testes e procedimentos que verifiquem (ou falsifiquem) sua veracidade.

Além das condições extradiscursivas o estudo dos textos necessita de uma condição discursiva importante: a identificação de seus *enunciados*. Os enunciados formam um sistema de signos que, ao exercerem certas funções no discurso, vão nos mostrar quem pode falar (os sujeitos), sobre o quê (os objetos), segundo tais e tais regras que permitem a comunicação entre os falantes. São quatro suas funções:

A *primeira* é fornecer um princípio de diferenciação entre os entes da realidade[8]. Este princípio nos permitirá realizar abstrações, além de desig-

---

[8] Para Foucault, a linguagem tem a função de diferenciar e ordenar os entes do mundo segundo princípios que são dados pela época, cultura e sociedade de que os homens participam. No entanto, Foucault considera que a relação entre as práticas extradiscursivas e discursivas de cada sociedade e época é muito complexa, de forma que ele não apresenta nenhum modelo de como ela ocorreria. Ver a Introdução de *As Palavras e As Coisas* (Foucault, 2000 [1966]).

nar, articular e organizar sentenças, mostrando certos aspectos do mundo e criando objetos abstratos. Em outras palavras, o enunciado, com esta função, *objetiva* a realidade de certa maneira.

A *segunda* função é apontar um lugar de fala para um sujeito que possa designar, articular e organizar essas frases e sentenças. Naturalmente, este sujeito não é um *cogito*: ele é antes uma posição que pode ser ocupada por indivíduos capacitados dentro de certo arcabouço institucional ou jurídico historicamente datado. Por exemplo, o anúncio do fim da hiperinflação alemã em 1923 só poderia ser realizado por indivíduos que ocupassem o cargo de ministro das finanças (ou equivalente) da Alemanha.

A *terceira* função do enunciado é se ligar a outros enunciados do texto, de modo a formar um sistema de signos. Quando este sistema é formado, aparecem para a comunidade de pesquisadores certos temas de pesquisa, problemas a serem resolvidos, e métodos e procedimentos possíveis para tentar resolvê-los.

Por fim, a *última* função do enunciado é obedecer a um sistema estável de regras de reprodução e uso pelos falantes. Somente seguindo estas regras o enunciado pode ser comunicado adequadamente em diversos contextos sociais e institucionais diferentes (por exemplo, na escola, em jornais, na academia etc.) e persistir através do tempo.

Portanto, realizar uma análise de discurso arqueológica envolve o trabalho de garimpar quais são os enunciados de um texto, verificar como eles formam um sistema de signos e entender como exercem suas funções enunciativas. Em *As Palavras e as Coisas*, Foucault (2000 [1966]) utiliza seu método arqueológico para estudar as condições que permitiram o aparecimento do objeto de estudo das ciências humanas – o Homem – na Europa Ocidental no século XIX. Segundo a investigação arqueológica de Foucault, as ciências humanas possuem uma estrutura frágil e confusa, devido às peculiaridades deste objeto de estudo especial chamado Homem. Seria possível explicar a confusão e fragilidade no conceito do agente econômico elaborado por alguns economistas – entre eles Mill – pelo fato de eles conceituarem os seres humanos na forma de Homem? Se sim, uma análise de discurso arqueológica poderá se mostrar útil em fornecer uma nova perspectiva para a compreensão do problema do agente na história do pensamento econômico. Entretanto, antes de responder esta pergunta, devemos especificar o que Foucault quer dizer quando fala em "Homem".

## O aparecimento da figura do Homem e seu papel na obra de Mill

Para Foucault, não foi sempre que o pensamento filosófico e científico tentou objetivar os seres humanos na forma de Homem: isto só veio a ocorrer no final do século XVIII. Para que a figura do Homem pudesse ser traduzida em um conceito, certas condições discursivas foram necessárias[9].

Entre estas condições está a existência de saberes prévios ao século XIX que recortavam os seres humanos como objetos segundo certas regras e através de certos enunciados. Segundo Foucault, estes saberes eram a análise das riquezas, a história natural e a gramática geral. De acordo com o filósofo francês, o princípio que unia, organizava e possibilitava o aparecimento dos enunciados destes saberes era a *representação*[10]. Muito simplificadamente, a análise das riquezas estudava como a moeda poderia *representar as riquezas* de forma a permitir trocas comerciais que satisfizessem os desejos e necessidades humanos. A história natural investigava como as diferenças e semelhanças entre a anatomia e estrutura dos seres vivos poderiam *representar a continuidade* entre os seres da natureza através de uma classificação taxonômica. Por seu turno, a gramática geral estudava como as palavras usadas corretamente por um *cogito* poderiam *representar ideias claras e distintas* recebidas do mundo exterior pelos sentidos. Nesta rede de saber, os seres humanos eram recortados (ou objetivados) pelos enunciados da gramática geral como criaturas que podiam usar a fala para gerar conhecimento através da adequação das palavras aos pensamentos. Já os enunciados da análise das riquezas os apresentavam como seres dotados de desejos e necessidades que poderiam ser satisfeitos pelo consumo de produtos gerados pela natureza e trocados entre os povos por meio da moeda. Por fim, os enunciados da história natural os recortavam como seres vivos que possuíam semelhanças e diferenças com outros, não havendo descontinuidade entre a natureza humana e a natureza em geral. Ou seja, estes três saberes formavam um

---

[9] Como mostrou a análise estruturalista, é possível estudar a prática linguística separada de outras práticas extradiscursivas. Foucault, entretanto, está interessado em saber como elas interagem. A análise arqueológica trata das condições *intradiscursivas* que permitem que o discurso funcione. Já a análise genealógica (desenvolvida principalmente a partir dos anos 1970), mostra como certas instituições produzem e necessitam de certos discursos para funcionar, e vice-versa.

[10] O termo técnico que Foucault usa para definir este conjunto de regras histórica e geograficamente localizadas é *episteme*.

*campo referencial* para que fosse possível aos filósofos e cientistas da época fazerem certo tipo de referência aos seres humanos.

Entretanto, toda esta ordem mudará na Europa Ocidental no fim do século XVIII: a representação perde o poder de unir, organizar e possibilitar certas objetivações sobre os seres humanos, sendo substituída pela *história*. É dentro desta mudança que a análise das riquezas abre espaço para a economia política, a história natural para a biologia e a gramática geral para a filologia.

Deve-se notar que estes novos saberes representam uma *descontinuidade* com seus precedentes. Assim, na economia política, novos enunciados mostrarão como a passagem *do tempo* aprofunda a divisão do trabalho e muda os sistemas de produção, de modo que as populações tentem superar a escassez dos meios de subsistência[11]. Na biologia, enunciados sobre a evolução dos seres vivos *no tempo* permitirão compreender qual é a função de seus órgãos e sistemas na manutenção e propagação da vida. Por fim, ao realizar uma história natural das línguas, os enunciados da filologia mostrarão que a linguagem evolui *no tempo* segundo regras próprias, não sendo simplesmente veículo transparente para os pensamentos de um *cogito*.

Como se percebe, é o *tempo* (e não mais a representação) que une, organiza e possibilita novos recortes (ou objetivações) que os enunciados realizam sobre o ser humano. Deste modo, o Homem pode surgir como objeto empírico para a economia política, filologia e biologia. Há, portanto, um novo *campo referencial* e um novo *processo de referenciação* aos seres humanos inaugurado em fins do século XVIII: a descontinuidade com a época anterior fica, assim, evidente.

No entanto, cabe ainda uma dúvida quanto à solidez destes saberes empíricos sobre os seres humanos. Sim, pois desde o século XVII, o embate entre empiristas e racionalistas havia gerado ceticismo quanto à possibilidade de conhecimento sério e rigoroso sobre o mundo que fosse além das sensações recebidas pelos sentidos humanos. Tentando resolver este problema,

---

[11] Isto é certamente verdadeiro para Smith, Malthus, Mill, Marshall, além da escola histórica inglesa (Leslie, Ingram) e a escola histórica alemã. Contudo, Foucault falha em perceber a analogia importante que as teorias econômicas puras de Jevons e Walras possuíam com a física do meio do século XIX, o que Mirowski (1989, cap. 5) remediou em seu *More Heat Than Light*. Foucault também não desenvolve com o cuidado devido as importantes analogias da economia com a biologia, algo presente desde o início da economia política. Ver Gallagher (2006: 3-5).

Kant, na *Crítica da Razão Pura* (1999 [1787]) procurou mostrar quais eram as condições *transcendentais* que um sujeito deveria possuir para gerar conhecimento sério e rigoroso sobre os objetos empíricos, inclusive o Homem. Nesta *Crítica*, o conhecimento sólido acerca destes objetos empíricos está assegurado pela clara separação entre o sujeito transcendental e os fenômenos empíricos: de um lado temos o sujeito de conhecimento e do outro os objetos do mundo, que podem ser apreendidos pelos sentidos e corretamente organizados pela razão humana[12].

Contudo, na *Antropologia de Um Ponto de Vista Pragmático,* Kant (2006 [1798]) coloca as condições *transcendentais* de conhecimento como presentes nos sujeitos *empíricos* estudados pela biologia, economia política e filologia. Como consequência, o saber empírico sólido sobre os seres humanos depende agora de um sujeito que *não mais* transcende o mundo empírico, mas *é também um objeto entre outros deste mundo.*[13]

É esta confusão entre os lados sujeito de conhecimento/objeto empírico que subjaz à figura do Homem: ele é sujeito de conhecimento ao mesmo tempo em que é objeto empírico, que, por sua vez, é sujeito de conhecimento e assim por diante. Este é o círculo vicioso que proporciona uma estrutura frágil e confusa às ciências humanas, segundo Foucault. Em termos linguísticos, pode-se dizer que o *campo referencial* que permite novas objetivações sobre os seres humanos está bem delimitado pelas novas ciências empíricas (economia política, biologia e filologia). Contudo, o *processo de referenciação não está*: o sujeito capaz de fazer esta referenciação participa do próprio campo referencial, o que provoca o círculo vicioso descrito acima.

A pergunta que temos que responder é: estaria este conceito de Homem presente na obra de Mill, inclusive na sua obra econômica? Em outras palavras, seria possível mostrar que Mill fazia também parte desta nova rede de saberes unida, organizada e possibilitada pela história, dando origem ao conceito de Homem?

---

[12] Usamos a palavra "transcendental" em dois sentidos aqui: em primeiro lugar, no sentido de ideal, isto é, não passível de apreensão pelos cinco sentidos. Em segundo lugar, transcendental também se refere às condições de possibilidade de conhecimento de um sujeito, no sentido de Kant. "Empírico", por sua vez, refere-se aos fenômenos que podem ser apreendidos pelos cinco sentidos, sendo, deste modo, sinônimo de concreto ou objetivo.

[13] Esta interpretação que Foucault dá sobre aspectos específicos da obra de Kant pode ser achada em Han (2002: 22-37; 2005: 179-81). Sobre o papel de Kant na resolução do embate entre racionalistas e empiristas, ver Blunden (2006).

Nossa hipótese é que *sim*, é possível encontrar a figura do Homem dentro da obra de Mill, inclusive na sua economia política. Para mostrar isso, analisaremos três obras de Mill separadamente: o livro VI do *Sistema de Lógica* (SL), o *Utilitarianismo*, e também seus *Princípios de Economia Política* (PPE).

### A figura do Homem no livro VI do *Sistema de Lógica (SL)*

Para fins deste artigo, a importância de estudar o livro VI do SL de Mill está em verificar como ele fornece uma metodologia para as ciências sociais, bem como defende certo conceito de "natureza humana". Para chegar a este conceito, Mill observa que uma ciência da natureza humana deve lidar com os pensamentos, sentimentos (*feelings*) e ações dos seres humanos. Idealmente, esta ciência deveria ser capaz de prever como os seres humanos pensam, sentem e agem durante sua vida. Todavia, Mill admite, logo de início, que tal previsão é inexequível. A inexequibilidade reside no fato de que os pensamentos, sentimentos e ações humanas dependem do caráter do indivíduo (que possui várias causas) e das circunstâncias onde ele é colocado.[14]

No livro VI, Mill apresenta as condições para que o conhecimento ocorra, estando relacionadas, portanto, com o lado "sujeito de conhecimento" do Homem. O filósofo-economista sugere que a mente humana recebe impressões do mundo externo formando ideias. A partir de então, essas ideias são associadas segundo certas leis, de forma a poderem gerar conhecimento. A pergunta que se faz é: as leis da mente – que fornecem as condições para o conhecimento – estão separadas do mundo empírico ou não? Há claras evidências no livro VI de que *não estão*.

Uma dessas evidências diz respeito à determinação das "leis da mente": Mill afirma que "Estas Leis da Mente elementares ou simples foram determinadas pelos métodos ordinários da investigação experimental"[15]. Mas em que consistem os "métodos ordinários de investigação experimental"? Mill apresenta os quatro possíveis métodos no livro III do SL, e explica que o objetivo da investigação empírica é a generalização e descoberta de regularidades causais resultantes de nossas interações *perceptuais* com o mundo

---

[14] CW, VIII: 157. O método de citação das obras de J. S. Mill segue seus *Collected Works* (CW) editados por Robson, como indicado na bibliografia. A citação acima se refere à página 157 do volume VIII da edição referida.

[15] CW, VIII: 161, itálicos e tradução do autor.

ou conosco mesmos (por introspecção)[16]. Desta forma, as leis da mente que organizam as ideias impressas na mente *não são dadas por um sujeito transcendental*. Antes disso, elas resultam da interação de nossas percepções com o mundo, que gerarão "pensamentos, emoções, volições e sensações" em nossas mentes. Estes últimos serão as matérias-primas que nos permitirão descobrir introspectivamente as leis da mente. Mill observa, ainda, que as próprias leis da mente podem ter origem fisiológica[17]. Ou, traduzindo na terminologia arqueológica que adotamos: *o lado sujeito de conhecimento do Homem pode ter sua origem no lado objeto empírico (biológico) do Homem*.

A confusão entre os lados sujeito de conhecimento e objeto empírico do Homem no SL tende a dar ao pensamento de Mill o caráter "oscilante, que vagueia incansavelmente entre um e outro de dois polos opostos", nas palavras de Paulani (2005: 68). No SL mais de uma vez Mill apresenta a natureza humana como maleável, chegando inclusive a mencionar os "vários tipos de natureza humana que se acham no mundo"[18].

Quais são as consequências dessa mistura entre os lados sujeito de conhecimento/objeto empírico para a "natureza humana" milliana? Pela descrição dada acima, pode-se dizer que, dependendo das circunstâncias sociais, culturais e históricas que nos rodeiam, certas impressões serão gravadas em nossas mentes e, consequentemente, apenas certas associações de ideias ocorrerão. Assim, a associação específica de ideias que alguém calha de possuir depende também do meio social do indivíduo. Se considerarmos que o caráter do indivíduo é formado não apenas pelas leis de associação das ideias, mas também pelas próprias impressões que são gravadas na mente, então a teoria de Mill não se esgota nas leis da mente. Esta é a razão de ele desenvolver a ciência puramente dedutiva da Etologia, que vai nos ensinar como se forma o caráter dos indivíduos. O objetivo da Etologia é estudar como, dadas as leis primárias da mente (que são empiricamente verificadas por introspecção), podem-se deduzir leis secundárias acerca do caráter, não

---

[16] CW, VII: 278; ver também CW, VIII, p. 161.
[17] CW, VIII: 161.
[18] CW, VIII: 175, 222. Ver também, por exemplo, a influência da educação para explicar as diferenças entre os "fatos mentais" dos indivíduos. Peart e Levy (2005) discorrem sobre a maleabilidade da natureza humana nos clássicos (entre os quais Mill) e nos "pós-clássicos".

só do indivíduo, mas também dos grupos humanos (caso em que teremos a Etologia Política). (CW, VIII: 72).

Deste modo, pode-se interpretar a posição de Mill quanto à natureza humana como resultado do contato das leis da mente com circunstâncias sociais, históricas e culturais específicas (CW, VIII: 167). Daí Mattos (2005: 33) afirmar que há dois tipos de natureza humana em Mill, uma "primal" e outra "concreta" (que chamamos, neste artigo, de "empírica"): "[...] podemos relacionar a natureza humana 'primal' de Mill com a ciência da psicologia, e a natureza humana concreta 'histórica' com considerações etológicas". Paulani (2005: 51), por sua vez, associa a cada uma dessas naturezas humanas uma metodologia de pesquisa social distinta: se olharmos apenas as leis da mente isoladamente, a ciência social deverá ser "abstrata, dedutiva, baseada em premissas ou axiomas tomados como verdadeiros". Se, porém, levarmos em conta as circunstâncias históricas, sociais e culturais concretas em que vivem os seres humanos, a ciência social deverá adotar um método histórico de pesquisa (ou *dedutivo inverso*, na terminologia de Mill).

É exatamente o contato das leis da mente (que possibilitam o conhecimento) com circunstâncias concretas de natureza social, cultural e histórica que vão gerar associações de ideias que podem formar correlações espúrias. Para Mill, por exemplo, a ideia de "feminilidade" estar associada à "submissão" deveria ser questionada, como Mattos (1997: 76-9; 2005: 33-6) mostra. A ideia complexa de "mulheres submissas" seria apenas consequência de uma determinada conjuntura social, cultural e histórica. O mesmo ocorre com a associação da ideia de "negritude" e "servidão", no debate de Mill com Carlyle sobre a "Questão Negra" (1850): para Mill, não é natural que povos africanos sejam servis, mesmo que nós assim os percebamos. Sua servidão é produto de condições sociais, culturais e históricas específicas. Se tais condições mudarem, mudarão também nossas associações de ideias e percepção acerca dos povos africanos. Em outras palavras, condições históricas concretas podem modificar as associações de ideias que temos, de forma a nos *revelar o que estava oculto* para nosso suposto conhecimento. Mais uma vez, os lados sujeito de conhecimento/objeto empírico do Homem se confundem.

Esta tentativa de revelação do que estava oculto no suposto conhecimento do Homem é consequência da mistura de seus dois lados, e vai, segundo Foucault, permear o pensamento europeu ocidental sobre os seres humanos a partir do século XIX: de um lado, as condições para o autoconhecimento do Homem vão depender das circunstâncias concretas e objetivas em que ele está situado; de outro lado, as circunstâncias concretas e objetivas em que ele está situado vão limitar seu autoconhecimento. Exemplo disso é o conceito de *alienação* em Marx. Apesar da distância teórica que separa Mill e Marx, ambos estão na mesma rede que une, organiza e possibilita certas objetivações sobre os seres humanos. Isto significa que, no nível arqueológico, seus discursos carregam semelhanças importantes. Se não, vejamos como funciona o conceito de alienação: as relações sociais de produção *concretas e objetivas* do capitalismo alienam os trabalhadores, que, enquanto *sujeitos de conhecimento*, não percebem que essas relações sociais subjazem à troca de mercadorias. Por outro lado, quando os trabalhadores adquirirem, como *sujeitos de conhecimento*, a consciência da primazia das relações sociais de produção *concretas e objetivas* dentro do capitalismo, poderão alterá-las de forma que elas correspondam a seus interesses. Tal raciocínio é similar ao apresentado por Mill no caso das mulheres, por exemplo.

Vimos, assim, que a ambiguidade no conceito de indivíduo no livro VI do SL de Mill pode ser coerentemente interpretada como consequência da figura do Homem. Em resumo, no livro VI do SL pudemos: 1. encontrar seres humanos que possuem dois lados – um lado sujeito de conhecimento (pelas leis da mente) e outro objeto empírico (situado historicamente numa sociedade e cultura); 2. verificar que esses lados se misturam, pois as leis de associação dos sujeitos de conhecimento tem origem empírica (possivelmente biológica e certamente social, cultural e histórica); 3. constatar que o conhecimento gerado deste modo tem natureza ambígua e frágil, pois determinações empíricas sempre podem limitá-lo, gerando associações espúrias de ideias.

Investigaremos agora o *Utilitarianismo* de Mill, que é o cerne de sua filosofia moral. A importância deste livro para o cumprimento do segundo objetivo deste artigo reside no delineamento que Mill faz sobre qual seria uma boa sociedade e do tipo de ser humano que a habitaria. Mais uma vez, tentaremos verificar se este ser humano pode ser interpretado como Homem.

### A figura do Homem no *Utilitarianismo*

*Utilitarianismo* é um livro curto dividido em cinco capítulos. O primeiro fornece um panorama da obra, enquanto o segundo define o Utilitarianismo na versão de Mill. O terceiro capítulo trata da fonte última de prazeres e dores que impulsionam as ações humanas, enquanto o quarto famosamente oferece uma prova do princípio da utilidade: nele, Mill tenta mostrar que não apenas a felicidade (na forma de experiências prazerosas ou agradáveis) é desejável, mas também que a felicidade *geral* é desejável e que, de fato, a felicidade é a *única coisa* que vale a pena desejar. O último capítulo do livro foi escrito separadamente dos outros, e trata da conexão entre o princípio da utilidade e da justiça. O capítulo mais importante para nós é o segundo ("*What Utilitarianism Is*").

Neste capítulo, Mill define o Utilitarianismo como a doutrina que tem por fundamento aceitar a correção das ações na medida em que elas tendam a promover felicidade, e seu erro na medida em que tendam a produzir o contrário da felicidade. Em seguida, Mill define felicidade como prazer, e ausência de dor; e infelicidade como o oposto (CW, X: 266).

Seguindo os princípios delineados no SL, sabemos que "prazeres e dores" são impressões deixadas em nossa mente pelo mundo exterior. Ações que impressionam nossa mente com a sensação de prazer seriam aprovadas, o contrário ocorrendo com ações que produzissem sensação de dor. Mill, contudo, está bem consciente das críticas que tal visão de moralidade pode ter: o escritor, historiador e amigo de Mill, Thomas Carlyle, frequentemente se referia ao Utilitarianismo como "*pig philosophy*", pois supunha que os prazeres dos seres humanos não seriam distintos dos prazeres de outros animais (que também experimentam sensações de prazer e dor). Para escapar dessas acusações, Mill defende uma versão de Utilitarianismo que permite a experiência de "prazeres de alta ordem" (*higher pleasures*). Estes prazeres estão acima dos "apetites animais" e podem ser aproveitados assim que o ser humano tomar *consciência* deles.

Cabem aí duas perguntas: qual é a linha que separa os prazeres de alta ordem dos prazeres de baixa ordem? E como podemos tomar consciência destes prazeres?

Quanto à primeira pergunta, Mill responde que "juízes competentes", que conhecem bem os dois tipos de prazer, são capazes de fornecer evidências para diferenciarmos uns dos outros. Estes mesmos juízes garantem que um prazer de alta ordem não é trocável por um prazer de baixa ordem, não importando a intensidade deste último (CW, X: 263). Podemos exemplificar como prazeres de alta ordem a leitura de filosofia, apreciação de poesia e música erudita, além do aprendizado da ciência.

Contudo, mesmo que um juiz competente esteja a par dos dois prazeres, nada impede que ele escolha um prazer de baixa ordem – como beber cerveja com os amigos assistindo a um jogo de futebol em vez de estudar

*A Fenomenologia do Espírito*. Isto pode ocorrer devido à "fraqueza do caráter" do indivíduo, principalmente do jovem; e a influências deletérias do meio social em que o indivíduo se encontra (CW, X: 264-5).

As respostas de Mill às perguntas acima ainda geram dúvidas. Como garantir, por exemplo, que circunstâncias desfavoráveis ou a invenção de novos costumes não interfiram no julgamento dos "juízes competentes"? Como um indivíduo que nasce em um meio social desfavorável pode se livrar da escolha de prazeres de baixa ordem?

Ora, se os juízes são pessoas concretas, historicamente situadas, sabemos que o conhecimento sobre a correção ou erro das ações é frágil e ambíguo, como mostrado na seção anterior sobre o SL. Abrindo espaço para a fragilidade deste conhecimento, Mill admite que possa haver dissenso entre os juízes, de modo que o veredito final seja dado pela maioria deles (CW, X: 265).

Por outro lado, se os juízes *não são* pessoas concretas, historicamente situadas – isto é, se são sujeitos transcendentais – eles talvez possam fornecer conhecimento sólido sobre o status dos prazeres de alta ordem *vis-à-vis* os prazeres de baixa ordem. Contudo, esta hipótese entra em contradição com o que Mill apresenta no SL, ou seja, a ideia de que o conhecimento tem origem empírica.

Deste modo, temos um conhecimento frágil sobre a retidão de nossas ações, se os juízes forem pessoas concretas (o que é coerente com a filosofia da ciência apresentada no SL). Alternativamente, não temos conhecimento *nenhum*, se os juízes forem sujeitos transcendentais (pois todo conhecimento começa na experiência).

E como um indivíduo jovem, que nasceu em meio social desfavorável, poderia escapar dos prazeres de baixa ordem? Primeiramente, devemos notar que, embora nossas ações sejam resultados de causas, isto não significa que somos *forçados* a agir de tal modo, nem que as ações ocorrerão independentemente de nossa vontade. Ou seja, Mill não é fatalista.[19]

Contudo, ainda há um problema para o jovem desabonado escapar das determinações do meio em que nasceu: harmonizar a ideia de que o mundo e as ações humanas são determinados por causas com a ideia de que não somos forçados a agir segundo essas causas. Dado que a capacidade de escolha individual é de suma importância para o bem-estar do indivíduo[20], como

---

[19] Ryan (1990: 105 e ss.); Mattos (1997: 89); CW, VIII: 221-4.
[20] Ver, por exemplo, o capítulo III de *On Liberty*: CW, XVIII: 265 e ss.

podemos compatibilizar a causação determinista com a liberdade? Sim, pois o que se percebe é uma incompatibilidade intrínseca entre analisar o indivíduo como *empiricamente* determinado e, ao mesmo tempo, capaz de *transcender* essas determinações via liberdade de escolha. Como se vê, temos aí uma tensão entre os dois lados do Homem: somente um sujeito transcendental, intocado pelo mundo empírico, poderia compreender as causas de sua ação e ter liberdade.[21] Mas como o sujeito de conhecimento milliano é originalmente empírico, a possibilidade de compatibilizar liberdade de escolha e causalidade fica comprometida.

Outra maneira para Mill tentar resolver o problema do jovem é apelar para a distinção entre os conceitos de vontade (*will*) e desejo (*desire*). Enquanto o último está relacionado à sensibilidade passiva, a primeira é ativa e pode gerar desejos novos[22]. Desta maneira, alguém nascido em meio social desfavorável e que pretende escolher apenas prazeres de alta ordem pode apelar para a força de vontade de modo a se inserir em circunstâncias que lhe permitam experimentar tais prazeres. Contudo, como Ryan (1990: 127) mostra, esta ideia gera uma regressão infinita: para começar a desenvolver minha força de vontade eu preciso já me colocar sob certas circunstâncias; no entanto, para me colocar em qualquer circunstância, eu já devo ter força de vontade, e daí em diante. Como no parágrafo acima, somente um sujeito *transcendental* poderia ter liberdade para acionar a força de vontade de *fora* das circunstâncias sociais, culturais e históricas *empíricas*, de modo a permitir ao jovem escolher prazeres de alta ordem. Se o sujeito de conhecimento tem origem empírica, ele cairá na regressão infinita, sem liberdade para escolher. Ou seja, mais uma vez a tensão entre os lados sujeito de conhecimento/objeto empírico do Homem aparece.

O modo de Mill lidar com essa tensão aponta para mais uma característica da figura do Homem: mostrar que o Homem realizará sua essência num futuro indeterminado. E aqui Mill afirma que os seres humanos mais felizes são aqueles que não encontram a felicidade diretamente, mas a descobrem em um "fim *ideal*"[23] ou numa "nobreza *ideal* de vontade e conduta"[24].

---

[21] É a ideia que Kant apresenta na *Crítica da Razão Prática*; ver Ferry (2009: 91-9).
[22] Mattos (1997: 81).
[23] Como Mill coloca na sua Autobiografia: ver CW, I: 96.
[24] CW, VIII: 233, tradução e itálicos do autor.

Ou seja, a sociedade mais feliz seria aquela em que a felicidade é atingida apenas indiretamente, por meio de atos nobres, tais como estar atento à felicidade alheia ou à melhora da humanidade. As tensões que identificamos acima somadas a esta felicidade adquirida apenas indiretamente são sinais de um "transcendentalismo do sujeito que vai contra a lógica indutiva" de Mill, nas palavras de S. J. Heans (1992: 97).

Ou seja, esse transcendentalismo separa a ideia de felicidade das sensações externas de prazer que chegam aos nossos sentidos. Deste modo, idealmente, deveríamos sacrificar um prazer sensual (como ir à praia) em nome de um prazer futuro de alta ordem (por exemplo, ter estudado a filosofia de Mill). Deste modo, nossas ações *concretas* não deveriam ser guiadas pelos prazeres imediatos que chegam a nossos sentidos ao executá-las, mas sim pelo prazer futuro imaginado do *sujeito de conhecimento ideal* que serei.

Como consequência, a sociedade mais feliz possível de Mill *não é empírica*. Ela *não existe no presente*. Ela é a sociedade que existirá num futuro indeterminado quando os sujeitos *empíricos* forem transformados nos sujeitos *ideais* e nobres imaginados por Mill. Ou no jargão de Foucault: as ações das pessoas *empíricas* são balizadas pelo conhecimento que sujeitos *transcendentais, ideais,* possuem sobre os tipos de prazeres considerados de alta ordem. Os sujeitos ideais do futuro serão formados no longo prazo, enquanto a educação e o treinamento mudam a estrutura de personalidades da sociedade concreta. À medida que as personalidades mudam, as *pessoas empíricas* vão adquirindo *consciência* de que ler poesia é mais prazeroso do que jogar *pushpin*, desta forma mudando suas ações e a própria sociedade.

Mais uma vez ficam claras aqui as similaridades entre o pensamento de Mill e Marx. Em outras palavras, ainda que as diferenças entre Marx e Mill sejam imensas, suas visões acerca do processo de evolução da sociedade capitalista e da consciência dos indivíduos no tempo carregam semelhanças importantes do ponto de vista arqueológico. Tanto Marx como Mill creem que circunstâncias concretas limitam o autoconhecimento dos indivíduos (ou seja, que circunstâncias *empíricas* limitam as *condições de conhecer do sujeito*). Por outro lado, ambos aceitam que a expansão no autoconhecimento pode modificar essas circunstâncias concretas (ou seja, *condições de conhecer mais amplas do sujeito* podem modificar suas circunstâncias *empíricas*). Para um, este processo histórico se dá pela luta de classes; para outro, se dá pela educação e treinamento. Mas na obra de ambos a figura do Homem aparece, ainda que em formas distintas.

Em resumo, a figura do Homem aparece no *Utilitarianismo* de Mill quando: 1. há incompatibilidade entre a ideia de liberdade e a ideia de determinação causal; 2. sujeitos ideais balizam as ações de pessoas empíricas na história; e 3. tanto a ideia de força de vontade quanto de liberdade de escolha necessitam de um sujeito transcendental para evitar incoerências na explicação da ação dos indivíduos concretos.

**A figura do Homem e os *PPE***

Embora Mill defina a economia política como ciência dedutiva, *a priori* e inexata (pois trata apenas de tendências), não se pode afirmar que ele use exclusivamente o conceito de homem econômico nos seus PPE. Isto pode ser verificado tanto pelo subtítulo da obra ("com algumas aplicações à filosofia social"); quanto por comentadores, como Bladen[25]. É através da aplicação prática da economia política, longe do homem econômico abstrato, que a figura do Homem aparece nos PPE.

Os PPE são divididos em cinco livros, nesta ordem: 1. produção; 2. distribuição; 3.trocas; 4. influência do progresso da sociedade sobre a produção e distribuição; e 5. influência do governo. Destes livros, o mais importante no que tange à figura do Homem é o quarto, o livro mais curto dos PPE. É importante observar que a figura do Homem também pode ser achada em outros livros dos PPE, mas o quarto é mais significativo no tocante à interpenetração dos lados sujeito de conhecimento/objeto empírico das atividades econômicas.

Os primeiros cinco capítulos do livro quarto analisam o que ocorre com valores, preços, lucros, salários e renda da terra enquanto a população e o sistema capitalista crescem e se desenvolvem. Esta análise é feita ao estilo de Ricardo: supondo 1. que todos ajam autointeressadamente; 2. que haja três classes na sociedade (capitalistas, trabalhadores e proprietários de terras); 3. a lei da população e o princípio dos rendimentos decrescentes sejam válidos; então, no longo prazo, o crescimento econômico beneficiará apenas os donos de recursos. Os lucros tenderão a um mínimo e a taxa de salário tenderá ao nível de subsistência. Na visão de Ricardo, o estado estacionário consiste em "uma população superabundante de trabalhadores predomi-

[25] CW, II: 18.

nantemente autointeressados sobrevivendo com um salário de subsistência espartano".[26]

Contudo, esta *não é* a visão de Mill com relação ao desenvolvimento da economia capitalista. No capítulo 6 do livro quarto ele apresenta sua visão de "estado estacionário". Seu ponto de vista difere substancialmente do de Ricardo e isto pode ser compreendido como efeito da figura do Homem. Coerente com sua apresentação no *SL* e no *Utilitarianismo,* Mill compreende que o homem econômico existe dentro de um contexto histórico específico, que era a Inglaterra vitoriana. Deste modo, o "homem econômico" pode representar apenas um estágio no desenvolvimento dos seres humanos rumo à sociedade ideal, onde o desejo de acumulação não é tão intenso. Nesta sociedade ideal, o tempo e dinheiro dos seres humanos serão gastos em atividades nobres e objetos com alto índice de utilidade de alta ordem. Vale a pena citar trechos dos PPE onde tal visão se explicita:

> Confesso que não me encanta o ideal de vida defendido por aqueles que pensam que o estado natural dos seres humanos é o da luta pelo sucesso [*struggle to get on*]; que a confusão, correria e a grosseria de uns com os outros [*that the trampling, crushing, elbowing, and treading on each other's heels*] que formam o tipo existente de vida social, são o destino mais desejável da raça humana. Elas não são nada além de sintomas desgradáveis de **uma das fases do progresso industrial. Ela pode ser um estágio necessário no progresso da civilização**, e aquelas nações europeias que até aqui tiveram a sorte de serem preservadas desse estágio, terão ainda que passar por ele" (CW, III: 227, negrito do autor).

Neste trecho Mill claramente se distingue de Ricardo, onde a busca frenética do homem econômico por riqueza é vista como apenas um estágio de desenvolvimento da humanidade. Ou seja, é possível *revelar* para o lado *sujeito de conhecimento* do Homem – como Mill faz no trecho acima – que o contexto social, histórico e cultural *concretos* em que o Homem vive representa apenas um estágio de seu progresso.

De posse deste *conhecimento*, é possível que o indivíduo adote uma postura frugal e prudente de ação. Se a *consciência deste conhecimento* se espalhar pelos indivíduos da sociedade, o próprio contexto social, histórico e cultural *concretos* pode ser alterado: indivíduos *concretos* podem votar por uma legis-

---

[26] Riley (1998: 318).

lação que premie não mais a busca desenfreada pela riqueza. Como consequência, *a realidade concreta* da sociedade pode ser modificada pela *consciência dos sujeitos* de que a busca da riqueza não conduz à maior felicidade possível. Ou seja, no estado estacionário de Mill os trabalhadores não vivem com "salário de subsistência espartano", mas são "bem pagos"; os trabalhos duros diminuem; a possibilidade de "cultivar as graças da vida" surgem; e as fortunas não são enormes:

> [...] podemos supor que esta melhor distribuição de propriedade atingida, pelo efeito conjunto da prudência e frugalidade dos indivíduos, e de um sistema de legislação favorecendo a igualdade de condições [*equality of fortunes*], na medida em que é consistente com a justa reivindicação do indivíduo aos frutos, grandes ou pequenos, de seu próprio esforço [*his or her own industry*][...] Sob essa influência dupla, a sociedade exibiria estas condições principais: um corpo de trabalhadores bem pagos e afluentes; sem grandes fortunas, [...] mas um mais grande número de indivíduos que hoje, não apenas isentos dos trabalhos mais toscos, mas com tempo livre suficiente, tanto físico quanto mental, de detalhes mecânicos, livres para cultivar livremente as graças da vida e oferecer exemplos delas para as classes menos favorecidas, para seu crescimento [*to cultivate freely the graces of life, and afford examples of them to the classes less favourably circumstanced for their growth*]. Esta condição da sociedade, tão preferível à atual, não é apenas compatível com o estado estacionário, mas, assim parece, mais naturalmente aliada deste estado do que a qualquer outro. (CW, III: 228)

Por fim, embora estado estacionário encontre um limite no tamanho da população e na acumulação de capital, a qualidade de vida dos seres humanos continuaria melhorando. Isto poderia ser conseguido, pois, à medida que os *sujeitos de conhecimento* percebem que a busca exclusiva pela melhora material não conduz à maior felicidade possível, a *realidade concreta* também vai se alterando. De posse desta *consciência*, os indivíduos *concretos* abandonam a busca exclusiva de riqueza, abrindo espaço para a "arte de viver". Nesta sociedade ideal futura, bens que contêm utilidades de alta ordem substituiriam bens que possuem utilidades de baixa ordem, de forma a contemplar ainda o avanço moral e social da humanidade:

> Há pouca necessidade de observar que um estado estacionário de população e capital não implica um estado estacionário de progresso humano [*human impro-*

*vement*]. Haveria mais escopo que nunca para todos os tipos de cultivo das atividades intelectuais [*mental culture*], e progresso moral e social; mais espaço para melhorar a Arte de Viver, e probabilidade muito maior de ela ser melhorada, quando as mentes não forem mais ocupadas pela arte de lutar pelo sucesso na vida ou trabalho [*art of getting on*]. Mesmo os ofícios produtivos poderiam ser honesta e bem-sucedidamente cultivados, com a única diferença que, em vez de servir ao propósito de aumentar a riqueza, o progresso industrial [*industrial improvements*] produziria seu efeito legítimo, ou seja, diminuir o tempo de trabalho [*that of abridging labour*] (CW, III: 229)

O que os trechos acima apontam é um entrecruzamento entre os dois lados da figura do Homem: à medida que *sujeitos de conhecimento* adquirem consciência com a evolução do *tempo histórico*, as *pessoas situadas historicamente* mudam suas ações de forma a alterar a realidade social, cultural histórica *concretamente*.

E, de fato, Mill está ciente da importância da busca da verdade através da atividade intelectual dos *sujeitos de conhecimento*. É isso que leva ao progresso *concreto* da humanidade (CW, VIII: 214). Desta forma, Mill insiste no papel da educação no último capítulo do livro V dos PPE: ela poderá fornecer ao *sujeito de conhecimento* subsídios para que sua *ação como pessoa concreta* seja compatível com o atingimento da maior felicidade possível.

Em suma: Mill não estava simplesmente expondo a doutrina de Ricardo nos PPE. É verdade que ele aplica o tipo de dedução baseada em pressupostos simples que Ricardo frequentemente usava. Ele faz isso porque define explicitamente conceitos cruciais como trabalho, capital, valor, preços etc., de forma a poder ordená-los numa cadeia dedutiva. Contudo, depois disso Mill mergulha nos fatos históricos, mostrando como os resultados da cadeia dedutiva podem ser modificados de acordo com circunstâncias concretas específicas. É aí que Mill descreve os diferentes contextos sociais, culturais e históricos que incentivam ao trabalho (capítulo 8 do livro I) e diferentes modos possíveis de distribuição da riqueza, dependendo do tipo de organização produtiva do trabalho (capítulos 5, 6, 7 e 8 do livro II).

Nestes momentos a figura do Homem aparece, pois Mill mostra como diferentes contextos econômicos *concretos* alteram o *sujeito de conhecimento*. Dependendo do contexto *concreto*, o sujeito pode ser ou não ser capaz de reconhecer o caminho e ações que levam ao progresso econômico da humanidade. Mais uma vez, o contexto social, cultural e histórico *concreto* condiciona a *capacidade de conhecer do sujeito*. Por outro lado, a *capacidade de conhecer do sujeito* pode alterar seu contexto *concreto*.

Por fim, idealmente, a cadeia de progresso material pode ser resumida assim para Mill: 1. lentamente os seres humanos progridem de um estado selvagem onde o desejo de riqueza que caracteriza o homem econômico não é tão forte; 2. passam por um estágio necessário da evolução material onde o desejo de riqueza é forte (e que corresponde à Inglaterra vitoriana da época de Mill); e finalmente 3. chegam a um estágio ideal futuro onde o desejo de riqueza se enfraqueceria mais uma vez, e as pessoas gastariam seus recursos e tempo em ações nobres e prazeres de alta ordem.

**Considerações Finais**

O artigo teve dois objetivos: mostrar como uma análise de discurso pode ser útil para entender a produção do saber econômico além da abordagem retórica; e 2. aplicar a análise de discurso do tipo arqueológico para entender as contradições no conceito de indivíduo de Mill.

Verificamos, em primeiro lugar, que a análise do discurso está em uma dimensão *além da retórica*, pois trata das condições que possibilitam o aparecimento de *campos referenciais* e *processos de referenciação* em certas épocas e lugares. Desta forma, a análise de discurso provê as condições para que a referência das palavras aos entes do mundo ocorra, de modo a gerar conhecimento verdadeiro – ou passível de verificação ou falsificação. Ou seja, não há razões para o ceticismo do poeta quanto à (in)capacidade da palavra de interagir com a vida mental e a vida concreta dos indivíduos: a linguagem é prática concreta entre muitas outras, participando ativamente do modo como objetivamos a realidade e como nos tornamos sujeitos.

Em segundo lugar, verificamos que Mill encontrava-se efetivamente na rede que une, organiza e possibilita objetivar os seres humanos como formas da figura do Homem, e que possui a história como fio condutor. Neste caso, o *campo referencial* recorta o Homem como objeto empírico da biologia, economia política e filologia *e também* como sujeito de conhecimento que dá as condições para a solidez destas ciências empíricas. Desta forma, o *processo de referenciação* destas ciências ao Homem é frágil e ambíguo, pois é o próprio Homem que condiciona este processo de referenciação. Daí a verdade descoberta pelas ciências humanas ser igualmente frágil e ambígua, segundo Foucault. Outra consequência é que as diferenças e polêmicas entre Mill e outros autores (como Marx) podem ser, em parte, explicadas pelo fato de estarem na mesma rede organizadora do saber que vigorava na Europa Ocidental no século XIX.

Embora tenha explicado como compatibilizar as noções de verdade, referência e a linguagem, a análise arqueológica pode ainda ter deixado algumas dúvidas quanto ao seu status *ontológico*. Isto é, quando se analisa arqueologicamente um texto, estaríamos andando rumo às condições que permitem nos referir aos objetos e mecanismos *reais* do mundo? Ou estaríamos apenas mostrando diferente recortes possíveis do mundo, sem jamais chegar aos objetos e mecanismos reais?

Cremos que o trabalho arqueológico pode ser coerentemente interpretado como "metafísica aplicada", nas palavras de Daston (2000). Ou seja, a arqueologia trata os objetos científicos – entre eles o Homem – como reais e históricos *simultaneamente*. Para a arqueologia, há mundo e há seres humanos concretos, sem dúvida. Contudo, as perspectivas sobre as quais estes seres humanos e o mundo podem ser pensadas e transmitidas em palavras são incontáveis. Dado que as sociedades de cada época e lugar pensam e falam sobre os entes do mundo não de modo caótico, mas ordenado, a arqueologia se pergunta sobre as condições que permitem um dado ordenamento e não outro. Em outras palavras, o trabalho da arqueologia é verificar as condições históricas que permitem recortar os entes do mundo segundo certas perspectivas ordenadas. Não cabe à arqueologia verificar se há um discurso último capaz de chegar aos objetos e mecanismos reais do mundo. O máximo a que ela pode aceder é tentar compreender as condições históricas que permitem a emergência de tal discurso.

# REFERÊNCIAS BIBLIOGRÁFICAS

Araújo, Inês L. (2004), Do *Signo ao Discurso: Introdução à Filosofia da Linguagem*, São Paulo: Parábola Editorial.

Arida, Pérsio (2003), História do Pensamento Econômico Como Teoria e Retórica, in Gala, Paulo; Rego, José. M., *A História do Pensamento Econômico como Teoria e Retórica*, São Paulo, Ed. 34.

Baldwin, Thomas (2008), Philosophy of Language in the Twentieth Century, in Lepore, Ernest; Smith, Barry. C. (orgs.), *The Oxford Companion to the Philosophy of Language*, Oxford: Oxford University Press.

Bladen, Vincent W. (1965), Introduction, in Robson, John. M. (orgs), *The Collected Works of John Stuart Mill, Volume II – The Principles of Political Economy with Some of Their Applications to Social Philosophy (Books I-II)*, Toronto: University of Toronto Press, Londres: Routledge and Kegan Paul.

Blunden, Alan. (2006), *Kant: The Sovereign Individual Subject*. Fonte: http://www.werple.net.au/~andy/works/kant.htm [29 de maio de 2007].

Daston, Lorraine (org.) (2000), *Biographies of Scientific Objects*, Chicago: Chicago University Press.

Ferry, Luc (2009), *Kant: Uma Leitura das Três Críticas*, Rio de Janeiro: Difel.

Foucault, Michel (2000 [1966]), *As Palavras e as Coisas*, São Paulo: Martins Fontes.

Gala, Paulo; Rego, José M. (2003), *A História do Pensamento Econômico como Teoria e Retórica*, São Paulo, Ed. 34.

Gallagher, Catherine (2006), *The Body Economic: Life, Death and Sensation in Political Economy and the Victorian Novel*, Princeton: Princeton University Press.

Han, Béatrice (2002), *Foucault's Critical Project: Between the Transcendental and the Historical*, Stanford: Stanford University Press.

Han, Béatrice (2005), *Is Early Foucault a Historian? – History, history and the Analytic of Finitude, Philosophy and Social Criticism*, 31, 5-6, Londres: Sage publications.

Heans, S. J. (1992), Was Mill a Moral Scientist?, *Philosophy*, 67, 81-101.

Kant, Immanuel (1999 [1787]), *Crítica da Razão Pura*, Coleção Os Pensadores, São Paulo: Nova Cultural.

Kant, Immanuel (2006 [1798]), *Antropologia de Um Ponto de Vista Pragmático*, São Paulo: Iluminuras.

Mäki, Uskali. (org.) (2003), *Fact and Fiction in Economics: Models, Realism and Social Construction*, Cambridge: Cambridge University Press.

Mattos, Laura. V. (1997), A natureza humana e o homem econômico milliano, *Estudos Econômicos*, São Paulo: Instituto de Pesquisas Econômicas, 27, 1, 69-96.

MATTOS, Laura. V. (2005), Mill's Transformational View of Human Nature, *History of Economic Ideas*, XIII, 3, 32-55.

MCCLOSKEY, Donald N. (1983), The Rhetoric of Economics, *Journal of Economic Literature*, 21, 481-517.

MIROWSKI, Philip (1989), *More Heat than Light: Economics as Social Physics, Physics as Nature's Economics*, Cambridge: Cambridge University Press.

PAULANI, Leda (2005), *Modernidade e Discurso Econômico*, São Paulo: Boitempo.

PEART, Sandra; LEVY, David. M. (2005), *The Vanity of the Philosopher: From Equality to Hierarchy in Post-Classical Economics*, Michigan: University of Michigan Press.

REID, Jeffrey (2007), *Real Words: Language and System in Hegel*, Toronto: University of Toronto Press.

ROBSON, John M. (orgs.) (1985), *The Collected Works of John Stuart Mill in 33 Vols*, Indiana: The Liberty Fund.

RYAN, Alan (1990), *The Philosophy of John Stuart Mill*, Second Edition, Londres: Macmillan.

## CAPÍTULO 6
## A ANÁLISE DOS CUSTOS SOCIAIS EM RONALD COASE E K. WILLIAM KAPP: DUAS PERSPETIVAS SOBRE A ECONOMIA E A INTERDISCIPLINARIDADE

*Vítor Neves*\*

**Introdução**

Pensar a questão das relações interdisciplinares da Economia com as outras ciências não é, ao contrário do que muitos poderão supor, um exercício diletante, inútil ou irrelevante para a prática da investigação em Economia. A investigação económica, como se procurará mostrar neste texto, assenta em pressupostos ontológicos e modos de pensar, quer a realidade quer a prática científica, que a moldam e que condicionam os resultados obtidos.

Neste capítulo parte-se do estudo de um tema específico no âmbito da análise económica – a teoria dos custos sociais – e procura-se mostrar que por detrás das abordagens radicalmente diferentes de dois autores, Ronald Coase e Karl William Kapp, sobre esta matéria estão entendimentos muito diferentes acerca do que é a Economia como ciência, sobre a natureza do seu objeto e sobre o modo como é vista a questão da interdisciplinaridade.

Ronald Coase (1910- ) e K. W. Kapp (1910-1976) são dois autores proeminentes no debate sobre o significado e relevância dos custos sociais/ /externalidades na economia. Coase é amplamente conhecido entre os economistas e estudantes de Economia, dispensando por isso grandes apresentações.[1] Pensador independente e inovador, nascido em Londres, Coase está longe de corresponder ao perfil-tipo do economista académico contemporâneo. Fortemente avesso ao que designou como "*blackboard economics*" e à formalização matemática como fim em si mesmo, diria sobre si próprio, com alguma ironia, que o facto de não ter obtido uma formação básica em Economia, longe de constituir uma desvantagem, teria sido benéfico[2]. Na verdade, Coase graduou-se em Comércio pela *London School of Economics*

---

\* Faculdade de Economia e Centro de Estudos Sociais da Universidade de Coimbra.
[1] Veja-se, ainda assim, o texto autobiográfico do autor (Coase, 2004)
[2] "Não tendo nunca sido formado acerca do que pensar e, portanto, sobre o que não pensar, isso me deu muita liberdade ao lidar com questões económicas" (Coase, 2004)

em 1932, tendo até então tido um contacto relativamente limitado com a Economia. Depois de algumas experiências profissionais e académicas em Inglaterra (e do estudo de autores clássicos da Economia, a par com o contacto com os trabalhos de autores seus contemporâneos, como Chamberlin e Joan Robinson, tendo em vista "lidar, de um modo rigoroso, com as questões do mundo real"), emigrou em 1951 para os Estados Unidos, tendo desde então trabalhado em várias universidades daquele país (Buffalo [1951--1958], Virginia [1959-1964] e finalmente Chicago [1964-1981]). Considerado um dos fundadores da *Law and Economics* – uma área de estudos situada na confluência da Economia e do Direito – foi durante largos anos editor do *Journal of Law and Economics* (1964-1982), tendo sido também o primeiro presidente da *International Society for New Institutional Economics* (1996-97).

O seu pensamento sobre os custos sociais ganhou notoriedade depois da publicação, em 1960, de *The Problem of Social Cost* (Coase, 1960), um dos artigos mais referenciados de sempre na história do pensamento económico – embora, porventura, muito menos lido – texto que viria a ser expressamente apontado como uma das razões para lhe ser atribuído, em 1991, o Prémio de Ciências Económicas em Memória de Alfred Nobel, atribuído pelo Banco da Suécia (vulgo "Prémio Nobel" da Economia).

Kapp, muito menos conhecido, foi um destacado economista institucionalista (na tradição crítica de Thorstein Veblen, um dos fundadores do institucionalismo americano), precursor dos estudos de economia ecológica, que dedicou ao problema dos custos sociais e à promoção da interdisciplinaridade (e de uma outra forma de entender a Economia) grande parte do seu labor científico[3]. Nascido em Königsberg (antiga Prússia Oriental, Alemanha), estudaria em Berlim e Königsberg, refugiando-se, em 1933, com a sua futura mulher, Lili Lore Masur, de origem judaica, em Genebra (Suiça), onde tomou contacto com a "Escola de Frankfurt" da teoria crítica e se doutorou, em 1936, com uma tese sobre planeamento económico e comércio internacional. No ano seguinte, graças a uma bolsa do *Institute for Social Research*[4], Kapp e sua mulher viajam para os Estados Unidos da América.

---

[3] Veja-se, a propósito, a excelente introdução de Sebastian Berger e Rolf Steppacher ao importante manuscrito de Kapp, *The Foundations of Institutional Economics*, só agora publicado, com edição daqueles dois autores (Kapp, 2011).

[4] O *Institute for Social Research* era então a base institucional da chamada "Escola de Frankfurt" (ou da teoria crítica). Com a ascensão de Hitler ao poder, este Instituto, estabelecido em

Aí permanecerá quase três décadas, trabalhando na *New York University* e *Columbia University* [1938-45], na *Wesleyan University* [1945-50] e na *University of the City of New York* [1950-65]). Neste país toma contacto com a escola institucionalista americana da Economia – e com alguns dos seus protagonistas, como John Maurice Clark – bem como com o pragmatismo de John Dewey. Desse contacto e da sua combinação com a formação adquirida na Europa resulta um pensamento marcadamente transdisciplinar, multifacetado, dificilmente enquadrável nos limites estritos da Economia convencional. Kapp produz um conjunto de trabalhos profundamente inovador, prenhe de implicações, e que antecipa questões e matérias cuja importância e alcance só muito mais tarde viriam a ser reconhecidos. Entre 1957 e 1964 passa vários períodos na Índia (1957/58 e 1961/62) e Filipinas (1964) trabalhando então no que pode considerar-se serem as bases de uma nova economia ecológica do desenvolvimento. Em 1965 regressa à Europa como professor da Universidade de Basileia (Suíça). Aí continua a desenvolver e a refinar as suas ideias fundamentais, procurando responder aos seus críticos, um trabalho que seria interrompido pela sua morte prematura em 1976[5].

O seu texto seminal sobre os custos sociais, *The Social Costs of Private Enterprise*, datado de 1950 e reeditado em 1963 com um novo título, *The Social Costs of Business Enterprise*, é de facto apenas o primeiro de uma longa série de trabalhos que publicou sobre este tema.

O exercício que se propõe neste texto tem como foco essencial, como se disse, a análise das abordagens de Ronald Coase e K. William Kapp sobre os custos sociais. O propósito é discutir a relação entre, por um lado, a prática concreta da investigação em Economia e, por outro, as visões do mundo e modos de pensar a Economia, o "económico" e a interdisciplinaridade. A razão para o exercício parece óbvia. A questão dos custos sociais é central no pensamento de ambos os autores (por coincidência nascidos no mesmo ano), mas os quadros teóricos e mentais em que se situam (e as respostas

---

Frankfurt em 1923, exilou-se em Genebra transferindo-se depois para a Columbia University de Nova Iorque em 1935.

[5] Mais detalhes sobre a vida e obra de K. W. Kapp podem ser encontrados na página Web do *Kapp Research Center* (http://www.kwilliam-kapp.de/index.html), um magnífico sítio, dinamizado por Sebastian Berger, com ligações para grande parte das publicações de Kapp.

a que chegam) são radicalmente diferentes. Além disso, quer Coase, quer Kapp – mais o segundo do que o primeiro – pensaram e escreveram sobre as questões da interdisciplinaridade.

Coase publicou sobre este assunto *Economics and Contiguous Disciplines* (Coase, 1994a), tendo-se ainda pronunciado sobre o tema das relações interdisciplinares da Economia em várias intervenções e entrevistas mais recentes (*ISNIE Newsletter*, vários números).

Por seu turno, o livro de Kapp *Toward a Science of Man in Society: A Positive Approach to the Integration of Social Knowledge* (Kapp, 1961) é, a todos os títulos, uma obra notável como contributo, ainda hoje fundamental, para a nossa reflexão sobre a questão da interdisciplinaridade. Mas os textos compilados em *The Humanization of the Social Sciences* (Kapp, 1985) são também merecedores da maior atenção.

As duas secções seguintes deste texto serão dedicadas à apresentação, necessariamente sintética, do pensamento destes dois autores em matéria de custos sociais. Feito isso, estaremos em condições de fundamentar a tese central deste texto de que entendimentos diferentes acerca da Economia como ciência e sobre a interdisciplinaridade não são neutros no que diz respeito à análise das questões concretas da economia. Será esse o objeto da penúltima secção, que antecede uma breve conclusão.

## Ronald Coase e os custos sociais

A análise dos custos sociais empreendida por Ronald Coase em *The Federal Communications Commission* (Coase, 1959) e, de uma forma mais sistemática, em *The Problem of Social Cost* (Coase, 1960) marca uma viragem no que era até então o pensamento dominante sobre "externalidades" – o conhecido problema suscitado pela existência de danos não compensados causados a indivíduos ou organizações pelas ações de outros agentes, com a consequente divergência entre o produto privado e o produto social.[6] Ao arrepio da sabedoria convencional da época, baseada no trabalho seminal de A. C.

---

[6] Coase não via com bons olhos o termo "externalidade" – e no *The Problem of Social Cost* nunca o usou. Em seu entender o termo é inadequado por duas razões: (1) porque sugere que aqueles que sofrem os efeitos nocivos são "externos" à situação (o que vai contra a natureza recíproca do problema); e (2) por causa da identificação, feita habitualmente – na tradição de Pigou – entre externalidade e falha de mercado/necessidade de ação corretiva do Estado (Coase 1988a: 26-27).

Pigou, *The Economics of Welfare*, Coase reformulou inteiramente o modo de conceber a questão propondo o que pode ser considerado um "novo paradigma" de análise do problema (Medema, 1994: 68).

Desde logo, Coase considerou inadequado pensar o problema das "externalidades" como o resultado da imposição unilateral de um dano por parte de um agente A a um agente B. Em seu entender, o agente A não deverá ser visto como o único responsável pela situação. A relação entre A e B tem uma natureza recíproca – *"ambas as partes causam o dano"*. Evitar o dano a B implicará causar um dano a A. O problema não deve ser visto como uma questão de falta de compensação (internalização) por parte do agente "gerador" do dano ao(s) agente(s) que "suporta(m)" esse dano. Os custos existem para ambas as partes. É assim desejável que ambas as partes levem em consideração o dano ao decidir como agir (Coase, 1960: 13).

Ambos têm interesses. Suponha-se, por exemplo, uma fábrica de celulose (A), que no decurso da sua atividade gera poluentes prejudicando as pessoas que vivem na sua vizinhança (B). A fábrica tem evidentemente interesse na produção da celulose; por seu turno, as pessoas que vivem nas proximidades estão interessadas em tirar o máximo proveito de um ambiente limpo. Atribuir a A o direito de poluir diminuirá o bem-estar de B; mas dar a B o direito de viver num lugar não poluído impõe um custo traduzido na redução dos lucros de A.

A questão, no entender de Coase, não reside numa pretensa imposição unilateral de um dano por parte de um agente A a um agente B nem a solução passará simplesmente por impedir A de causar um dano a B. O problema das "externalidades" é, antes de mais, um problema de decidir que interesses vão ser protegidos pela lei e pelos tribunais, isto é, que interesses vão adquirir o estatuto de direitos (Medema, 1994: 69).

Estes têm uma natureza dual (Medema, 1994: 68-69; 2009: 105). A atribuição de um direito a uma parte implica expor outros aos efeitos do exercício desse direito. Esse exercício implica custos. "O custo de exercer um direito", como sublinhou Coase (1960: 44), "é sempre a perda que se sofre algures em consequência do exercício desse direito – a incapacidade de atravessar uma terra, estacionar um carro, construir uma casa, desfrutar uma vista, ter paz e sossego ou respirar ar limpo".

Para Coase o problema das "externalidades" é, na verdade, em última análise, *um problema de conflito de direitos*. A verdadeira questão que se deve colocar, como Coase se esforçou por mostrar recorrendo a vários exemplos reais de processos judiciais, será: deve A ser autorizado a causar um dano a B ou deve B ser autorizado a causar um dano a A? A resposta, em seu entender, seria clara: deve evitar-se o dano mais grave (Coase, 1960: 2).

Ao invés de colocar todo o ónus no "responsável" pelo dano – visto como o causador da divergência entre o custo privado e o custo social – e tentar por todos os meios eliminar o dano, a questão deve assim ser posta na escolha da alternativa mais vantajosa. *É um exercício de cálculo de ganhos e perdas.* Trata-se de saber se o ganho resultante de impedir o dano é maior ou menor do que a perda provocada pela ação visando a sua eliminação (Coase, 1960: 27). Por exemplo, se a poluição dos rios provoca a morte de peixes, deve comparar-se o valor do peixe perdido com o valor da produção tornada possível pela atividade poluidora. A regra de decisão, defende Coase, é escolher a situação que maximiza o valor *total* da produção. Isto implica, naturalmente, saber o valor do que é obtido e o valor daquilo que é sacrificado. E pode, evidentemente, levar à conclusão de que a melhor solução é mesmo não fazer nada. Como Coase (1970a: 35) reconheceu, "nem sempre, ou nunca, é fácil decidir qual o curso [da ação] a tomar". Mas, em seu entender "a natureza da escolha é clara."

Como diria também, a decisão em relação ao problema dos custos sociais "não é diferente da decisão sobre se um campo deve ser usado para cultivar trigo ou cevada, e não é certamente uma decisão acerca da qual devamos manifestar grande emoção. *É uma questão importante e difícil, mas é certamente apenas uma questão de valoração.*" (Coase, 1970b: 9, itálico acrescentado).

Ao mesmo tempo que redefine a natureza do problema, Coase questiona a abordagem das externalidades de raiz Pigouviana em dois aspetos fundamentais: 1) a ideia de que as externalidades correspondem a uma "falha do mercado"; e 2) o entendimento de que a resolução do problema passa inevitavelmente por ações "corretivas" do Estado, designadamente impostos e subsídios.

O argumento de Coase desenvolve-se em duas etapas (Butler e Garnett, 2003). Na primeira, assume custos de transação nulos – uma hipótese que viria mais tarde a ser identificada como o "mundo de Coase", mas que, de acordo com o próprio, é na realidade "o mundo da análise económica moderna", um mundo que Coase pretendia que os economistas abandonassem (Coase, 1988b: 174). Na segunda etapa Coase descarta essa hipótese, considerada "muito irrealista" (Coase, 1960: 15), e analisa as implicações de um mundo com custos de transação positivos.

A primeira etapa resume-se basicamente ao desenvolvimento do chamado "teorema de Coase". Apesar da importância que este viria a ganhar na literatura económica, designadamente nos manuais de Economia, o mundo assumido pelo teorema de Coase ocupa apenas as primeiras quinze páginas (num total de quarenta e quatro) do artigo *The Problem of Social Cost* e não merece, segundo Coase, que se gaste muito tempo investigando as suas propriedades (Coase 1988a: 15). Não é mais do que um preâmbulo, um passo intermédio num argumento bastante mais amplo (Coase, 1988a: 15; 1994b: 11). Nas suas próprias palavras:

> O meu objetivo [...] não foi descrever como seria a vida num tal mundo, mas proporcionar um quadro simples para o desenvolvimento da análise e, o que era ainda mais importante, para tornar claro o papel fundamental que os custos de transação desempenham, e devem desempenhar, na moldagem das instituições que compõem o sistema económico. (Coase, 1988a: 13)

Nesta primeira etapa do seu raciocínio Coase conclui que, contrariamente ao que pensavam Pigou e seus seguidores, o problema das "externalidades" não reside numa falha do mercado (ou num excesso de concorrência),[7] mas numa falha na atribuição de direitos de propriedade (e consequente *inexistência* de um mercado) – ou seja, afinal, uma falha do Estado –, e que com custos de transação nulos a ação corretiva do Estado (por exemplo através de impostos ou de subsídios) seria desnecessária.

Com efeito, assumindo que não existem custos de transação (como acontecia na análise Pigouviana), se os direitos fossem claramente definidos (uma condição sem a qual as transações mercantis não podem ter lugar), o problema encontraria uma solução na própria negociação entre as partes. Nessa situação, os direitos tenderiam a ser transacionados, sendo adquiridos por quem lhes desse mais valor (Coase, 1988a: 12). Isso levaria, como pode ser facilmente demonstrado, a uma alocação eficiente de recursos. O valor da produção total seria maximizado (Coase, 1960: 15, 1988a: 27),

---

[7] Um problema de excesso de concorrência e caos nas frequências de transmissão foi o principal argumento invocado pelos defensores de um sistema governamental de licenças para apoiar a sua proposta de regulação do sistema de frequências nos EUA (Coase, 1959).

um resultado que, como Coase demonstrou, seria independente da atribuição inicial dos direitos de propriedade ("teorema de Coase"). A definição em concreto dos direitos de propriedade seria na prática irrelevante. Apenas a sua definição, qualquer que fosse, importaria. Como afirmou Coase (1988a: 14) as instituições que compõem o sistema económico não teriam, nesse caso, "nem substância nem propósito".

O facto, porém, é que as "externalidades" são omnipresentes no mundo real. Isto é assim, argumentou Coase, por causa dos custos de transação. As consequências são significativas e a elas dedicou Coase dois terços do *The Problem of Social Cost* no que constitui a segunda – e a mais relevante – parte do seu raciocínio.

Na sua Nobel Prize Lecture Coase (1994b: 11) é muito claro a respeito da importância destes custos:

> Embora possamos imaginar que no mundo hipotético dos custos de transação nulos as partes iriam negociar para alterar qualquer disposição da lei que as impedisse de fazer o que fosse necessário para aumentar o valor da produção, no mundo real dos custos de transação positivos tal procedimento teria custos muito elevados e tornaria não lucrativa, mesmo onde tal fosse permitido, essa negociação. Devido a isso, os direitos que os indivíduos possuem, com as suas obrigações e privilégios, serão, em grande medida, os que a lei determina. Em consequência, *o sistema jurídico terá um efeito profundo no funcionamento do sistema económico e pode em certos aspetos dizer-se que o controla.* (itálico acrescentado)

Ou seja, devido aos custos proibitivos da negociação os direitos exercem-se nos termos da sua atribuição inicial – *"rights stick where they hit"* (Medema, 1994: 76). O direito e outros arranjos institucionais são, pois, cruciais para o funcionamento da economia. Esta afirmação da centralidade do direito na vida económica – e não o "teorema de Coase" – constituirá o legado fundamental de Coase para a análise do problema das "externalidades".

Que soluções podemos então encontrar em Coase para o problema dos danos não compensados? Em seu entender não há uma resposta única e predeterminada para esta questão. Várias opções de política estão disponíveis e nenhuma poderá ser considerada "a" solução ótima.

Uma coisa é certa. A solução não passará, segundo Coase, por comparar a situação real com uma situação ideal tomada como referência – uma espécie de "demanda do nirvana" tão ao gosto dos economistas convencionais –

mas pela adoção de uma *análise institucional comparativa* visando a escolha do arranjo social mais adequado. Ou seja, o procedimento será partir de uma situação próxima da que *realmente* existe e compará-la com a que resultaria de uma mudança de política. Podemos, desse modo, verificar se a nova situação "seria, globalmente, melhor ou pior do que a original" (Coase, 1960: 43). O critério de escolha, como já referido, deverá ser *a maximização do produto social total gerado pelos diferentes arranjos institucionais possíveis*.[8]

A solução mais amplamente associada a Coase e, com certeza, a sua preferida, é confiar no funcionamento do mecanismo de mercado (mesmo se no mundo real as melhorias conseguidas e o "ótimo" não coincidem). Em várias ocasiões, Coase mostrou esta sua preferência. No entanto, como também observou, esta é uma solução viável apenas quando os benefícios líquidos da realocação dos direitos excedem os custos de transação associados. Outras alternativas devem, pois, ser exploradas. O próprio Coase sugeriu as seguintes possibilidades (Coase, 1960: 16-18; 1959: 18 e 29; 1970a: 38-40, ver também Medema, 2009: 115-117):

i) *Internalização* de custos das atividades relevantes através da integração vertical das empresas sob um controle único. Evidentemente, isto só seria viável nos casos em que as "externalidades" envolvam exclusivamente relações entre produtores e seria inferior à solução assente no mercado nos casos em que os custos administrativos associados à organização das empresas são relativamente elevados.

ii) *Regulação estatal direta*, impondo o que as pessoas devem ou não fazer. É uma solução considerada adequada quando um grande número de pessoas está envolvido, como no caso da poluição. Neste caso, o Estado pode impor a instalação de dispositivos de prevenção da poluição ou regulamentos restritivos e de zonamento. Tal como em todos os outros mecanismos os benefícios desta solução deverão ser confrontados com os seus custos. Embora o Estado possa beneficiar da sua posição de poder, e em alguns casos, possa produzir soluções melhores do que o mercado, esta solução não estará livre de problemas. Coase menciona os custos administrativos (algumas vezes substanciais), as pressões políticas, a falta de seleção competitiva e informação incompleta. Na

---

[8] Tal abordagem, Coase (1960: 18) sublinha, implica "um estudo paciente de como, na prática, o mercado, as empresas e os Estados lidam com o problema dos efeitos nocivos".

opinião de Coase, a regulação direta pelo Estado está longe de ser um mecanismo que garanta a eficiência económica.

*iii)* Finalmente, *não fazer nada*. Dada a omnipresença das "externalidades" no mundo real e os problemas encontrados nas soluções já mencionadas – soluções assentes no mercado, na empresa ou na intervenção do Estado – Coase sugere que os ganhos da regulação pública serão frequentemente inferiores aos custos envolvidos nessa regulação. Como tal, dever-se-á estar "disposto a aceitar uma boa parte das imperfeições dos nossos arranjos sociais porque os custos envolvidos na sua eliminação seriam mais elevados do que os ganhos obtidos" (Coase 1970a: 40). Não fazer nada poderá ser assim, segundo Coase, a melhor opção.

## K. W. Kapp e os custos sociais

As questões teóricas e políticas suscitadas pelos custos sociais constituem também, como já se disse, um dos temas centrais da investigação de Kapp. Em 1950 dedica a este tema uma das suas obras fundamentais, *The Social Costs of Private Enterprise*,[9] e volta ao tema várias vezes ao longo da vida numa tentativa de refinar a análise e defender a sua abordagem das críticas que ela entretanto suscita.

No prefácio à primeira edição daquele livro Kapp apresentou o seu trabalho como:

> um estudo detalhado da forma como as empresas privadas, em condições de livre concorrência[10], tendem a originar custos sociais que não são contabilizados nos gastos empresariais, sendo em vez disso *transferidos* para e *suportados*

---

[9] Na segunda edição desta obra, originalmente publicada na Índia em 1963, Kapp mudou o título do livro para *The Social Costs of Business Enterprise*. Segundo o autor, duas razões fundamentam esta mudança. Em primeiro lugar, Kapp quis dessa forma homenagear Veblen, exprimindo "de forma mais explícita a afinidade [...] com a tradição intelectual daquele ramo da teoria económica institucionalista que pôs a ênfase não somente no caráter cumulativo da causalidade social e na necessidade de critérios objetivos de bem-estar social para a avaliação da eficiência social dos sistemas económicos, mas também a importância de suscitar a questão da qualidade da vida humana e o comportamento sob diferentes arranjos institucionais." (Kapp, 1978: XXVII). Em segundo lugar, pretendeu dar conta do facto de que os custos sociais não se restringem às empresas privadas, mas podem surgir também no contexto das empresas públicas (e no sistema soviético então em vigor).

[10] "*unregulated competition*" no original.

por terceiros e pela comunidade em geral" (Kapp, 1978: XXIX, itálico acrescentado).

Trata-se, uma vez mais, de um problema de (ir)racionalidade na alocação de recursos baseada nos preços de mercado. Mas, o mais importante, e que deve ser sublinhado aqui, é a ênfase na ideia de *transferência de custos*, uma ideia que se tornou cada vez mais importante na sua obra (Swaney e Evers, 1989).

Para Kapp os custos sociais incluem todas as perdas, diretas e indiretas, sofridas por terceiros ou pela comunidade em geral em resultado das atividades económicas orientadas pelo princípio do lucro, pelas quais os empresários privados não são responsabilizados (Kapp, 1978: 13). Trata-se de um conjunto muito variado de efeitos nocivos, podendo assumir a forma de danos à saúde humana, traduzir-se em destruição ou deterioração dos valores da propriedade e no esgotamento prematuro de riquezas naturais ou evidenciar-se através da depreciação de valores menos tangíveis (Kapp, 1978: 13). Kapp concentrou os seus esforços de análise num amplo espetro de deseconomias ambientais e sociais, incluindo aspetos tão diversos como a poluição do ar e da água; o esgotamento dos recursos não renováveis e a exaustão dos recursos renováveis; a deterioração das condições de trabalho, acidentes de trabalho e doenças profissionais; a mudança tecnológica, a instabilidade económica e o desemprego, e a promoção seletiva e consequente atraso no desenvolvimento científico.

Na verdade, para este economista, os custos sociais incluem toda "uma variedade de 'deseconomias', riscos acrescidos e incertezas que podem estender-se até muito longe no futuro" (Kapp, 1963: 185), não podendo ser vistos como casos isolados, acidentais ou excecionais ou como distúrbios menores. São "fenómenos *generalizados* e *inevitáveis nas condições da economia capitalista*"[11] (Kapp, 1978: 8, itálico acrescentado), efeitos nocivos e danos para a economia causados pelas atividades produtivas e pelas práticas habituais no mundo dos negócios, tanto mais relevantes quanto mais estas atividades e práticas assentem nas instituições do mercado e nos incentivos do lucro. Para Kapp a existência de custos sociais deve-se fundamentalmente à circunstância de a busca do lucro privado resultar num prémio à minimização dos custos privados de produção (Kapp, 1978: 14). *Ao procurarem minimizar*

---

[11] "*conditions of business enterprise*" no original em inglês.

*os seus custos internos as empresas tenderão a transferir e efetivamente a maximizar os custos sociais* (Kapp, 1978: 76).

Ou seja, o livre funcionamento do mercado permite – e promove – a "externalização" ou, como Kapp preferia dizer, a *transferência* em grande escala de uma parte significativa dos custos totais da produção de bens para a comunidade (a conversão dos custos "externos" em custos *sociais*). A economia capitalista, defende Kapp, é *"uma economia de custos não pagos"* (Kapp, 1978: 268).

Contudo, importa precisar, para este autor os custos sociais não são inevitáveis. Se o fossem – independentemente dos arranjos institucionais existentes – a sua relevância seria diminuta. A verdade é que, como sublinha Kapp, a sua existência está dependente das instituições da economia (Kapp, 1977: 533, 536), decorre da lógica intrínseca de funcionamento da economia assente no lucro (Kapp, 1971: xiii). As atividades e os processos causais responsáveis pelos custos sociais podem, por isso, ser criticamente analisados e estes minimizados através de medidas adequadas.

Tendo em vista dar total visibilidade aos custos sociais enquanto *custos não pagos* (ou "danos não compensados", *"uncharged disservices"*) Kapp rejeita a identificação convencional dos custos *sociais* com os custos *totais* (custos "privados" mais custos "externos"). Em seu entender, a confusão dos custos sociais com os custos totais torna o conceito de custos sociais "inócuo" (Kapp, 1972: 21) porque lhe retira as implicações críticas "ao privá-lo do seu objetivo e conteúdo centrais", designadamente "chamar a atenção para os efeitos colaterais das atividades produtivas não registados pela contabilidade de custos tradicional mas altamente relevantes e potencialmente destrutivos" (Kapp, 1969: 346). Essa confusão tornará menos visível a dimensão de transferência (*cost-shifting*) dos custos sociais para terceiros ou para a comunidade – e portanto a sua natureza redistributiva – a qual, segundo Kapp, é o traço mais distintivo destes custos.

Na verdade, na medida em que as empresas são capazes de transferir parte dos seus custos para outros, elas – ou os consumidores, que por esta via poderão comprar a preços mais baixos – beneficiam de uma parcela maior do rendimento disponível. A incidência dos custos sociais e dos custos e benefícios das medidas políticas visando prevenir ou controlar os custos sociais não pode deixar de ser tida em consideração.

A natureza das relações entre os agentes envolvidos é também um aspeto fundamental e distintivo da análise de Kapp. Esta matéria estava já implícita na utilização do conceito de *transferência de custos* em *The Social Costs of Private Enterprise*. Mas é em trabalhos posteriores, publicados no final dos anos 1960 e na década de 1970, que encontramos as mais claras e inequívocas abordagens desta importante temática (Kapp, 1969, 1970, 1977). Nestes trabalhos, Kapp contesta a ideia de que os processos causadores de disrupção ambiental e os custos sociais possam, em geral, ser razoavelmente concebidos como bilaterais e com uma natureza recíproca. Segundo Kapp, eles envolvem relações não-mercantis *assimétricas*, frequentemente involuntárias, moldadas por entidades mais ou menos dominantes que impõem os seus interesses aos setores económica e politicamente mais débeis da sociedade. Os agentes têm diferentes possibilidades de acesso à informação relevante e diferente capacidade para controlar ou mesmo manipular essa informação assim como um desigual poder de negociação. Há assim *uma dimensão política e de poder* sem a qual o problema dos custos sociais não poderá ser plenamente compreendido.

Vale a pena ler aqui o próprio Kapp:

> [O] facto de uma parte dos custos de produção poder ser transferida para terceiros ou para a sociedade como um todo é apenas uma outra maneira de dizer que os custos e, consequentemente, os lucros dependem, pelo menos em certa medida, do poder da empresa para o fazer. Em suma, o que a teoria convencional trata como um dado é, na verdade, já *o resultado de uma constelação de interdependências mercantis e não mercantis entre unidades de caráter heterogéneo e com diferentes graus de controlo e dominação económica*. (Kapp, 1969: 335, itálico acrescentado)

Alguns anos mais tarde, num dos seus últimos trabalhos, uma vez mais dedicado à questão ambiental e aos custos sociais, Kapp acrescentaria:

> [O] processo causal não é, em regra, de caráter bilateral, com poluidores específicos causando danos a indivíduos específicos (ou outras partes afetadas) identificáveis. Na verdade, o processo nada tem em comum com uma típica relação mercantil entre duas pessoas; *não é o resultado de uma qualquer transação contratual voluntária*. As pessoas afetadas estão, regra geral, desprotegidas; *não têm voz na matéria; são vítimas de um processo relativamente ao qual têm pouco ou nenhum controlo*. A degradação da qualidade do meio ambiente acontece, por assim dizer, nas suas costas, e as suas possibilidades de recurso são limitadas ou ineficazes no quadro das leis de compensação em vigor (Kapp, 1977: 531, itálico acrescentado)

Tudo isto nos leva a uma característica central da abordagem de Kapp: a ideia de que os processos causais que ligam a produção, o ambiente natural e social e os indivíduos envolvem dimensões "económicas" e "não-económicas" numa complexa rede de interdependências sistémicas.

Os custos sociais são, em seu entender, o resultado da ação combinada de uma pluralidade de fatores, relações e processos causais, só podendo ser plenamente compreendidos (e os seus efeitos minimizados) no quadro de uma abordagem que reconheça: (1) o caráter *aberto* dos sistemas socioeconómicos e (2) a natureza *circular* e *cumulativa* daqueles processos causais (Kapp, 1976). Esta natureza cumulativa impõe a consideração de *limiares críticos* (ou *zonas críticas*), ausente da análise convencional, a partir dos quais os custos sociais ganham nova relevância e significado. Mecanismos lineares de causa e efeito e abordagens teóricas com base na noção convencional de equilíbrio serão inadequados para analisar os custos sociais.

As reservas postas por Kapp à abordagem convencional vão, porém, mais longe. Em seu entender, critérios monetários, como o princípio utilitarista da disposição a pagar ou para aceitar uma compensação com base nos preços de mercado, não fornecem uma base sólida para a avaliação dos custos sociais e consequente deliberação quanto ao curso de ação a seguir. Os preços gerados pelo mercado, na medida em que não refletem adequadamente a importância relativa das necessidades humanas e a escassez relativa dos fatores de produção e os reais custos totais de produção, são indicadores "não somente imperfeitos e incompletos, mas enganadores" (Kapp, 1970: 843-844).

Como proceder então? No essencial, a abordagem de Kapp baseia-se em duas ideias fundamentais:

*i)* A afirmação da centralidade da vida humana como *valor primeiro* e inquestionável – um valor *absoluto*, não um valor de troca no mercado – e, em consequência, o entendimento de que a satisfação das necessidades humanas constitui o objetivo último da atividade económica (o único *fim* realmente indiscutível);

*ii)* A ideia de que é impossível uma definição "técnica" de soluções ótimas. Os objetivos sociais e as metas a atingir devem ser coletivamente (e politicamente) determinados.

Neste contexto, pensava Kapp, são imprescindíveis: (1) uma teoria substantiva das necessidades humanas (por contraposição à mera racionalidade formal da economia convencional); e (2) uma teoria do valor social – entendido como *valor para a sociedade* – e uma avaliação social dos custos sociais baseada em critérios objetivos, "cientificamente determinados" e validados empiricamente, acerca do que é necessário e essencial à vida e à sobrevivência humanas (Kapp, 1969: 335-6).

Nesse sentido, Kapp concentrou os seus esforços teóricos na discussão de alguns conceitos, cruciais no seu pensamento, como "condições de vida mínimas adequadas", "mínimos sociais" ou "níveis máximos toleráveis de disrupção", tendo em vista a produção de indicadores "socioecológicos", por comparação com os quais os custos sociais devem ser medidos, e um novo sistema global de contas sociais (uma nova contabilidade social).

Contudo, segundo Kapp, tais indicadores não dispensam uma forte componente de deliberação coletiva e decisão política acerca dos valores e objetivos sociais a prosseguir. Os custos sociais são, acima de tudo, um *problema de organização institucional da economia*. Constituem um problema coletivo cuja resolução exige respostas coletivas.

### Duas "visões" e "modos de pensar" a Economia e a interdisciplinaridade

Feita a exposição das linhas fundamentais das abordagens de Coase e de Kapp não restarão dúvidas relativamente às profundas diferenças, no plano teórico e metodológico, entre estas duas abordagens. Em meu entender – e esse é o ponto que pretendo sublinhar agora – essas diferenças radicam, em última instância, em pressupostos ontológicos – "visões do mundo" – e "modos de pensar" a economia também eles significativamente diferentes. Daí decorrem diferentes entendimentos acerca do modo como a Economia (enquanto ciência) e a interdisciplinaridade são concebidas.

O raciocínio económico, como acontece em qualquer domínio do saber, pressupõe conjuntos mais ou menos estruturados, mais ou menos explicitamente assumidos, mais ou menos conscientes, de representações e ideias (crenças e convicções) acerca da natureza da realidade objeto de estudo e sobre o modo como a economia funciona. Chamamos-lhes, desde Schumpeter, "visões do mundo" (*"world views"*, *"visions"*). É com base nestas "visões" diferenciadas que, pelo menos em parte, o trabalho teórico se funda. A "visão do mundo" condiciona a seleção dos problemas a investigar, o modo como estes são concebidos e analisados, a seleção das variáveis relevantes e dos métodos de investigação a adotar, abrindo "janelas ontológicas" para o mundo ao mesmo tempo que estabelece, pelo menos em parte, o quadro de restrições (uma espécie de "enquadramento *constitucional*" à Buchanan) no contexto do qual se estruturam os diferentes discursos disciplinares e programas de investigação e se definem as respetivas fronteiras e correspondentes inclusões/exclusões (Mäki, 2001: 5).

Estas "visões do mundo" não esgotam o chão em que se funda a teorização económica. Esta supõe também um "modo de pensar" (Dow, 1996: 10; 2002: 164) – um modo de construir, articular e apresentar os argumentos e teorias, de formular juízos e de caracterizar um bom ou um mau argumento no quadro de um dado discurso disciplinar.[12] O "modo de pensar" condiciona o *como* a realidade é percebida e estruturada, as conexões estabelecidas, a seleção dos métodos e técnicas considerados admissíveis, enfim a "abordagem" adotada. Sendo distintos das "visões do mundo", os "modos de pensar" são com elas fortemente correlacionados.

A incursão que fizemos pelas abordagens de Coase e de Kapp, ainda que sumária, permite identificar diferenças cruciais nas respetivas "visões do mundo" e "modos de pensar". Salientemos as seguintes:

### i. Reciprocidade vs. Poder

Para Coase os custos sociais têm origem em conflitos de interesses. Não há, por um lado, agentes que causam o dano e, por outro, agentes que sofrem os efeitos das ações dos primeiros. Ambas as partes são responsáveis pela resolução do problema. A relação é recíproca. A atribuição legal de direitos é a questão crucial. Se os custos de transação forem nulos a atribuição de direitos de propriedade torna o problema dos custos sociais suscetível de resolução pela via da negociação bilateral, qualquer que seja a atribuição inicial daqueles direitos. Não sendo nulos, tais direitos serão exercidos segundo a sua atribuição inicial sendo esta então decisiva para o funcionamento do sistema económico.

Para Kapp, pelo contrário, os custos sociais decorrem de relações assimétricas não tendo as partes envolvidas o mesmo grau de controlo sobre a situação nem a mesma capacidade de negociação. As pessoas afetadas

---

[12] Inclui-se aqui não apenas a lógica da argumentação (a validade/verdade dos argumentos produzidos), mas a própria retórica da comunicação e o modo como os argumentos contrários são considerados.

não têm voz ou poder para exigirem compensações no quadro de transações contratuais voluntárias. O problema dos custos sociais radica, em seu entender, na própria lógica do sistema económico empresarial e só é resolúvel no quadro de uma alteração da estrutura institucional da economia.

### ii. Equilíbrio vs. causalidade cumulativa

A análise de Coase, na linha da tradição neoclássica dominante na Economia, obedece aos princípios do individualismo metodológico e assenta numa lógica de escolha racional baseada no cálculo monetário de ganhos e perdas. O quadro analítico é a análise económica convencional do equilíbrio. Nesse quadro, a questão dos custos sociais resume-se, como vimos, a um problema de valoração. A lógica da análise é, na sua essência, a da Economia neoclássica (se bem que enriquecida pela nova centralidade dos custos de transação).

Também neste aspeto Kapp se afasta significativamente da perspetiva de Coase. Em seu entender, os processos causais geradores dos custos sociais têm uma natureza circular e cumulativa que, conjuntamente com o caráter aberto dos sistemas económicos, tornará inadequada a análise linear de causa-efeito. Para este autor é imprescindível uma abordagem sistémica que atenda à natureza orgânica da realidade, à complexidade das relações de interdependência inerentes àqueles processos causais e dê conta das dinâmicas cumulativas da sua evolução.

### iii. Valoração monetária vs. valoração social

O núcleo duro da divergência entre as abordagens de Kapp e de Coase, o ponto onde Kapp mais substantivamente se afasta de Coase (e onde as implicações para o propósito deste texto serão mais fundamentais) reside, contudo, a meu ver, na rejeição por Kapp de uma valoração dos custos e benefícios exclusivamente centrada na informação dada pelos preços de mercado. Para Coase estes preços e, mais genericamente, a possibilidade de usar o padrão monetário (*"the measuring rod of money"*) estão no âmago da análise económica. É essa possibilidade, aliás, que lhe dá a vantagem, quando comparada com as outras ciências, para analisar o funcionamento do sistema económico (Coase, 1994a: 44).

Para Kapp, tais preços são, como já referido, não somente incompletos e imperfeitos mas enganadores. É forçoso, em seu entender, proceder à avaliação daqueles custos e benefícios em termos do valor que traduzem para a sociedade (*"value to society"*)[13]. Preço de mercado e valor social estão longe de ser uma e a mesma coisa. Construir uma *teoria do valor social* constitui, para Kapp, o problema central da teoria económica (Kapp, 1978: 293). Isso exige, segundo este autor, a definição de critérios objetivos acerca do que é necessário e essencial à vida e à sobrevivência humanas – o seu referencial fundamental – e uma nova contabilidade social.

Este breve confronto entre as "visões do mundo" e "modos de pensar" de Coase e Kapp torna evidentes as diferenças cruciais entre estes dois autores. Patenteia, além disso, como tais "visões" e "modos de pensar" impregnam todo o trabalho analítico e, mais genericamente, o modo como a Economia (enquanto ciência) é concebida. Importa, finalmente, mostrar de que modo condicionam também o entendimento respetivo sobre o trabalho interdisciplinar.

Ambos os autores rejeitam uma Economia "fortaleza", isolada das restantes ciências e autossuficiente. Mas as respetivas posições em matéria de interdisciplinaridade são distintas. Para Coase, embora o objeto da Economia – o "sistema económico" – esteja profundamente entretecido com as demais esferas da vida social, a disciplina tem uma autonomia própria. Nas suas palavras:

> [A]lguns aspetos dos outros sistemas sociais [como os sistemas jurídico e político] estão tão entrelaçados com o sistema económico que os tornam parte deste sistema tanto quanto o são de um sistema sociológico, político ou jurídico. Assim, é dificilmente possível discutir o funcionamento de um mercado sem considerar a natureza do sistema de direitos de propriedade, o qual determina o que pode ser comprado e vendido e, ao influenciar o custo de levar a cabo vários tipos de transação mercantil, o que é, de facto, comprado e vendido, e por quem. (Coase, 1994a: 45-6)

E um pouco mais à frente acrescenta:

> O estudo dos efeitos dos outros sistemas sociais sobre o sistema económico irá, creio eu, tornar-se uma parte permanente do trabalho dos economistas. Ele não pode ser feito eficazmente por cientistas sociais não familiariza-

---

[13] "*Value to society*" e não "*value in society*", para usar as expressões de J. M. Clark (2009 [1936]: 61), autor em quem Kapp largamente se inspirou nesta matéria.

dos com o sistema económico. Esse trabalho pode ser realizado em colaboração com outros cientistas sociais, mas é pouco provável que seja bem feito sem economistas. Por esta razão, penso que podemos esperar que o âmbito da Economia seja alargado de forma permanente de modo a incluir estudos de outros sistemas sociais. Mas o propósito será permitir-nos compreender melhor o funcionamento do sistema económico. (Coase, 1994a: 46)

Ou seja:
As relações de interdependência existentes entre o sistema "económico" e as outras esferas do social aconselham o estabelecimento de relações de troca de duplo sentido (chamemos-lhes relações de importação-exportação) entre a Economia e as outras ciências sociais. Coase, contudo, rejeita o chamado imperialismo económico. Em seu entender, o estudo de outros sistemas sociais, efetuado por economistas, deverá ter em vista a compreensão do próprio "sistema económico". Este objetivo e a familiaridade com esse sistema parecem ser, para Coase, os fundamentos para a existência de uma disciplina económica autónoma. Porém, Coase não é totalmente claro relativamente ao que é que um tal sistema tem de específico que justifique essa autonomia. Não é ainda assim difícil conjeturar que para Coase essa especificidade decorra, em larga medida, da consideração de que o comportamento humano na esfera económica tem uma lógica própria – a lógica do cálculo de custos e benefícios com base no sistema de preços – podendo os seus determinantes fundamentais ser expressos numa unidade de medida comum – *the measuring rod of money*. (Coase, 1994a: 44)

Kapp afasta-se consideravelmente destas posições, quer no que respeita à autonomia da disciplina, quer quanto ao sentido último das relações interdisciplinares. Em seu entender, a natureza do objeto de estudo da Economia não suporta a autonomia da disciplina nem a atual fragmentação disciplinar das ciências sociais, antes funda a defesa de uma abordagem holística, transdisciplinar, dos problemas sociais assente num quadro de conceitos transversais às várias ciências (*"common-denominator concepts"*). A realidade é uma totalidade e deve ser estudada como tal. "O método científico na pesquisa social e económica", defende Kapp, "requer a eliminação progressiva de todas as fronteiras que as gerações anteriores de estudiosos criaram por razões escolásticas, pedagógicas e outras. O objetivo último é não apenas a 'colaboração' mas a integração mais estreita possível e, finalmente, a síntese das ciências sociais." (Kapp, 1978: 287)

Isto não significa, contudo, que se negue a necessidade de especialização. Mas, em vez da tradicional especialização disciplinar, Kapp propõe uma especialização por problemas e áreas-problema, assente na utilização transdisciplinar de um quadro conceptual comum, na qual os problemas sejam perseguidos até onde quer que eles possam conduzir (Kapp, 1961: 205-6).

Consciente da enorme exigência que o objetivo de integração do conhecimento social coloca, de que não é uma tarefa para amanhã ou que possa ser conduzida por um só investigador, Kapp escreve:

> Até esse objetivo ser atingido resta ao investigador individual tentar empurrar os limites atuais da ciência económica e explorar, tanto quanto possível, os novos desenvolvimentos na psicologia, na sociologia, na ciência política, no direito, na história e na ética tendo em vista a assimilação no seu próprio raciocínio do que quer que essas ciências sociais possam contribuir para uma melhor compreensão dos problemas económicos. (Kapp, 1978: 287)

Esse foi precisamente o trabalho que Kapp procurou desenvolver na sua investigação sobre os custos sociais.

## Conclusão

O percurso que acabámos de realizar mostra que a prática concreta da investigação na Economia não é independente do que pensamos sobre esta ciência, sobre a natureza do seu objeto e sobre as fronteiras e conexões que podemos ou devemos estabelecer. Mostra também que a interdisciplinaridade é algo mais do que um ideal a atingir. Ela é, como defende Olga Pombo:

> algo que se situa algures entre um projecto voluntarista [...] e, ao mesmo tempo, qualquer coisa que, independentemente da nossa vontade, se está inexoravelmente a fazer [...]. E é na tensão entre estas duas dimensões que nós, indivíduos particulares, na precariedade e fragilidade das nossas vidas, procuramos caminhos para fazer alguma coisa que, por nossa vontade e porventura independentemente dela, se vai fazendo." (Pombo, 2004: 20)

A análise das abordagens de Coase e de Kapp sobre os custos sociais revela que subjacentes às profundas diferenças entre os dois autores estão entendimentos também eles muito diversos sobre a Economia, a natureza do "económico" e a interdisciplinaridade. Como vimos, essas diferenças atravessam todo o pensamento de Coase e de Kapp. Elas vão da questão da valoração dos custos sociais à natureza das relações e processos causais envolvidos, do modo como a investigação em Economia é pensada ao entendimento sobre as relações da Economia com as restantes ciências. O modo como o "sistema económico" e as relações interdisciplinares da Economia são pensados impregna todo o trabalho realizado (teórico e empírico). Por isso, refletir sobre estes tópicos não é um exercício fútil. Pensar a interdisciplinaridade é, afinal, pensar a própria Economia como disciplina.

# REFERÊNCIAS BIBLIOGRÁFICAS

BUTLER, Michael; GARNETT, Robert (2003), Teaching the Coase Theorem: Are We Getting it Right?, *Atlantic Economic Journal*, 31(2), 133-145.

CLARK, John M. (2009 [1936]), *Preface to Social Economics: Economic Theory and Social Problems*, organizado por Abramovitz, Moses e Ginzberg, New Brunswick: Transaction Publishers.

COASE, Ronald (1959), The Federal Communications Commission, *The Journal of Law & Economics*, 2 (October), 1-40.

COASE, Ronald (1960), The Problem of Social Cost, *The Journal of Law & Economics*, 3 (October), 1-44.

COASE, Ronald (1970a), Social Cost and Public Policy, in Edwards, George (org.), *Exploring the Frontiers of Administration: Six Essays for Managers*, Toronto: York University Faculty of Administration Studies, Bureau of Research, 33-44.

COASE, Ronald (1970b), Discussion, in *The Legal and Economic Aspects of Pollution*, Chicago: The University of Chicago Center for Policy Study.

COASE, Ronald (1988a), The Firm, the Market, and the Law, in Coase, Ronald, *The Firm, the Market, and the Law*, Chicago: The University of Chicago Press, 1-31.

COASE, Ronald (1988b), Notes on the Problem of Social Cost, in Coase, Ronald, *The Firm, the Market, and the Law*, Chicago: The University of Chicago Press, 157-185.

COASE, Ronald (1994a), Economics and Contiguous Disciplines, in Coase, Ronald, *Essays on Economics and Economists*, Chicago: The University of Chicago Press, 34-46.

COASE, Ronald (1994b), The Institutional Structure of Production, in Coase, Ronald, *Essays on Economics and Economists*, Chicago: The University of Chicago Press, 3-14.

COASE, Ronald (2004), Ronald H. Coase, in Breit, William; Hirsch, Barry (orgs.), *Lives of the Laureates. Eighteen Nobel Economists*, 4$^{th}$ edition, Cambridge: The MIT Press.

Dow, Sheila (1996), *The Methodology of Macroeconomic Thought: A Conceptual Analysis of Schools of Thought in Economics*, Cheltenham: Edward Elgar.

Dow, Sheila (2002), *Economic methodology: an inquiry*, Oxford: Oxford University Press.

KAPP, K. William (1961), *Toward a Science of Man in Society: A Positive Approach to the Integration of Social Knowledge*, The Hague: Martinus Nijhoff.

KAPP, K. William (1963), Social Costs and Social Benefits – A Contribution to Normative Economics, in Beckerath, Erwin; Giersch, Herbert (orgs.), *Probleme der normativen Ökonomik und der wirtschaftspolitischen Beratung*, Berlin: Duncker & Humblot, 183-210.

KAPP, K. William (1969), On the Nature and Significance of Social Costs, *Kyklos*, 22(2), 334-347.

KAPP, K. William (1970), Environmental Disruption and Social Costs: a Challenge to Economics, *Kyklos*, 23(4), 833-848.

KAPP, K. William (1971), *The Social Costs of Private Enterprise*, New York: Schocken Books.

KAPP, K. William (1972), Social costs, neoclassical economics, environmental planning: A reply, *Social Science Information*, 11(1), 17-28.

KAPP, K. William (1976), The Open-System Character of the Economy and its Implications, in Dopfer, Kurt (org.), *Economics in the Future*, Londres: The Macmillan Press, 90-105.

KAPP, K. William (1977), Environment and Technology: New Frontiers for the Social and Natural Sciences, *Journal of Economic Issues*, 11(3), 527-539.

KAPP, K. William (1978), *The Social Costs of Business Enterprise*, Nottinghan: Spokesman.

KAPP, K. William (1985), *The Humanization of the Social Sciences*, organizado por Ullmann, John e Preiswerk, Roy, Lanham: University Press of America.

KAPP, K. William (2011), *The Foundations of Institutional Economics*, organizado por Berger, Sebastian e Steppacher, Rolf, London: Routledge.

MÄKI, Uskali (org.) (2001), *The Economic World View: Studies in the Ontology of Economics*, Cambridge: Cambridge University Press.

MEDEMA, Steven (1994), *Ronald H. Coase*, Londres: Macmillan.

MEDEMA, Steven (2009), *The Hesitant Hand: Taming Self-Interest in the History of Economic Ideas*, Princeton: Princeton University Press.

POMBO, Olga (2004), *Interdisciplinaridade: Ambições e Limites*, Lisboa: Relógio D'Água Editores.

SWANEY, James; EVERS, Martin (1989), The Social Cost Concepts of K. William Kapp and Karl Polanyi, *Journal of Economic Issues*, 23(1), 7-33.

# CAPÍTULO 7
## ECONOMIA E SOCIOLOGIA ECONÔMICA: ABORDAGENS, OBJETOS E PRÁTICAS *

*David Dequech* **

Qual é a relação entre a economia e outras disciplinas das chamadas ciências sociais? A resposta a esta questão depende da resposta a outras perguntas. O que define a economia como disciplina? Quando as outras disciplinas sociais estudam algo econômico (como a sociologia econômica, a história econômica, etc.), o que as aproxima e o que as separa – se é que algo as separa – da economia? O presente texto tem como objetivo discutir essas questões, destacando duas coisas: a) entre as disciplinas, a relação entre a economia e a sociologia, em particular a sociologia econômica; e b) entre os objetos de estudo no mundo social, as instituições, a que os economistas vêm dedicando crescente atenção. A principal contribuição pretendida pelo texto é dupla: apontar várias dificuldades e limitações envolvidas nas tentativas de separação entre a economia e outras disciplinas das ciências sociais, particularmente a sociologia; e usar as instituições para mostrar que o social está dentro do econômico e dos próprios agentes econômicos, o que aproxima de modo fundamental a economia da sociologia econômica.

O texto está organizado da seguinte maneira. Primeiro, apresenta-se um breve panorama histórico de como a economia tem-se relacionado com a sociologia e de como isso é afetado pelas variações do interesse ou desinteresse dos economistas pelas instituições. A seguir discutem-se algumas dificuldades para diferenciar sociologia econômica e economia se cada uma delas é definida em termos de uma abordagem teórica ou metodológica. Depois, examina-se a identificação de um objeto de estudo como o critério mais adequado de definição da economia e da sociologia econômica e mostra como isso aproxima muito essas duas disciplinas, gerando outras difi-

---

* Esta é a versão revisada de um texto preparado para o seminário lusobrasileiro "Economia e Interdisciplinaridade(s)", Universidade Federal Fluminense, abril de 2010. O autor agradece o convite de Celia Lessa Kerstenetzky e Vítor Neves e os comentários recebidos naquela ocasião, assim como o apoio financeiro do CNPq (Brasil), através de uma bolsa de produtividade em pesquisa.
** Livre Docente do Instituto de Economia da Unicamp.

culdades para quem quiser separá-las. É nesta discussão que as instituições aparecem com maior importância.[1] A penúltima seção considera a alternativa mais modesta de definir economia e sociologia econômica como aquilo que seus praticantes fazem, respectivamente. Finalmente, tecem-se alguns comentários a título de conclusão.

## Instituições e a relação entre economia e sociologia na academia: uma visão histórica

Até o final do século XIX, economia e sociologia não existiam como disciplinas separadas. Vista como parte das chamadas ciências morais, a economia política clássica (assim como sua crítica marxista) certamente se interessava muito por instituições, mesmo quando esse último termo não era usado com muita frequência. Por volta de 1870 emergiu a economia neoclássica, que tentou aproximar a economia da física, afastando-a do que viriam a ser as outras ciências sociais. Por outro lado, na virada do século XIX para o XX, surgiu nos Estados Unidos a escola institucionalista de Veblen e outros, que alcançou um status importante na academia norte-americana durante algumas décadas, tendo participado da economia *mainstream* da época naquele país.[2] De sua parte, a sociologia – aplicada ou não ao estudo da economia ou das organizações – sempre se interessou por instituições, ao lado de outros aspectos do social. Além disso, os principais fundadores da sociologia – Marx, Durkheim e Weber – foram todos eles sociólogos econômicos, de modo que se pode falar hoje da sociologia econômica clássica. Parte da economia era, então, próxima da sociologia econômica e de outras disciplinas sociais, enquanto outra parte nem tanto.

Em meados do século XX, a divisão de trabalho entre a economia e outras ciências sociais já havia se alterado bastante, sobretudo nos Estados Unidos e, a partir deles, em outros países. Numa medida significativa, assuntos econômicos passaram a ser o território de economistas e não de outros cientis-

---

[1] Destaco instituições por sua importância e porque tenho mais capacidade de comentá-las, em função de minha experiência de pesquisa, sem implicar que sejam necessariamente mais importantes que outros aspectos.

[2] Adota-se aqui o conceito sociológico de economia *mainstream* proposto em Dequech (2007--2008: 281): "o que é ensinado nas universidades e faculdades de maior prestígio, que é publicado nas revistas de maior prestígio, que recebe fundos das fundações de pesquisa mais importantes, e ganha os prêmios de maior prestígio". Este conceito geral pode ser aplicado a diferentes períodos históricos e a diferentes países.

tas sociais (Swedberg e Granovetter, 2001; Velthuis, 1999; Hodgson, 2001: 195-197). Dentro da sociologia, em particular, a sociologia econômica tornou-se muito menos frequentemente praticada. Do lado da economia, o auge dessa separação correspondeu à ascensão e hegemonia teórica do modelo *standard* de equilíbrio geral, também conhecido como modelo Arrow-Debreu. Este modelo é substancialmente a-histórico e ainstitucional, ao menos no que se refere às suas hipóteses explícitas (voltaremos a isso mais adiante). Numa das interpretações possíveis, o modelo Arrow-Debreu pretende valer para qualquer economia, em qualquer lugar e em qualquer momento do tempo. Numa leitura um pouco menos geral, o modelo só supõe claramente uma única instituição e mesmo assim a entende de forma extremamente restritiva: o mercado, mas não um mercado próximo a mercados reais e sim um mercado imaginário, reduzido ao mecanismo de preços (a interação entre oferta e demanda). Outras instituições, incluindo algumas sem as quais mercados reais não podem existir, são ignoradas explicitamente. Naquele período, a economia *mainstream* afastou-se de outras disciplinas sociais e aproximou-se das ciências exatas e da matemática, mais ainda do que os fundadores da economia neoclássica haviam feito.

Por volta da década de setenta do século XX, as barreiras que separavam a economia de outras disciplinas sociais começaram a diminuir. Da parte dos economistas, três movimentos podem ser notados a esse respeito.

Primeiro (sem ordem cronológica ou de importância), houve na economia uma virada institucional: ressurgiu o interesse dos economistas pelas instituições. Isso vale inclusive para os economistas neoclássicos e, dentro desse conjunto, para teóricos de equilíbrio geral que foram além do modelo *standard*. De fato, algumas tentativas de ultrapassar os limites do modelo Arrow-Debreu e ampliar o escopo da teoria de equilíbrio geral levaram à incorporação de mais instituições à análise. Além disso, surgiu a chamada nova economia institucional (Dequech, 2006). Parte dela aplica ao estudo das instituições a teoria neoclássica, entendida aqui como assentada sobre três elementos definidores (Dequech, 2007-2008): a hipótese de racionalidade na forma de maximização de utilidade; a hipótese de que a economia analisada está em equilíbrio ou tende a um equilíbrio (que pode ser único ou um entre múltiplos equilíbrios); e um conceito de incerteza que corresponde ao risco knightiano (com probabilidades objetivas conhecidas) ou à incerteza tal como concebida na teoria da utilidade esperada subjetiva de Savage (1954). Outras alas da nova economia institucional abandonaram, ao menos em parte, uma ou mais dessas ideias neoclássicas básicas (Dequech, 2006). Oliver Williamson, recuperando *insights* de Ronald Coase sobre custos de transação, e Douglass North são alguns nomes importantes neste contexto. Esses três autores ganharam o prêmio Nobel de economia.[3] Williamson dividiu-o com a cientista política Elinor Ostrom, cuja premiação é um ótimo exemplo de como aumentou o respeito dos economistas por outras disciplinas sociais. Dentro e fora da economia neoclássica surgiram também outras abordagens às instituições, mas sem o rótulo de economia institucional (algumas serão mencionadas mais adiante). Seja sob este rótulo ou não, a esmagadora maioria dos trabalhos da economia *mainstream* contemporânea dedicados ao estudo das instituições está baseada em modelos matemáticos e especialmente na teoria dos jogos. Usando de novo o prêmio Nobel como indicador de eminência, cabe aqui mencionar os trabalhos sobre mecanismos de desenho institucional, que levaram à premiação conjunta de Leonid Hurwicz, Eric Maskin e Roger Myerson. A ascensão da teoria dos jogos na economia em parte se deu a expensas da teoria de equilíbrio geral. Dito de outra forma, a retomada do estudo das instituições no meio da economia *mainstream* em boa medida foi facilitada pelo aumento do prestígio de um aparato formal considerado propício a isso (ou, em vários casos, mais propício que a teoria do equilíbrio geral): a teoria dos jogos. A virada institucional levou a uma aproximação com outras disciplinas, sobretudo o direito e a história. O aproveitamento de contribuições da sociologia é bem maior na economia não-*mainstream*, mas há exceções de destaque, como Masahiko Aoki (2001), Avner Greif (2006), Durlauf e Young (2001) e George Akerlof (1984), embora esse último use ideias da sociologia e da antropologia ao mesmo tempo em que amplia o escopo da hipótese de maximização da utilidade, com referências a costumes, identidade e normas sociais no tratamento de temas tradicionalmente econômicos.

Segundo, houve na economia uma virada cognitiva: ressurgiu o interesse dos economistas por questões cognitivas, referentes em especial a certos

---

[3] Friedrich Hayek também ganhou o prêmio Nobel (junto com Gunnar Myrdal), em parte por causa de suas contribuições sobre a interpenetração de fenômenos econômicos, sociais e institucionais. No entanto, a influência de Hayek é muito maior sobre a ala austríaca da nova economia institucional do que sobre a economia *mainstream* – embora North reconheça um débito a ele. Outro nome a mencionar é o de James Buchanan, que ganhou o Nobel por suas contribuições sobre as bases contratuais e constitucionais das decisões econômicas e políticas (isso se relaciona com as bases institucionais dos mercados, discutidas mais adiante).

tipos de incerteza e de possíveis limitações mentais e computacionais dos agentes econômicos. Na economia *mainstream*, isso se deu em larga medida em reação à intervenção no debate econômico de autores oriundos de fora da disciplina e em particular influenciados pela psicologia. Destacam-se aqui os mais influentes precursores da economia comportamental: Herbert Simon, de um lado, e os psicólogos Daniel Kahneman e Amos Tversky, de outro. Simon e Kahneman ganharam o prêmio Nobel (Tversky certamente o teria compartilhado com Kahneman se estivesse vivo no momento da premiação).[4] Embora Simon se interessasse muito por organizações e, em grau menor, por outras instituições, a economia comportamental em geral não tem dado tanta atenção às instituições ou, mais amplamente, ao contexto social em que operam os agentes econômicos (ver Dequech, 2007-2008 para algumas referências críticas ao individualismo das abordagens psicológicas que penetraram a economia *mainstream*). Uma exceção, de difusão ainda limitada, são os trabalhos comportamentais sobre justiça (*fairness*), envolvendo normas sociais.

Terceiro, economistas neoclássicos invadiram o território de sociólogos, cientistas políticos e outros estudiosos da sociedade, aplicando em outros campos o instrumental neoclássico, em particular a hipótese de maximização de utilidade como critério de racionalidade. Gary Becker (1976) é o principal expoente disso que ficou conhecido como "imperialismo econômico". Seja em reação a isso ou não, não economistas voltaram a dedicar com intensidade sua atenção a assuntos econômicos. Dentro da sociologia, em particular, emergiu a partir dos anos 1980 a chamada nova sociologia econômica. Inicialmente, sob a influência de Mark Granovetter, ela concentrou-se bastante nas redes de relações interpessoais. Com o passar do tempo, outros aspectos sociais da economia passaram a ser (re) examinados pelos sociólogos, incluindo as instituições.

Assim como na economia, "novos institucionalismos" surgiram em outras disciplinas das ciências sociais. Em vários casos, eles são aplicados ao estudo de fenômenos econômicos, enriquecendo nosso entendimento.

---

[4] Hayek é, junto com Simon, um dos primeiros apóstolos da complexidade na economia, mas, de novo, sua influência sobre a economia *mainstream* a esse respeito (em particular sobre a economia comportamental) é bastante limitada.

### Disciplinas definidas por abordagens? Algumas complicações

A sociologia econômica é definida por alguns autores influentes como um campo de estudo caracterizado por uma abordagem sociológica a fenômenos econômicos. Esta é a definição adotada, por exemplo, por Neil Smelser e Richard Swedberg (1994) em sua introdução ao *Handbook of Economic Sociology*. Há pelo menos dois fatores complicadores para essa definição.[5]

O primeiro, que reflete uma falta de consenso entre os sociólogos sobre como lidar com questões sociais, é a existência de um tipo de sociologia que aplica a questões sociais uma abordagem parcialmente tomada emprestada da economia – mais especificamente, da economia neoclássica. Essa abordagem é frequentemente denominada teoria da escolha racional, mas essa expressão também é um tanto controversa. Alguns entendem a idéia básica da teoria da escolha racional como sendo a defesa da extensão do modelo neoclássico a assuntos tradicionalmente investigados apenas por sociólogos. Para o bem da precisão, deveria ser notado que, na opinião de James Coleman (1994), a teoria sociológica da escolha racional combina elementos centrais da economia neoclássica e da sociologia[6]. A maioria dos usuários da expressão "sociologia econômica" provavelmente tem em mente escolas de pensamento sociológico outras que não a teoria da escolha racional entendida assim. De fato, a sociologia econômica e a teoria da escolha racional foram identificadas como abordagens concorrentes (e.g., Swedberg, 1997; também Wacquant e Calhoun, 1989). Isso pode nos ajudar a entender a afirmativa de que a (nova) sociologia econômica é unida por uma postura negativa em relação a análises econômicas *standard* a fenômenos econômicos (Zukin e DiMaggio, 1990; Beckert, 1996 e, com referência à sociologia econômica francesa, Lévesque *et al.*, 1997)[7].

O segundo fator complicador é a existência de abordagens não neoclássicas dentro da economia como disciplina. Assim como na sociologia não

---

[5] Essa parte da discussão recupera alguns argumentos de Dequech (2003).

[6] Wacquant e Calhoun (1989) descrevem-na como uma aplicação ampliada e modernizada do que chamam de "*a* abordagem econômica" (ênfase acrescentada). Esta última expressão é interessante, dado que Granovetter e Swedberg se referem *à* "abordagem sociológica". Nos dois casos implica-se uma unidade intradisciplinar que na verdade não existe.

[7] Amitai Etzioni (1991) descreve a sócioeconomia (*socio-economics*) também bastante em oposição à economia neoclássica. A relação entre sociologia econômica e sócioeconomia não será considerada aqui.

há um enorme consenso, não existe uma única "abordagem econômica". Viviana Zelizer (2007: 1057-1058) reconhece que a sociologia econômica não está sozinha em seu desafio a tratamentos neoclássicos de processos econômicos. Ela só menciona, no entanto, o surgimento de abordagens críticas dentro da economia após o renascimento inicial da sociologia econômica, a partir de meados dos anos 1980. Ela parece desconhecer outras abordagens não neoclássicas, em particular fora da *mainstream* da economia contemporânea. As diferenças entre as abordagens não neoclássicas na economia (sobretudo aquelas não-*mainstream*) e muito da sociologia econômica nem sempre são facilmente identificáveis. A esse respeito, vale a pena mencionar em particular ao menos duas correntes de pensamento: a economia institucional na longa tradição de Veblen e Commons (freqüentemente chamada de "velha" ou "original", sobretudo pelos que usam a sigla OIE em inglês) e a economia francesa das convenções (*économie des conventions*), que surge na mesma época que a nova sociologia econômica.[8] Talvez não surpreendentemente, economistas ligados a essas duas correntes defendem, à sua maneira, uma unificação das ciências sociais (Hodgson, 1994; Orléan, 2005; Eymard-Duvernay *et al.*, 2005). Mesmo na economia *mainstream*, há abordagens que são contrárias à redução de todo comportamento econômico relevante à maximização de utilidade e que usam argumentos próximos à sociologia. É o caso de Amartya Sen (1977; 1985) sobre o que ele chama de comprometimento (*commitment*).

Esse segundo fator complicador aplica-se também à visão mais específica que Jens Beckert (1996) tem de como deveria ser a sociologia econômica: para ele, ela deveria tomar como ponto de partida a incerteza, entendida num sentido não neoclássico. Existem abordagens heterodoxas em economia que também se assentam sobre uma noção alternativa de incerteza, entre outros pilares. Para uma discussão mais detalhada sobre incerteza e sociologia econômica, ver Dequech (2003).

Assim como fazem alguns sociólogos econômicos em relação à sua subdisciplina, há economistas que definem a disciplina da economia como aquela que adota uma certa abordagem ou um método de análise: tipicamente,

---

[8] Nos dois casos, a proximidade com a sociologia econômica é notada também por Philippe Steiner (1999: 42, 100). Por outro lado, Olaf Velthuis (1999) discute não apenas as semelhanças, mas também as diferenças entre a sociologia econômica e a economia institucional original.

algo baseado na hipótese de maximização de utilidade. No que se refere à relação da economia com outras disciplinas, embora originalmente Becker (1976: 5) tenha usado isso para distinguir a economia de outras disciplinas em termos de abordagens, ao longo do tempo tal concepção serviu mais para ampliar o escopo da economia, através da aplicação do que é visto como *a* abordagem econômica. Há, no entanto, a implicação de que não praticam a verdadeira ciência econômica aqueles que não adotarem essa mesma abordagem – inclusive laureados com o Nobel, como Simon ou, pelo menos em parte de seu trabalho, Sen, além de inúmeros autores heterodoxos menos célebres.

### Disciplinas definidas por objetos? A proximidade entre economia e sociologia econômica

Em contraste com a visão que define a economia em função de uma abordagem ou um método de análise, uma alternativa é defini-la em função de um objeto de estudo. Concebe-se então a economia como a disciplina que estuda a economia como objeto.

Dentro dessa concepção, alguns economistas ligados à tradição institucionalista americana ofereceram um tratamento mais específico da disciplina. Walter Neale (1987: 1180), inspirado na distinção de Karl Polanyi entre os sentidos formal e substantivo do termo "econômico", propôs o seguinte: "economia substantiva [...] é o estudo [...] de como as pessoas lidam com o aprovisionamento, seja como indivíduos ou como membros de grupos com objetivos comuns". Na definição de Allan Gruchy (1987: 21), a economia é a disciplina que estudo o processo de provisão social. Isso pode ser entendido como relacionado com a provisão das necessidades. A provisão social engloba não apenas objetos materiais, mas também serviços, incluindo cuidados pessoais. Parece razoável acrescentar que a economia deve estudar também as consequências de organizar o processo de provisão social de certa maneira. Esta definição não é livre de pontos obscuros, mas parece satisfatória e preferível a outras alternativas.

Existem variados tipos de relações econômicas através das quais as pessoas obtêm a provisão de bens e serviços. Alguns correspondem, grosso modo, às formas de integração de que tratou Polanyi (1944; 1957), embora não precisem ou não devam ser todas caracterizadas exatamente como ele o fez: reciprocidade, redistribuição, troca mercantil e autosubsistência familiar. Outros tipos de relação econômica incluem solidariedade sem reciprocidade, roubo e (dependendo de como se vê a forma pela qual o Estado financia seus gastos) provisão pelo Estado sem redistribuição.

Se a economia estuda o econômico, a sociologia pode ser vista como a disciplina que estuda o social, como seu próprio nome indica. A subdisciplina da sociologia econômica pode ser vista como estudando simultaneamente o social e o econômico.[9]

Parte importante da relação entre economia e sociologia passa a depender, então, da relação entre seus objetos de estudo. Na verdade, esses objetos se interpenetram em grande medida. Mais especificamente, o social está inevitavelmente presente dentro do econômico. É isso que se pretende argumentar em mais detalhes a seguir e disso resulta uma enorme dificuldade para quem quiser separar economia e sociologia em termos de objetos. As instituições são uma parte importante dos argumentos. Assim, convém começar discutindo o que são as instituições e como elas afetam os indivíduos. Em seguida, as instituições serão colocadas ao lado de outros aspectos do social. Depois disso será considerado como o social está dentro do econômico no caso particular dos mercados, dada sua relevância nas economias contemporâneas.

**Instituições**

As instituições são entendidas aqui de modo amplo, como padrões socialmente compartilhados de comportamento e/ou de pensamento (Dequech, 2009). Isso inclui padrões que não apenas são seguidos, mas também que são prescritos ou descritos – no sentido de que eles indicam ou representam o que (não) fazer ou pensar em determinadas circunstâncias – e, neste sentido, podem ser chamados de regras. Socialmente compartilhados quer dizer aqui compartilhados por razões sociais, por contraste com causas genéticas ou outro tipo de causa natural ou inevitável. O conceito de instituições tem uma dimensão comportamental, assim como uma dimensão

---

[9] Entre os principais expoentes da sociologia econômica, Neil Fligstein (2001: 6) oferece o que pode ser visto como uma versão particular dessa definição da sociologia econômica em termos de objeto: "Sociologia econômica é o estudo de como a produção material e o consumo das populações humanas dependem de processos sociais para sua estrutura e dinâmica". Esta versão pode, porém, parecer muito restritiva, se for interpretada como priorizando bens materiais, em prejuízo de serviços, ou priorizando produção e consumo, em detrimento, por exemplo, da moeda e da acumulação de ativos financeiros.

mental. A dimensão mental inclui não apenas expectativas, mas também modelos mentais compartilhados.

Existem diferentes tipos de instituição. Normas socialmente compartilhadas indicam o que um indivíduo deveria fazem, trazem consigo a possibilidade de sanções externas, mas, ao menos no caso de alguns indivíduos, são internalizadas. Normas formais ou legais são mantidas em prática em última instância pelas organizações do sistema legal, enquanto as normas sociais informais estão ligadas a sanções por outras pessoas no grupo relevante. As convenções possuem ao menos duas características que outros padrões socialmente compartilhados (sejam eles formais ou informais) podem não ter: a) quando seguida conscientemente, uma convenção é seguida ao menos em parte porque outras pessoas a seguem (ou se espera que vão seguir) e não – ou não apenas – porque há uma pressão externa; b) uma convenção é em algum grau arbitrária, no sentido de que é concebível uma alternativa hipotética que não é claramente inferior ao padrão prevalecente.[10]

As instituições dependem dos indivíduos que as reproduzem, transformam ou criam, mas elas também influenciam o comportamento e o pensamento individual de maneiras cruciais e às vezes constitutivas (Dequech, 2006).

Talvez o tipo menos controverso de influência das instituições seja seu *papel restritivo*. Seu *papel cognitivo* é triplo: informacional, prático e profundo. Além de dar informações (como vários economistas institucionais reconhecem), elas também incorporam ou corporificam conhecimento prático ou tácito; e, especialmente como modelos mentais compartilhados, desempenham uma função cognitiva profunda ao influenciar o modo como os indivíduos selecionam, organizam e interpretam informações. Em termos de motivações, as instituições não apenas dão incentivos, como usualmente enfatizado por economistas *mainstream*, mas também influenciam os próprios objetivos que as pessoas buscam e as obrigações que os indivíduos se atribuem. Essas são o que podemos denominar as variantes simples e profunda do seu *papel motivacional*, respectivamente. Finalmente, as instituições podem também desempenhar um *papel emocional*, menos estudado por enquanto, através do qual influenciam o estado emocional das pessoas.

---

[10] Em Dequech (2009) está apenas implícito que a alternativa deve não ser claramente inferior ao padrão prevalecente para que este último seja arbitrário.

Por serem tratadas como padrões de comportamento ou de pensamento *socialmente* compartilhados, ou seja, compartilhados por razões *sociais*, as instituições econômicas inevitavelmente implicam que parte do social está dentro do econômico. Quando se trata as instituições como capazes de influenciar profundamente a cognição e as motivações dos indivíduos, como discutido acima, coloca-se o institucional não apenas dentro do econômico em geral, mas, num sentido importante, dentro dos próprios agentes econômicos em particular.

Um pouco mais adiante, o argumento de que o social, em particular o institucional, está dentro do econômico será ilustrado no caso dos mercados. Em termos gerais, ele vale, contudo, qualquer que seja o tipo de economia prevalecente numa realidade histórica concreta.

### Instituições e outros aspectos do social

Émile Durkheim definiu a sociologia geral como a "ciência das instituições" (Velthuis, 1999: 634 e n. 6). Coerentemente, Durkheim concebeu a sociologia econômica como voltada ao estudo das instituições econômicas (Swedberg, 2003: 18). Essa visão é excessivamente restritiva, à luz do argumento de que as instituições não esgotam todos os aspectos relevantes do social, sendo apenas um entre outros.

Quais são os outros aspectos depende da classificação de cada autor. Um aspecto, bastante destacado na sociologia econômica em seus primeiros anos de renascença, corresponde às redes de relações interpessoais (redes sociais). Outro consiste nas relações de poder (ou relações de dominação, hierarquia, etc.). Elas são relações entre posições sociais, a não confundir com relações pessoais. Alguns autores incluem ainda os aspectos sociais da cognição ou as estruturas cognitivas socialmente compartilhadas (e.g. Dobbin, 2004: 4); para outros, essas estruturas são instituições e não algo separado delas (esta é a concepção adotada aqui, como já visto). Mais recentemente, um número menor de autores, ao pensar em questões econômicas, passou a identificar ainda outro aspecto do social: as técnicas performativas que eles acreditam formatar os mercados.

Em suma, o social não é apenas institucional. Ao mesmo tempo, esses diferentes aspectos do social estão ligados entre si. As instituições, em particular, estão estreitamente relacionadas aos demais aspectos. Por exemplo, as redes de relações sociais servem de condutor para as instituições (Dobbin, 2004: 18) e, às vezes, para sua efetivação (*enforcement*). A conexão entre as instituições e as relações de poder é uma via de duplo sentido. As instituições são em parte mantidas por relações de poder; no caso específico das organizações, trata-se de instituições que são em parte definidas por essas relações de poder, na forma de relações hierárquicas. Por outro lado, sobretudo através de sua presumida legitimidade ou inevitabilidade, as instituições ajudam a sustentar relações de poder. Há quem enxergue o poder mesmo como a capacidade de influenciar o entendimento que os outros têm do mundo e de seus interesses. Nesse duplo sentido, a economia das instituições pode ser vista como uma economia política (o que aproxima a economia de outra disciplina social, a ciência política).

## O importante caso particular dos mercados

Alguns economistas parecem restringir sua concepção da economia como disciplina ao estudo de um tipo de relação econômica, nomeadamente as relações de troca, sobretudo troca mercantil.[11] As trocas através dos mercados não esgotam, entretanto, as possibilidades de provisão social, como argumentado acima. Assim, a economia como disciplina não deveria se restringir a investigar apenas os mercados.

Contudo, mesmo quando nos limitamos ao estudo dos mercados, a economia como disciplina não é facilmente separável da sociologia econômica. De acordo com Marion Fourcade (2007: 1017), a nova sociologia econômica, em suas origens nos anos oitenta do século XX, orientou-se pela ambição de um diálogo – ou uma concorrência – com a economia *mainstream*. Isso a teria levado a se construir dominantemente como a sociologia dos mercados. Alguns sociólogos econômicos discordam desse foco estreito (para algumas referências, ver Fligstein e Dauter, 2007: 106, n. 1 e Zelizer, 2007, além do próprio artigo de Fourcade) e o argumento de que a provisão social não se faz apenas pelos mercados lhes dá razão. De qualquer modo, repete-se aqui, agora de modo mais específico, a já apontada dificuldade mais geral de responder a seguinte pergunta: o que é distintivo da sociologia, por contraste com a disciplina da economia, no estudo de assuntos econô-

---

[11] Mais restritivamente ainda, alguns economistas concebem a economia como voltada apenas para relações de troca e baseada na hipótese de maximização de utilidade ou algo semelhante. Isso combina um objeto e uma abordagem específica – e sob certos pontos de vista problemática – ao objeto.

micos? Isso vale no caso particular em que o objeto econômico de estudo é restrito aos mercados.

Também dentro dos mercados existe inevitavelmente algo de social, algo que facilmente pode ser visto como um objeto de estudo de interesse para sociólogos, às vezes até mais tipicamente interessante para sociólogos que para economistas. De fato, também no caso específico do estudo dos mercados os sociólogos têm manifestado seu interesse pelos diferentes aspectos do social já mencionados anteriormente. Fourcade (2007: 1015), por exemplo, destaca esses aspectos ao identificar quatro representações principais do que é sociologicamente importante sobre mercados: "as redes sociais que os sustentam, os sistemas de posições sociais que os organizam, os processos de institucionalização que os estabilizam, e as técnicas performativas que os originam."

Mais particularmente, existe dentro dos mercados algo de institucional. Isso vai além do argumento de que o mecanismo de preços é uma instituição. Duas ideias principais serão destacadas aqui a esse respeito. Primeiro, será considerado o que se pode chamar de bases institucionais dos mercados, sem as quais os mercados não podem existir. Segundo, serão dadas breves indicações de como as instituições estão difundidas e são importantes numa economia de mercado, mesmo quando algumas dessas instituições não são indispensáveis à existência dos mercados.

### a) As bases institucionais dos mercados

Os mercados não apenas são instituições, mas dependem de instituições para existir.

Algumas das bases institucionais dos mercados são reconhecidas como necessárias sem que sempre se veja o seu caráter institucional. É o caso, por exemplo, da divisão social do trabalho (mesmo que esta divisão não seja capaz de atingir uma larga escala sem os mercados, que a estimulam). Seu caráter institucional resulta de sua necessária associação com modos de pensar socialmente compartilhados, em particular modos de pensar sobre a conveniência da especialização por contraste com a autosubsistência.

Outras pré-condições para a existência de mercados são frequentemente vistas como institucionais, embora talvez não como tipicamente de interesse sociológico ou mais próximas da seara dos sociólogos que dos economistas. Este parece ser o caso: da propriedade privada do que vai ser trocado; da proteção de direitos de propriedade sobre o que pode ser vendido e comprado; e do cumprimento de contratos, ao menos quando dependente da (ameaça de) pressão do Estado[12]. Talvez se possa enquadrar no mesmo caso instituições que estabeleçam uma regulação básica da concorrência – no mínimo, regras sobre concorrência de bens importados, modos de pensar sobre o que é concorrência desleal (como, por exemplo, sonegação de impostos e, em casos de algum poder de mercado, *dumping*, vendas casadas, etc.) e a prática pelo Estado e/ou agentes privados de (in) tolerância à concorrência desleal; mais dinamicamente, regras sobre limites ou não para a *market share* de um ofertante ou demandante no mercado. Pelo menos para alguns autores, deve-se acrescentar também a moeda e o Estado, ao menos para garantir direitos de propriedade e o cumprimento de contratos ou para garantir a própria moeda. O mesmo parece valer para instituições que ajudam a definir o que é um determinado bem ou serviço, com sua respectiva qualidade, por contraste com outros bens e serviços.

Restam ainda outras bases institucionais dos mercados, que não são frequentemente identificadas por muitos economistas e que envolvem temas reconhecidamente sociológicos. São exatamente elas que mais claramente colocam o social *dentro* dos mercados. Elas podem ser reunidas em pelo menos três grupos. Primeiro, há um conjunto de regras (permissões e restrições) e modos compartilhados de pensar sobre o que pode ou não ser vendido, por quem e em que circunstâncias. Isso é o que delimita o domínio do mercado, sujeito a alterações relativamente frequentes. As instituições envolvidas são concepções normativas morais e político-ideológicas (com relação a: que tipo de bens e serviços devem ou não ser providos gratuitamente pelo Estado e não via mercados; o nacionalismo ou não em relação aos produtores nacionais e seus interesses; etc.), junto com restrições comportamentais formais (como leis) e informais (como normas sociais e convenções). Segundo, há normas sociais de honestidade e cooperação, que servem de base para a confiança (*trust*) nos agentes com quem se interage, junto com redes de relações interpessoais. Isso em parte se sobrepõe com o cumprimento de contratos, mas vai além, incluindo aspectos não completamente especificados nos contratos (e.g., a qualidade das mercadorias e serviços). Um terceiro grupo inclui duas instituições já mencionadas acima, mas

---

[12] Segundo Greif (2006), historicamente o cumprimento de contratos nem sempre foi devido ao Estado ou à preocupação de indivíduos com sua reputação pessoal. Greif refere-se a comunidades preocupadas com sua reputação coletiva.

agora vistas sob uma ótica diferente, incomum entre economistas: a moeda e o Estado. Numa visão inspirada em Polanyi, o Estado seria indispensável para administrar o que ele chamou de "mercadorias fictícias", incluindo trabalho e a terra, além da moeda[13]. Uma outra visão da moeda enfatiza suas bases convencionais, mas rejeitando a ideia econômica tradicional de que o objeto a ser eleito moeda tem um valor social prévio à convenção monetária (Aglietta e Orléan, 2002).

**b) A ubiquidade e importância das instituições na vida econômica**
Há muito mais de institucional na vida econômica do que supõe a maioria dos economistas e mesmo uma parte dos sociólogos. Menos frequentemente reconhecidas como relevantes para economistas, mas na verdade muito importante e amplamente difundidas, são as instituições informais.

Além das instituições já mencionadas, podem-se destacar várias outras. Há, por exemplo, as instituições tecnológicas. Algumas delas são formais, como as organizações e as leis dos chamados sistemas nacionais de inovação. Outras instituições tecnológicas são informais: convenções e normas sociais. As convenções tecnológicas são mais facilmente perceptíveis na literatura sobre tecnologias concorrentes, *path dependence* e *lock in*, a partir dos trabalhos seminais de Brian Arthur e Paul David, mas também podem ser associadas aos chamados paradigmas tecnológicos. Pelo menos alguma interseção existe com a literatura sociológica que trata de estudos sociais da tecnologia e da construção social da tecnologia. Por sua vez, a ideia de normas sociais tecnológicas aparece já nas reflexões de Schumpeter sobre o agente inovador e ressurge com riqueza nos trabalhos que tratam das dificuldades envolvidas em *path creation*.

No domínio das finanças, organizações e regulamentos formais são amplamente vistos como importantes, mas cresce o reconhecimento da existência também de convenções e, por enquanto em menor grau, de normas sociais financeiras. Keynes (1936; 1937) ofereceu um exemplo seminal com a análise de sua convenção projetiva (que consiste em projetar para o futuro o valor presente de uma variável, como o preço das ações), mas existem modelos convencionais que são mais vagos ou gerais, no sentido de que não geram previsões específicas sobre o valor futuro de alguma variável. Um exemplo é a convenção financeira de que trata André Orléan (1999), um modelo mais

---

[13] Ver Krippner e Alvarez (2007: 229-233), para referências e discussão.

qualitativo de análise que ele supõe ser adotado por operadores no mercado de ações e que é compatível com diferentes expectativas específicas.

O mesmo tipo de comentário aplica-se ao chamado mercado de trabalho. Tradicionalmente já se reconhece a relevância de organizações como sindicatos e das leis trabalhistas (ou de sua ausência). Alguns autores destacam também normais sociais ou convenções, especialmente dentro das firmas e referentes, por exemplo, ao esforço dos empregados e à justiça de seu tratamento pelos superiores hierárquicos.

Menos comumente reconhecidas, mas igualmente relevantes, são as instituições informais envolvendo decisões sobre o quanto investir e o quanto produzir em mercados de bens. Nesses mercados, pode-se falar também de instituições informais envolvendo, por exemplo, *mark-up pricing* em várias estruturas de mercado, formas de gerenciamento e procedimentos contábeis, bem como padrões de consumo. Frequentemente trata-se aí de comportamentos em busca de vantagens pecuniárias.

Finalmente, mas não menos importante, pode-se falar de um tema ainda pouco explorado: instituições informais na economia como disciplina, que podem influenciar ou ter como contrapartida instituições na economia como objeto.

### Disciplinas definidas por práticas?

Uma outra alternativa para definir economia e sociologia é baseada em práticas. Jacob Viner supostamente afirmou (em conversas, mais provavelmente que por escrito) que "a economia é o que economistas fazem". Muito mais recentemente, Fourcade sugeriu: "parafraseando o que Jacob Viner disse sobre a economia, talvez devêssemos simples e modestamente dizer que a sociologia econômica é hoje *o que os sociólogos econômicos fazem*" (Fourcade, 2007: 1018). Será então que uma definição de economia e sociologia econômica em termos de práticas implica uma separação clara entre elas?

Ao examinar as abordagens adotadas e os objetos gerais de estudo da economia e da sociologia econômica, percebe-se que há importantes semelhanças entre as práticas de economistas e sociólogos. Naquilo que fazem e como o fazem, alguns economistas se parecem consideravelmente com alguns sociólogos econômicos e vice-versa.

Por outro lado, há também diferenças. Os objetos mais específicos de estudo – todos sociais e econômicos ao mesmo tempo – escolhidos pelos praticantes de cada uma podem variar. Também pode ser diferente a composição dos conjuntos dos tipos de abordagem que existem na economia e na sociologia econômica, em particular o peso relativo que essas abordagens têm em cada um desses dois campos acadêmicos a cada momento – como de fato é o caso em vários momentos, incluindo o atual. Em boa medida, essas diferenças podem ser descritas como diferenças entre as instituições que caracterizam a prática da economia como disciplina e da sociologia econômica como uma subdisciplina, respectivamente – por distinção com as instituições da economia como objeto de ambas. Há padrões socialmente compartilhados de pensamento sobre o que estudar e como estudar. No entanto, esses padrões não são compartilhados por todos os economistas ou por todos os sociólogos econômicos, mas sim por comunidades dentro dessas populações.

Defender a concepção da economia como uma disciplina que estuda o processo de provisão social não implica necessariamente uma crítica à célebre definição atribuída a Viner, nem à sua paráfrase aplicada à sociologia econômica. Uma razão para isso, como já implicado por comentários anteriores, é que a referência à provisão social não implica diferenciar conceitualmente a economia de outras disciplinas das ciências sociais, quando essas se dedicam a assuntos econômicos, enquanto a avaliação das práticas adotadas pode de fato revelar algumas diferenças, ao lado de semelhanças.

**Comentários à guisa de conclusão**
Não são abordagens que definem adequadamente a economia ou outras disciplinas das ciências sociais, em particular a sociologia. Cada uma dessas disciplinas contém diferentes abordagens dentro de seu interior e há abordagens semelhantes em diferentes disciplinas.

Uma maneira melhor de definir essas disciplinas é baseada em objetos de estudo: a sociologia estuda o social e a economia estuda o econômico. Essa forma de definição aproxima bastante as duas disciplinas. O econômico é social e, em particular, institucional. Isso vai bem além do fato razoavelmente óbvio e superficial de que o econômico varia conforme o ambiente social, de tempos em tempos e de lugar em lugar. Nem se trata somente de acrescentar o fato de que o ambiente social ou as instituições influenciam os fins que os agentes econômicos perseguem – e que numa certa visão de economia os economistas poderiam tomar como dados (o que justificaria a divisão de trabalho entre sociologia e economia vislumbrada por Talcott Parsons há várias décadas, tal como descrita por Hodgson, 2001: 196).

Como o econômico é social, há uma importante interseção entre os objetos de estudo das duas disciplinas. Na medida em que for possível identificar o social não econômico, a sociologia teria um objeto de estudo mais amplo que a economia. A interseção entre ambas em termos de objeto de estudo corresponderia à economia e à sociologia econômica, entendida como a parte da sociologia que estuda o econômico.

Não haveria então diferença entre a economia e a sociologia econômica? Não, mas apenas em termos do objeto mais amplo de estudo. Isso deixa espaço para outras diferenças, quanto, por exemplo, aos objetos mais específicos de estudo e à composição dos conjuntos dos tipos de abordagem que existem na economia e na sociologia econômica em determinado momento. Essas diferenças existem de fato hoje. Elas são compatíveis com uma definição pragmática de economia e de sociologia econômica, embora isso também não leve a uma separação completa entre as disciplinas. Alguns praticantes de uma disciplina estudam coisas parecidas e de modo parecido com aquilo que fazem alguns praticantes de outra disciplina.

Os argumentos desenvolvidos ao longo deste texto sugerem que a principal distinção a estabelecer é uma entre abordagens e não entre disciplinas, ao menos no caso da economia e da sociologia (econômica)[14]. Comparar e, quando for o caso, contrastar ou combinar abordagens é crucial para o debate acadêmico e para o avanço do conhecimento. Isto ajuda cada pessoa ou cada conjunto de pessoas a adotar a abordagem ou a combinação de abordagens que achar melhor, qualquer que seja a origem disciplinar dessa abordagem ou combinação de abordagens.

A comparação entre as diferentes abordagens nas diferentes disciplinas tem levado alguns economistas e sociólogos a uma avaliação crítica da economia neoclássica, em geral e aplicada ao estudo das instituições em particular. Nesse sentido, há uma convergência entre parte considerável da nova sociologia econômica, o institucionalismo organizacional e diversas correntes heterodoxas de economistas.

A esse respeito, cabe aqui comentar a visão de André Orléan (2005) sobre a relação entre a economia e a sociologia econômica. Para ele, a unidade da economia e outras disciplinas das ciências sociais resulta do fato

---

[14] Paul DiMaggio (1998) argumenta algo semelhante com relação não à economia e sociologia, mas aos novos institucionalismos na economia, sociologia e ciência política.

de todas tratarem do mundo social. Orléan, assim como outros convencionalistas franceses, tem dado excelentes contribuições para desnaturalizar o mundo econômico. Ele explicita e critica hipóteses fundamentais da economia neoclássica e de seu subconjunto walrasiano, a teoria do equilíbrio geral. Até aí vários economistas heterodoxos, sociólogos econômicos e institucionalistas organizacionais podem concordar com certa facilidade. Orléan argumenta ainda que, em vez de ser uma abordagem associal, abstrata e com ligações tênues com a realidade, como sugerem alguns críticos, a teoria neoclássica ou sua variante walrasiana pressupõe implicitamente um intenso e já concluído processo (ou, no termo escolhido por Orléan, um intenso "trabalho") social de objetivação ou naturalização da realidade. Isso é necessário para que os agentes econômicos enxerguem facilmente a realidade de uma maneira comum e específica. No caso da teoria walrasiana, em particular, Orléan destaca uma hipótese sobre a lista de bens e sua qualidade e outra hipótese sobre a lista de estados futuros, sendo ambas as listas supostas de conhecimento comum a todos os indivíduos. A teoria nada diz sobre o processo que levaria a isso, implicitamente supondo que isso se imporia naturalmente aos agentes. Para Orléan, o mundo descrito pela abordagem neoclássica seria um mundo social. De um certo ponto de vista, isso também parece razoável e é conciliável com as críticas que apontam a associalidade da teoria neoclássica, se essas críticas forem vistas como dirigidas ao que está explícito na teoria, enquanto Orléan aponta a sociabilidade que está implícita em algumas hipóteses neoclássicas ou walrasianas cruciais. No entanto, Orléan parece ir além e sugerir que o mundo dos modelos econômicos neoclássicos pode ser pensado como "uma aproximação do mundo social real" (Orléan, 2005: 283), um caso particular. Tal sugestão é mais controversa. Isso talvez possa ser dito sobre certos modelos neoclássicos específicos, mas apenas em situações em que o ambiente social se revele tão influente sobre os indivíduos que eles, por exemplo, tomem o futuro como predeterminado na forma de uma lista conhecida de eventos que a ação dos indivíduos é incapaz de alterar ou suponham conhecida e eternamente imutável a lista de bens e sua respectiva qualidade. Como hipótese geral, no entanto, supor um mundo social com tanto poder de influenciar os indivíduos parece tão irrealista quanto supor um mundo associal.

Se a abordagem neoclássica tem problemas, mesmo quando relida de modo que explicita seus requerimentos de socialização dos indivíduos, o que constitui uma melhor alternativa? No estado da arte atual em economia e em sociologia, talvez nenhuma corrente de pensamento isolada ou mesmo nenhuma disciplina isolada seja capaz de fornecer uma abordagem suficientemente adequada e ampla a todas as questões econômicas importantes. Se este for de fato o caso (e é essa a visão defendida aqui), nosso conhecimento poderá avançar se combinarmos contribuições de diferentes abordagens e de diferentes disciplinas. Ao mesmo tempo, não é trivial fazer isso de modo rigoroso e relevante. As abordagens existentes que são críticas à economia neoclássica nem sempre convergem quanto a algo positivo, que vá além do compartilhamento dessa postura negativa. Há, portanto, o risco de criar híbridos incoerentes. Felizmente, é possível encontrar em várias dessas abordagens algumas ideias semelhantes e, de modo mais importante para a combinação de diferentes contribuições, outras ideias compatíveis e complementares entre si. Essa possibilidade existe em especial no que se refere justamente ao estudo de um dos aspectos cruciais do social-econômico: as instituições.

Os sociólogos econômicos parecem conhecer relativamente pouco das abordagens de economistas não-*mainstream* às instituições. Isso é bastante compreensível, em razão não apenas da especialização disciplinar, mas, sobretudo do próprio fato de que essas abordagens gozam de menos prestígio e influência entre os economistas – e, por isso mesmo, são menos conhecidas entre os próprios economistas em seu conjunto. Algumas dessas abordagens não adotam qualquer rótulo de economia institucional ou institucionalista e por isso talvez sejam ainda menos conhecidas por outros interessados em instituições. É o caso, por exemplo, da economia pós-keynesiana, da escola francesa da regulação, da economia neoschumpeteriana e de certos ramos da escola austríaca.

De sua parte, os economistas têm um conhecimento limitado sobre o que está sendo estudado fora de departamentos de economia, o que seguramente inclui assuntos relevantes e autores de boa qualidade – muitas vezes dentro da *mainstream* de outras disciplinas, ou seja, em universidades prestigiosas, com financiamento de grandes fundações de pesquisa, etc. No caso das investigações sobre instituições, fora da economia como disciplina também tem havido nas últimas décadas uma renovação de abordagens institucionalistas, além de outras correntes de pensamento possivelmente interessantes sem esse rótulo. Um exemplo pertinente, além da já mencionada sociologia econômica, é o institucionalismo nos estudos organizacionais (também dividido em novo e velho, com pontes e interseções entre eles).[15] Esse institucionalismo organizacional, como também é conhecido, é interdisciplinar, frequentemente praticado por pesquisadores dentro de escolas de administração e bastante sociológico em orientação (nesse sentido, quando estuda organizações econômicas, o institucionalismo organizacional tem uma interseção com a sociologia econômica).

Trocas intelectuais mais frequentes entre os proponentes dessas diferentes abordagens seriam benéficas para todos os envolvidos. Em termos de sugestões para uma agenda de pesquisa, podem ser destacados dois conjuntos de questões relativas às instituições e interrelacionadas entre si. O primeiro diz respeito à interseção entre instituições e cognição. Foram mencionadas acima duas viradas importantes na disciplina da economia: uma institucional e outra cognitiva. Agora é preciso avançar rumo a um entendimento mais institucional da cognição, ou seja, a um entendimento melhor do papel cognitivo das instituições. As instituições fornecem informações, incorporam conhecimento prático e, sobretudo ao incluir modelos mentais compartilhados, influenciam a cognição de modo profundo, na seleção, organização e interpretação de informações. É especialmente esse papel cognitivo profundo que nos leva além de uma abordagem individualística da cognição (criticada inclusive por Knight e North, 1997: 217), além de aproximar a economia da sociologia econômica e do novo institucionalismo organizacional, que destaca o que Richard Scott (2008) chama de pilar cultural-cognitivo das instituições. O segundo bloco de questões concerne os desafios envolvidos em reconhecer os tipos profundos de influência das instituições sobre os agentes econômicos (individuais e coletivos) e simultaneamente dar espaço para que esses agentes desviem de alguns padrões estabelecidos – ao mesmo tempo em que continuam seguindo outros – e causem mudanças endógenas.

Um maior intercâmbio interdisciplinar poderia contribuir também para reduzir ou mesmo eliminar barreiras departamentais que, como as próprias instituições (ou como exemplos de instituições, dentro da academia), nada têm de inevitável ou natural, nem de necessariamente mais eficiente que outras alternativas.

---

[15] Ver, por exemplo, Scott (2008) e os volumes editados por Powell e DiMaggio (1991) e Greenwood *et al.* (2008).

## REFERÊNCIAS BIBLIOGRÁFICAS

AGLIETTA, Michel; ORLÉAN, André (2002), *La Monnaie entre Violence et Confiance*, Paris: Odile Jacob.

AKERLOF, George (1984), *An Economic Theorist's Book of Tales*, Cambridge: Cambridge University Press.

AOKI, Masahiko (2001), *Toward a Comparative Institutional Analysis*, Cambridge, MA: MIT Press.

BECKER, Gary (1976), *The Economic Approach to Human Behavior*, Chicago: University of Chicago Press.

BECKERT, Jens (1996), What is sociological about economic sociology? Uncertainty and the embeddedness of economic action, *Theory and Society*, 25, 6, 803-40.

COLEMAN, James (1994), A Rational Choice Perspective on Economic Sociology, in Smelser, Neil; Swedberg, Richard (orgs.), *The Handbook of Economic Sociology*, Princeton: Princeton University Press, 166-180.

DEQUECH, David (2003), Uncertainty and economic sociology, *American Journal of Economics and Sociology*, 62, 3, 509-532.

DEQUECH, David (2006), The New Institutional Economics and the theory of behaviour under uncertainty, *Journal of Economic Behavior and Organization*, 59, 1, 109-131.

DEQUECH, David (2007-2008), Neoclassical, mainstream, orthodox, and heterodox economics, *Journal of Post Keynesian Economics*, 30, 2, 279-302.

DEQUECH, David (2009), Institutions, social norms, and decision-theoretic norms, *Journal of Economic Behavior and Organization*, 72, 1, 70-78.

DIMAGGIO, Paul (1998), The New Institutionalisms: Avenues of Collaboration, *Journal of Institutional and Theoretical Economics*, 154, 4, 696-705.

DOBBIN, Frank (2004), The Sociological View of the Economy, in Dobbin, F. (org.), *The New Economic Sociology: A Reader*, Princeton: Princeton University Press, 1-46.

DURLAUF, Steven; YOUNG, Hobart Peyton (orgs.) (2001), *Social Dynamics*, Cambridge, MA: MIT Press.

ETZIONI, Amitai (1991), Socio-Economics: A Budding Challenge, in Etzioni, Amitai; Lawrence, Paul (orgs.), *Socio-economics: toward a new synthesis*, Armonk, NY: Sharpe, 3-7.

EYMARD-DUVERNAY, François *et al.* (2005), Valeurs, coordination et rationalité: trois thèmes mis en relation para l'économie des conventions, in Eymard-Duvernay, François (org.), *L'économie des conventions, méthodes et résultats – Tome I: Débats*, Paris: La Découverte, 23-44.

FLIGSTEIN, Neil (2001), *The Architecture of Markets*, Princeton: Princeton University Press.

FLIGSTEIN, Neil; DAUTER, Luke (2007), The Sociology of Markets, *Annual Review of Sociology*, 33, 105-28.

FOURCADE, Marion (2007), Theories of Markets and Theories of Society, *American Behavioral Scientist*, 50, 8, 1015-1034.

GREENWOOD, Royston *et al.* (orgs.) (2008), *The Sage Handbook of Organizational Institutionalism*, Thousand Oaks, CA: Sage.

GREIF, Avner (2006), *Institutions and the Path to the Modern Economy*, Cambridge: Cambridge University Press.

GRUCHY, Allan (1987), *The Reconstruction of Economics*, New York: Greenwood.

HODGSON, Geoffrey (1994), The Return of Institutional Economics, in Smelser, Neil; Swedberg, Richard (orgs.), *The Handbook of Economic Sociology*, Princeton: Princeton University Press, 58-76.

HODGSON, Geoffrey (2001), *How Economics Forgot History*, London: Routledge.

KEYNES, John Maynard (1936), *The General Theory of Employment, Interest and Money*, London: Macmillan.

KEYNES, John Maynard (1937), The General Theory of Employment, *Quarterly Journal of Economics*, 51, 2, 209-223.

KNIGHT, Jack; NORTH, Douglass (1997), Explaining Economic Change: The Interplay Between Cognition and Institutions, *Legal Theory*, 3, 211-26.

KRIPPNER, Greta; ALVAREZ, Anthony (2007), Embeddedness and the Intellectual Projects of Economic Sociology, *Annual Review of Sociology*, 33: 219-240.

LÉVESQUE, Benoît *et al.* (1997), La Sociologie Économique de Langue Française: Originalité et Diversité des Aproches, *Cahiers Internationaux de Sociologie*, 103, 265-294.

NEALE, Walter (1987), Institutions, *Journal of Economic Issues*, 21, 3, 1177-1206.

ORLÉAN, André (1999), *Le pouvoir de la finance*, Paris: Odile Jacob.

ORLÉAN, André (2005), La sociologie économique et la question de l'unité des sciences sociales, L'Année Sociologique, 55, 2, 279-305.

POLANYI, Karl (1944), *The Great Transformation*, Boston: Beacon Press.

POLANYI, Karl (1957), The Economy as Instituted Process, in Polanyi, Karl *et al.* (orgs.), *Trade and Market in the Early Empires*, New York: Free Press, 243-270.

POWELL, Walter; DIMAGGIO, Paul (orgs.) (1991), *The New Institutionalism in Organizational Analysis*, Chicago: University of Chicago Press.

SAVAGE, Leonard (1954), *The Foundations of Statistics*, New York: Wiley. 2ª edição, 1972, New York: Dover.

Scott, William Richard (2008), *Institutions and Organizations: Ideas and Interests*, Thousand Oaks, CA: Sage.

Sen, Amartya (1977), Rational Fools: A Critique of the Behavioral Foundations of Economic Theory, *Philosophy and Public Affairs*, 6, 4, 317-334.

Sen, Amartya (1985), Goals, Commitment, and Identity, *Journal of Law, Economics, and Organization*, 1, 2, 341-355.

Smelser, Neil; Swedberg, Richard (1994), The Sociological Perspective on the Economy, in Smelser, Neil; Swedberg, Richard (eds.), *The Handbook of Economic Sociology*, Princeton: Princeton University Press, 3-26.

Steiner, Philippe (1999), *La sociologie économique*, Paris: La Découverte.

Swedberg, Richard (1997), New Economic Sociology: What Has Been Accomplished, What is Ahead?, *Acta Sociologica*, 40, 2, 161-182.

Swedberg, Richard (2003), *Principles of Economic Sociology*, Princeton: Princeton University Press.

Swedberg, Richard; Granovetter, Mark (2001), Introduction to the Second Edition, in Granovetter, Mark; Swedberg, Richard (orgs.), *The Sociology of Economic Life*, Boulder: Westview, 2ª edição, 1-28.

Velthuis, Olav (1999), The Changing Relationship Between Economic Sociology and Institutional Economics: From Talcott Parsons to Mark Granovetter, *American Journal of Economics and Sociology*, 58, 4, 629-649.

Wacquant, Loïc; Calhoun, Craig (1989), Intérêt, Rationalité et Culture, *Actes de la Recherche en Sciences Sociales*, 78, 41-60.

Zelizer, Viviana (2007), Pasts and Futures of Economic Sociology, *American Behavioral Scientist*, 50, 8, 1056-1069.

Zukin, Sharon; DiMaggio, Paul (1990), Introduction, in Zukin, Sharon; DiMaggio, Paul (orgs.), *Structures of Capital: The social organization of the economy*, Cambridge: Cambridge University Press, 1-36.

CAPÍTULO 8
ENTRE A ECONOMIA E A PSICOLOGIA:
COMPORTAMENTO E EXPERIÊNCIAS

*Ana Cordeiro Santos**

**As origens comuns da economia comportamental e experimental**
A economia comportamental e a economia experimental são duas áreas emergentes da ciência económica que sempre mantiveram uma relação de grande proximidade. A atribuição do Prémio Nobel da Economia de 2002 a Daniel Kahneman e a Vernon Smith comprova esta cumplicidade, reconhecendo, num mesmo momento, a legitimidade dos dois programas de investigação. Com efeito, ao galardoar o trabalho de Kahneman sobre o julgamento humano e a tomada de decisão em contexto de incerteza, o Prémio Nobel veio legitimar a economia comportamental enquanto área de estudos que se dedica à aplicação dos contributos da psicologia na ciência económica.[1] De igual modo, o prémio atribuído a Smith pelo seu contributo para a consolidação das experiências de laboratório como ferramenta empírica da Economia veio reconhecer a validade da economia experimental enquanto área de estudos de aplicação do método experimental.[2]

A economia comportamental e a economia experimental distinguem-se assim pela relação privilegiada que a primeira estabelece com a Psicologia

---

* Investigadora do Centro de Estudos Sociais da Universidade de Coimbra. A autora agradece o apoio financeiro da FCT (PTDC/PSI-PSO/114257/2009, FCOMP-01-0124-FEDER-015552). Também agradece os comentários de João Rodrigues e da audiência do seminário "Economia e Interdisciplinaridade(s)", Niterói, 29-30 Abril 2010.

[1] Embora a economia comportamental se defina como o campo de estudos que se dedica à aplicação dos contributos da Psicologia na ciência económica, este programa de investigação, como iremos ver mais adiante, também mobiliza recursos de outras disciplinas que estudam o comportamento humano como a Antropologia e, mais recentemente, a Neurociência (cf. Camerer e Loewenstein, 2004).

[2] A economia experimental abarca três grandes áreas de aplicação do método experimental: o estudo de várias estruturas de mercado e instituições mercantis (monopólios, leilões, mercados financeiros, etc.); o estudo de vários problemas estratégicos e de cooperação (jogo dos bens públicos, jogo do ultimato, dilema do prisioneiro, etc.); e o estudo da tomada de decisão individual (teste da teoria de utilidade esperada, o estudo da escolha intertemporal, etc.).

e a segunda com o método experimental. Contudo, esta linha divisória não é muito clara, uma vez que ambas recorreram e recorrem aos contributos da Psicologia e ao método experimental. Se por um lado, a emergência, o crescimento e a consolidação da economia comportamental se deve, em grande medida, às experiências de laboratório, por outro lado, a introdução do método experimental na Economia é fortemente inspirada pelo trabalho experimental da Psicologia. Daí a relação de grande proximidade entre estes dois programas de investigação, que partilham significativos recursos, teóricos e metodológicos.

As experiências de laboratório têm sido úteis para testar os pressupostos comportamentais da teoria económica, como, por exemplo, os axiomas da teoria da utilidade esperada, que constituem uma importante linha de investigação no campo da tomada de decisão em contexto de incerteza. As experiências de laboratório são particularmente convenientes para o teste empírico de teorias porque permitem criar contextos que pertencem ao domínio de aplicação das teorias económicas, oferecendo deste modo condições muito favoráveis para o seu teste. São também adequadas para o estudo de processos de tomada de decisão porque permitem isolá-los do efeito de fatores que não são relevantes para a análise, mas que dificilmente seriam neutralizados em ambientes naturais. Isto não quer dizer que o método experimental é inadequado para avaliar o impacto de variáveis contextuais sobre a decisão individual e os seus resultados. Poderá fazê--lo, mas apenas separadamente, a partir da observação do efeito isolado de cada fator.

Sendo inegável que a economia comportamental deve muito ao método experimental, é também certo que a economia experimental é largamente tributária da Psicologia. A introdução do método experimental na Economia foi fortemente inspirada pela psicologia experimental, que já tinha uma vasta prática de experiências laboratoriais quando, em meados do século XX, os economistas começaram a realizar experiências de uma forma mais sistemática.

A introdução do método experimental na Economia deve-se em boa medida ao diálogo interdisciplinar que ocorreu no pós-guerra nos EUA, nomeadamente no seio da organização RAND e da fundação Cowles, que privilegiaram o desenvolvimento de métodos baseados na lógica, matemática e estatística e a sua aplicação à Economia e a outras ciências sociais. Verificou-se subsequentemente um grande desenvolvimento em áreas de investigação como a computação, a inteligência artificial, a teoria da informação, a matemática económica, a teoria dos jogos e a investigação operacional, e sua aplicação aos mais variados domínios sociais.[3] Foi neste clima de forte interdisciplinaridade que se vislumbrou o potencial do método experimental para a Economia. Este ímpeto inicial surgiu de psicólogos. Como referiu Herbert Simon, um dos protagonistas da fundação Cowles, em depoimento a Vernon Smith, "as experiências, obviamente, são algo de muito natural para os psicólogos – este é o modo como aprendem a fazer ciência" (Smith, 1992: 253-254).[4] O método experimental foi, entretanto, adaptado à ciência económica, distinguindo-se hoje em dia das práticas da psicologia experimental (como iremos ver mais à frente). No entanto, as experiências da Economia ainda mantêm muitas das características do trabalho pioneiro de um psicólogo, Sidney Siegel, que exerceu uma grande influência sobre Smith nos anos de gestação da economia experimental (Smith, 1992: 247).

O nascimento da economia experimental foi também potenciado por um desenvolvimento teórico importante: a publicação, em 1944, de *Theory of Games and Economic Behaviour* de John von Neumann e Oskar Morgenstern. Esta obra fundacional da teoria dos jogos e da teoria da utilidade esperada contribuiu para o desenvolvimento de um quadro teórico adequado para o teste experimental, nomeadamente para o teste dos seus axiomas e das predições de vários jogos estratégicos e de coordenação. Isto numa altura em que a teoria de equilíbrio geral era dominante e não se prestava ao teste experimental, tendo até ao seu dispor um método próprio: a econometria (Dimand, 2005; Rizvi, 2005).

Com a exceção do estudo experimental acerca das estruturas de mercado e das suas variadas formas institucionais, a linha de investigação na qual Smith se insere, a investigação experimental no domínio da teoria dos jogos e da decisão individual é largamente partilhada com a economia comportamental. De facto, os mesmos autores surgem em antologias, coletâneas e obras de referência dos dois programas de investigação (compare-se, por exemplo, Kagel e Roth, 1995, e Camerer e Loewenstein, 2004). É por isso difícil determinar se os economistas que conduzem experiências nestas

---

[3] Ver o relato mais detalhado de Mirowski (2002, cap. 6) deste período e da sua importância para o nascimento da economia experimental.
[4] Ver Santos (2010, cap. 6) para um relato histórico do nascimento da economia experimental.

áreas são economistas comportamentais ou economistas experimentais. É, no entanto, possível identificar as principais referências em cada área: os contributos de Amos Tversky, Colin Camerer, Daniel Kahneman, George Loewenstein, Matthew Rabin e Richard Thaler, na economia comportamental, e os de Charles Plott, Ken Binmore e Vernon Smith na economia experimental.

A proximidade entre economistas comportamentais e experimentais está também patente no apelo que ambos vêm fazendo a um maior diálogo entre a Economia e a Psicologia (ex. Rabin, 1998; Loomes, 1999; Camerer e Loewenstein, 2004; Bruni e Sugden, 2007; Barsdley et al. 2010). Contudo, as diferenças entre as duas áreas, nomeadamente o ecletismo teórico e metodológico da economia comportamental, parecem dividir alguns dos investigadores destas áreas, replicando a linha de divisão tradicional entre a Economia e Psicologia. É o caso de Charles Plott, Ken Binmore e Vernon Smith, que chegam a considerar que a economia comportamental não faz parte do campo de estudo da Economia, mas sim da Psicologia.[5]

Este capítulo revê os debates travados e os argumentos trocados entre economistas experimentais e comportamentais e as implicações que deles derivam para a relação entre a Economia e a Psicologia. Na próxima secção faz-se uma breve incursão histórica pelas difíceis relações entre a Economia e a Psicologia, que parecem persistir até aos dias de hoje. A seguir apresenta-se o campo da economia comportamental e mostra-se como este se encontra na interseção entre a Economia e a Psicologia. Na penúltima secção apresenta-se a perspetiva de (alguns) economistas experimentais sobre a economia comportamental que coloca esta última fora do domínio da Economia. Finalmente, conclui-se com uma nota positiva que resulta da própria prática dos economistas, prática esta que é cada vez mais plural e independente dos rótulos que, por vezes, se lhes atribui.

### As difíceis relações entre a Economia e a Psicologia

A relação entre a Economia e a Psicologia nunca foi muito clara. A Economia, enquanto campo de estudos autónomo, precede a Psicologia, que se constitui um século mais tarde, já no final do século XIX. No início, a Economia Política de Adam Smith ou Karl Marx preocupava-se em explicar as

---

[5] Ver o debate travado, em 1999, entre economistas experimentais e comportamentais no *Economic Journal* (nº 109).

dinâmicas de acumulação de capital das economias capitalistas, sendo estas últimas concebidas como partes integrantes de uma realidade social e histórica complexa. Embora a análise do crescimento económico de longo prazo se centrasse nas estruturas de poder e nas relações entre as classes sociais, os economistas políticos também se interessavam pela psicologia humana, enfatizando, por exemplo, a importância dos sentimentos morais para o funcionamento das economias capitalistas, e o impacto destas sobre as motivações e as capacidades humanas.[6] A substituição da designação "Economia Política" por "Economia", que a revolução neoclássica do séc. XIX orquestrou, vem marcar a separação da ciência económica face às restantes ciências sociais e humanas, através da gradual, mas sistemática, eliminação de toda e qualquer referência à Psicologia e ao contexto social que enquadra a ação humana na economia.

A remoção de conteúdo psicológico e social ocorre quando a Economia passa a privilegiar o método abstrato-dedutivo, que se baseia em princípios gerais e a-históricos, como o princípio de maximização de utilidade individual, acentuando-se com a adoção do individualismo metodológico, que toma o indivíduo como unidade de análise central, substituindo categorias coletivas, como classe social, que passam a ser ignoradas ou tratadas como meros somatórios de agentes individuais.

Nos vários relatos sobre as relações difíceis entre a Economia e a Psicologia, os primeiros autores neoclássicos, como William Stanley Jevons e Francis Ysidro Edgeworth, são frequentemente referenciados como os últimos economistas a manter um diálogo entre estas duas disciplinas, que a economia comportamental veio recuperar (Bruni e Sugden, 2007). Embora Jevons e Edgeworth ambicionassem construir uma Economia científica, assente na linguagem matemática e em princípios universais, as teorias desta nova Economia deveriam ser construídas dedutivamente a partir de pressupos-

---

[6] *A Riqueza das Nações* (1776) é a obra mais conhecida de Adam Smith, sendo aquela que se associa à formação da Economia Política enquanto área de estudo dedicada ao crescimento de longo prazo das economias capitalistas. Smith é também o autor de *A Teoria dos Sentimentos Morais* (1759) que, como o título indica, se centra sobre a variedade das motivações humanas. Com base nesta obra, Ashraf *et al.* (2005) chegam mesmo a afirmar que Smith terá sido o primeiro economista comportamental. Os filósofos morais e políticos também recorrem frequentemente às contribuições destes economistas políticos clássicos nas suas análises sobre o impacto dos vários modos de provisão nas motivações humanas (Satz, 2010).

tos empiricamente fundamentados sobre a psicologia humana. Contudo, a pretensão de construir uma Economia científica, isenta de referência aos estados mentais dos indivíduos, como a sensações de prazer e de dor, e a expectativa de que a Economia poderia de facto prescindir destas referências, levou a que os economistas traçassem uma cada vez mais vincada linha de demarcação entre a Economia e a Psicologia (Frey e Benz, 2005; Bruni e Sugden, 2007).

Ao longo do século XX, a Economia foi progressivamente eliminando quaisquer alusões à Psicologia, considerando que as teorias da Economia pura se poderiam construir dedutivamente a partir de proposições empíricas bem estabelecidas acerca das escolhas, e não de conceitos subjetivos como o prazer e a dor dos indivíduos. Esta tendência conheceu a sua expressão máxima com a teoria das preferências reveladas de Paul Samuelson (1938, 1948), que operacionaliza o conceito de preferências, passando a referir-se às escolhas observáveis dos indivíduos. Finalmente, a defesa, feita por Milton Friedman (1953), do postulado da racionalidade da teoria económica condenou à irrelevância os contributos da Psicologia. Tornou-se então relativamente consensual entre os economistas que as teorias deveriam ser unicamente avaliadas pelo seu valor instrumental para gerar predições corretas acerca do funcionamento da economia. Até praticamente ao final do século passado, a Economia convencional manteve-se relativamente autónoma face à Psicologia, concebendo a ação humana como o resultado da racionalidade dos indivíduos ao serviço da maximização da utilidade, que depende das preferências individuais – um fenómeno subjetivo especificamente humano que não pertence ao domínio da Economia – e dos constrangimentos que os indivíduos enfrentam na tomada de decisão, nomeadamente os recursos ao seu dispor e os custos e benefícios das várias alternativas. Embora os economistas fossem capazes de admitir que os indivíduos nem sempre se comportam de acordo com a teoria de escolha racional, esta fornecia um modelo normativo de racionalidade, entendida fundamentalmente como consistência na escolha. Contudo, a ambição de expurgar da teoria económica quaisquer vestígios de subjetividade, e portanto de referências à constituição dos indivíduos enquanto seres autónomos, fez com que a teoria neoclássica, que toma o agente como unidade de análise central, não tenha verdadeiramente uma teoria do indivíduo. Paradoxalmente, na ciência económica, as correntes que rejeitam o individualismo metodológico, acabam por apresentar conceções mais elaboradas e completas do indivíduo, já que as suas motivações e ações surgem devidamente contextualizadas (Davis, 2003).[7]

A condução de experiências de laboratório de uma forma sistemática sobre a tomada de decisão individual, designadamente para testar os axiomas da teoria da utilidade esperada, veio finalmente unir as contribuições de economistas e psicólogos, na fundação da economia comportamental, consolidando, na década de 1980, uma área de investigação de cruzamento entre a Economia e a Psicologia. Nas palavras de dois dos seus principais protagonistas:

> No âmago da economia comportamental está a convicção de que aumentar o realismo dos fundamentos psicológicos da análise económica melhorará a disciplina *nos seus próprios termos* – gerando melhores hipóteses teóricas, fazendo melhores previsões dos fenómenos económicos e melhores propostas de políticas (Camerer e Loewenstein, 2004: 3, ênfase no original).

A consolidação da economia comportamental parece indicar uma inversão do processo que removeu alusões à psicologia humana, sendo considerado, por alguns economistas, um dos desenvolvimentos recentes mais importantes da disciplina:

> Um dos desenvolvimentos mais significativos da Economia ao longo das últimas décadas tem sido o crescimento da economia comportamental, que adota as abordagens teóricas e metodológicas da psicologia para explicar fenómenos económicos. Os economistas comportamentais orgulham-se de fundamentar as

---

[7] Este breve relato histórico é necessariamente grosseiro e incompleto. A presença ou a ausência da psicologia humana na ciência económica é mais subtil do que é aqui anunciado, havendo, por isso, controvérsia relativamente à posição de cada autor e ao momento a partir do qual a linha de demarcação entre Economia e Psicologia é traçada. Luigino Bruni e Robert Sugden (2007), por exemplo, consideram que este momento ocorre com Vilfredo Pareto, designando-o por "Pareto Turn". Wade Hands (2009, 2010), por outro lado, contesta esta posição, defendendo que a remoção da psicologia acontece mais tarde, uma vez que autores como Pareto e Roy Allen se preocupavam com algumas questões que são hoje centrais na economia comportamental, como, por exemplo, a dependência das preferências relativamente a determinadas situações que servem de pontos de referência na tomada de decisão. Por outro lado, alusões à psicologia humana continuaram a persistir na obra de alguns autores marcantes como John Maynard Keynes e Alfred Marshall (Lewin, 1996). Já na segunda metade do século XX, autores como Herbert Simon, Richard Cyert e James March desenvolveram trabalho de fronteira (Sent, 2004). Contudo, este trabalho foi largamente ignorado pela generalidade dos economistas.

suas explicações em hipóteses empíricas sobre o modo como os seres humanos realmente pensam e agem, e não em deduções obtidas a partir de pressupostos *a priori* sobre a escolha racional, e de submeter estas hipóteses a testes experimentais. (Bruni e Sugden, 2007: 146)

Contudo, ainda é cedo para concluir que a relevância da economia comportamental para a ciência económica é consensual entre os economistas. Travado sobretudo entre economistas experimentais e economistas comportamentais, este debate é suscitado pela análise dos resultados experimentais que parecem desafiar a teoria económica neoclássica. Opõe, por um lado, os economistas que veem nos resultados experimentais a demonstração da relevância da Psicologia para a Economia, e aqueles que, por outro lado, veem nos mesmos resultados a linha de demarcação entre a Economia e a Psicologia. Neste debate, o que separa a Economia e a Psicologia não parece ser tanto a tentativa de proteger a pureza da Economia face à contaminação da subjetividade humana, como sucedia em meados do século passado, mas a proteção do corpo teórico e metodológico convencional da economia.

## A fundação da economia comportamental[8]

As raízes da economia comportamental remontam aos anos setenta, ao trabalho de Kahneman e Tversky e de outros psicólogos como Paul Slovic (Tversky e Kahneman, 1974; Kahneman e Tversky, 1979; Kahneman, Slovic e Tversky, 1982). O marco fundador da economia comportamental é geralmente atribuído à publicação, em 1979, de "Prospect theory: An analysis of decision under risk", por Kahneman e Tversky, na revista *Econometrica*. Nos anos oitenta, assiste-se à institucionalização desta nova área de estudos com a fundação da *Society for the Advancement of Behavioral Economics*, em 1982, e o surgimento das primeiras revistas especializadas como o *Journal of Economic Behavior and Organization*, em 1980. Já mais para o final desta década começam

---

[8] Na verdade, seria mais correto falar na refundação da economia comportamental. A economia comportamental que se consolida no final do século XX – aquela que se associa ao trabalho de Kahneman, Tversky, Camerer e Loewenstein – difere da economia comportamental da segunda metade do século XX – a economia comportamental de autores como Simon, Cyert e March, centrada no conceito de racionalidade limitada e apoiada pela simulação computacional. Este capítulo, no entanto, foca a abordagem recente da economia comportamental que, tendo em vista a sua aceitação pela comunidade dos economistas, apresenta um maior potencial para o restabelecimento do diálogo entre a Economia e a Psicologia.

a ser editadas as primeiras antologias que compilam os principais resultados da área (Earl, 1988). Surgem também as primeiras conferências dedicadas a uma análise mais crítica das implicações desta agenda de investigação. A conferência "The behavioral foundations of economic theory", realizada na Universidade de Chicago, em 1985, reuniu os fundadores da economia comportamental e experimental para discutir a relação entre a Economia e a Psicologia, sendo as suas contribuições posteriormente publicadas em Hogarth e Reder (1987). A década de 1990 já contou com as segundas e terceiras gerações de economistas, como Colin Camerer e George Loewenstein, para o rápido crescimento do programa de investigação.

Nos seus anos formativos, a economia comportamental tomava como ponto de partida as teorias neoclássicas que se prestavam a teste empírico, nomeadamente a teoria da utilidade esperada e a teoria da utilidade descontada, teorias da decisão em contexto de incerteza e de escolha intertemporal. A importância da economia neoclássica é reconhecida explicitamente, na medida em que esta "fornece aos economistas um quadro teórico, que pode ser aplicado a quase todo o tipo de comportamento económico (e até não económico) e faz predições refutáveis" (Camerer e Loewenstein 2004: 3).

Um dos primeiros resultados desta investigação foi o registo de um conjunto significativo de padrões comportamentais que divergiam dos pressupostos e das predições da teoria neoclássica, conhecidos na literatura como "anomalias" comportamentais.[9] Recentemente, a economia comportamental tem mobilizado outros métodos, como as experiências de campo, a simulação computacional ou a ressonância magnética funcional para a recolha de imagens do cérebro humano (Camerer e Loewenstein, 2004). Este maior ecletismo teórico e metodológico tem ajudado a distinguir os dois campos de estudo, experimental e comportamental, já que a economia comportamental recorre a variados recursos disciplinares para o estudo do comportamento económico (Loewenstein, 1999).

Numa segunda fase, os economistas comportamentais procuraram explicar os resultados anómalos, identificando a influência de um conjunto variado de fatores, até então ignorados pela economia convencional. Segundo Tversky e Kahneman (1974), muitos dos erros de avaliação no cálculo da probabilidade de eventos futuros devem-se à utilização de procedimentos heurís-

---

[9] Esta investigação deu origem à coluna "anomalies" no prestigiado *Jounal of Economic Perspectives*, entre 1987 e 1990, que Thaler organizou e cujos contributos sistematizou em Thaler (1992).

ticos, ou seja, à utilização regras que simplificam e facilitam o processo de decisão, mas que podem levar a erros que se repetem de uma forma sistemática. Os psicólogos identificaram três tipos de heurísticas: representatividade, disponibilidade e ancoragem e ajustamento. Por exemplo, a heurística da disponibilidade faz com que as pessoas sejam muitas vezes influenciadas por informação que é mais facilmente selecionada pela memória, como a informação relativa a acontecimentos recentes, em detrimento de outros fatores relevantes, como a frequência desses acontecimentos, o que pode conduzir a escolhas inferiores.

Esta agenda de investigação também revelou que a mera linguagem utilizada para descrever o problema de decisão tem muitas vezes um efeito (designado por efeito de enquadramento) não negligenciável nas escolhas dos indivíduos (Tversky e Kahneman, 1981), indicando que diferentes descrições da mesma situação, ao tornarem salientes determinados aspetos do problema em detrimento de outros, influenciam as decisões que são tomadas. Por exemplo, as pessoas reagem de forma diferente quando o problema de decisão torna mais saliente os ganhos ou as perdas envolvidas, sendo de esperar uma maior propensão ao risco em contextos que tornam mais salientes as perdas. As pessoas também são influenciadas pela sua situação presente, manifestando, por exemplo, uma forte aversão em abdicar de algo que possuem (efeito de dotação) que não é compensado por um montante monetário equivalente (Knetsch, 1989). Kahneman e Tversky (1979) formalizaram estes resultados na chamada *prospect theory*, uma teoria descritiva da tomada de decisão em situação de risco que enfatiza a influência do *status quo* e de outros pontos de referência sobre as escolhas dos indivíduos.

Estes resultados contrariam a teoria neoclássica, segundo a qual as preferências individuais e os custos e os benefícios de cursos de ação alternativos são os principais determinantes do comportamento humano. Mas, como vimos, os indivíduos não só ignoram aspetos que a teoria económica convencional considera relevantes, como são também influenciadas por fatores que esta teoria negligencia.

No entanto, muitos economistas encaram estes resultados com ceticismo. Reproduzindo os argumentos evolucionistas de Friedman (1953), consideram que no mercado as pessoas não se enganam desta forma. Ao contrário do que sucede em contextos laboratoriais, no mercado, alegam os críticos, os incentivos para a tomada de decisão racional, a possibilidade de aprendizagem com a experiência, e os mecanismos de seleção que recompensam aqueles que agem "como se" fossem maximizadores racionais, conseguem eliminar estas anomalias.

Contudo, décadas de investigação empírica indicam que as anomalias persistem não obstante a existência de incentivos pecuniários para a tomada de decisão racional e a possibilidade de aprendizagem e correção dos erros.[10] Estudos sobre os mercados financeiros – que presumivelmente mais se aproximam do modelo de mercado perfeito – parecem mostrar que as "anomalias" não são corrigidas pelas forças de mercado. Aliás, o forte "contágio social" das crenças prevalecentes, característico destes mercados, tende mesmo a amplificá-las (Shiller, 2000, 2008). Além disso, há muitas decisões economicamente relevantes que ocorrem poucas vezes durante o ciclo de vida de um indivíduo, não existindo oportunidade para obter a experiência necessária. É o caso de decisões relativas à educação, poupança para a reforma ou compra de bens duradouros, como a compra de uma casa.

Isto não quer dizer que todos os economistas comportamentais rejeitem a abordagem neoclássica e os seus conceitos de maximização de utilidade, equilíbrio e eficiência. Muitos consideram que a economia comportamental é, ou pode ser, compatível com a economia neoclássica. De facto, Camerer e Loewenstein (2004) defendem que os resultados da economia comportamental podem inspirar modelos mais gerais, tomando as situações de racionalidade e de equilíbrio como casos particulares. De facto, muitas das anomalias comportamentais têm inspirado a construção de novos modelos teóricos que se limitam a introduzir pequenas alterações à função de utilidade. São exemplo disto os modelos de preferências hiperbólicas, que admitem as preferências intertemporais inconsistentes dos indivíduos, substituindo a taxa de desconto do modelo tradicional por uma taxa de desconto exponencial (Laibson, 1997), ou os modelos de preferências sociais, que acomodam a preocupação com o bem-estar alheio, adicionando na função de utilidade individual os *payoffs* dos outros indivíduos (Fehr e Schmidt, 1999).[11] Mas nem todos os resultados são conciliáveis com a teoria neoclássica. É o caso dos resultados que revelam a influência do contexto sobre os julgamentos e as escolhas dos indivíduos (por exemplo, o efeito enquadramento), que põem em causa dois princípios centrais da teoria económica: a estabilidade e a exogeneidade das preferências. Como iremos ver na pró-

---

[10] Ver a revisão destes estudos por Camerer e Hogarth (1999).
[11] Para outros exemplos ver a antologia publicada por Camerer, Loewenstein e Rabin (2004).

xima secção, têm sido estes resultados a gerar o debate mais aceso entre economistas comportamentais e experimentais.

## Economia comportamental *versus* economia experimental

O livro *Rational Choice: The contrast between economics and psychology* (Hogarth e Reder, 1987) marca o primeiro debate entre economistas comportamentais e experimentais em torno das relações entre a Economia e a Psicologia. Enquanto os economistas comportamentais (por exemplo, Kahneman e Tversky) consideram que a evidência empírica documenta desvios sistemáticos face ao modelo de escolha racional, os economistas experimentais (Smith e Plott) consideram que a evidência é consistente com as implicações deste modelo.

Hogarth e Reder (1987), no capítulo introdutório, elencam as principais diferenças entre a Economia e a Psicologia, que consideram justificar a desconfiança dos economistas relativamente aos resultados da economia comportamental. Salientam diferenças referentes ao campo de aplicação – comportamento racional em contexto mercantil *versus* desvios ao comportamento racional em contexto mercantil e não mercantil –, e relativamente aos métodos adotados – método dedutivo *versus* método indutivo, métodos quantitativos *versus* qualitativos, etc.

Estas diferenças continuam a ser invocadas para desvalorizar a relevância das "anomalias" para a Economia. Vernon Smith desvaloriza-as, considerando que estas não se verificam no domínio de estudos da Economia, isto é, no mercado. Com base em experiências de mercado, Smith alega que as previsões da teoria económica continuam a verificar-se e em condições menos exigentes do que as que são assumidas pela teoria económica,[12] e continua a traçar a mesma linha de demarcação entre a Economia e a Psicologia, considerando que a economia comportamental pertence ao domínio da psicologia cognitiva:

> Em princípio, na minha perspetiva, a economia experimental dos mercados e a economia comportamental são complementares. Os economistas experimentais estudam o funcionamento dos mercados (racionalidade dos mercados), incentivos na provisão de bens públicos e interações em pequenos grupos, e outros ambientes com dispersão de valores individuais, os psicólogos cognitivos estu-

---

[12] Ver Santos (2010, cap. 8) para uma crítica a esta interpretação das experiências de mercado.

dam a consistência (racionalidade da escolha) da tomada de decisão individual. (Smith 2008: 155)

Mas Smith não se limita a traçar uma linha de divisão entre a Economia e a Psicologia, ele chega mesmo a considerar que o estudo da escolha individual não é sequer relevante para a Economia:

> O teorema fundamental da economia [...] não mudou: a riqueza criada através da especialização de tarefas entre indivíduos, grupos, populações, regiões e climas; em que a especialização é determinada pela intensidade e pelo alcance do mercado – sistemas de troca pessoais e impessoais. O que é importante acerca da escolha individual são as decisões que levam as pessoas ao longo do tempo e das gerações a mudar de tarefas, de localização e de rumo na tentativa de melhorar a sua situação em resposta aos preços de mercado. (Smith, 2008: 156)

Plott traça uma outra linha de demarcação, que não passa tanto pela circunscrição do objeto de estudo da Economia ao contexto mercantil, mas a decisões economicamente relevantes e frequentes, em que as pessoas têm os incentivos e a oportunidade de decidir conscientemente e de sustentar as suas escolhas na experiência. A observação de escolhas inconsistentes não revela assim erros de decisão, instabilidade, a contingência das preferências face ao contexto de decisão ou a sua natureza construída, como defendem os psicólogos (Slovic, 1995). Segundo Plott, as preferências são estáveis e consistentes, sendo que os indivíduos apenas levam algum tempo a "descobrir" o que realmente desejam. Quando o fazem tendem a agir em conformidade:

> [A]titudes como expectativas, crenças, aversão ao risco, entre outras, são descobertas tal como são outros elementos do ambiente. As pessoas apercebem-se do que realmente querem através de um processo de reflexão e de prática. De certo modo, elas não sabem o que querem e pode ser dispendioso, ou mesmo desagradável, passar pelo processo de descoberta. A descoberta destas atitudes é, no entanto, um processo de evolução que tem uma direção, culminando, na última fase, com a "descoberta" de preferências consistentes e estáveis. (Plott, 1995: 227)

De acordo com esta perspetiva, quando os indivíduos tomam decisões em contextos pouco familiares têm alguma dificuldade em antever as consequências das suas ações, não conseguindo evitar a inconsistência na escolha. Nestas condições, as decisões são instantâneas ou impulsivas, procurando ir de encontro ao que parece ser o melhor interesse individual. Contudo, à medida que os indivíduos adquirem experiência, a escolha começa a refletir o conhecimento que os indivíduos vão obtendo do meio envolvente e dos outros indivíduos. Com uma adequada estrutura de incentivos, as atitudes começam a estabilizar em torno de regras de decisão consistentes e em consonância com as preferências que entretanto foram descobertas.

Embora Plott não circunscreva o objeto da Economia aos mercados, não deixa de propor um campo de estudo igualmente limitado. De acordo com esta interpretação, a teoria económica aplica-se apenas a decisões economicamente relevantes e frequentes, em que as pessoas têm os incentivos e a oportunidade para agir em conformidade com as suas preferências, deixando de fora decisões pouco frequentes e irreversíveis, mas economicamente relevantes. Contudo, esta interpretação não é consensual. A própria prática dos economistas parece desmenti-la. A agenda de investigação da economia estende-se para além de contextos mercantis, e inclui tanto processos de decisão frequentes, como raros.

A circunscrição do campo de estudo da Economia a contextos mercantis, ou a contextos em que os decisores têm os incentivos e as condições necessárias para a deliberação racional, acabou por marcar a demarcação entre as experiências de laboratório da Psicologia e as experiências da Economia. Embora a economia experimental se tenha inspirado na psicologia experimental, os economistas experimentais rapidamente fixaram um conjunto de procedimentos padronizados que definem e distinguem as experiências de laboratório da Economia (Smith, 1976, 1982). Um elemento crucial e distintivo das experiências da Economia é a atenção dada à estrutura de incentivos, que deve induzir motivações económicas nos sujeitos experimentais, remunerando a sua participação nas experiências em função do seu desempenho. Os economistas experimentais também se preocupam em conceber tarefas simples que sejam facilmente percetíveis pelos sujeitos. Estas devem ser descritas com clareza e, na medida do possível, em linguagem abstrata e neutra, que torne saliente a estrutura do problema de decisão e evite a interferência de preconceitos que os sujeitos possam ter sobre o problema em questão. Os economistas procuram assim criar contextos laboratoriais transparentes, que facilitem a interpretação dos resultados experimentais, minimizando a atribuição dos resultados das experiências à confusão dos sujeitos experimentais relativamente ao que é pretendido. Os economistas também nunca mentem aos participantes nas experiências. Isto para reforçar a eficácia das instruções, garantindo deste modo que os sujeitos procuram de facto realizar a tarefa proposta e não reagir em função do que eles possam imaginar ser o objetivo (oculto) da experiência. Finalmente, os economistas procuram garantir o anonimato de modo a que a estrutura de incentivos seja a principal motivação dos sujeitos experimentais, impedindo que o julgamento dos outros interfira sobre as suas decisões.

O método experimental da Economia é considerado rígido por comparação com o método da psicologia experimental. Enquanto os economistas apresentam problemas de decisão bem estruturados, preocupam-se em garantir que os participantes compreendem bem o que lhes é pedido e que estão motivados para fazê-lo, os psicólogos apresentam problemas contextualmente mais ricos, não consideram importante motivar os sujeitos experimentais com incentivos monetários e frequentemente enganam os participantes quanto aos objetivos da experiência (Dawes, 1999; Hertwig e Ortmann, 2001).

Se por um lado, estas diferenças metodológicas entre a Psicologia e a economia experimental têm sido invocadas para desvalorizar a relevância das anomalias comportamentais, por outro lado, também têm inspirado a realização de novas experiências alimentadas pela expectativa de que os padrões comportamentais anómalos não se verificarão nos laboratórios da Economia. Esta posição é claramente defendida por Ken Binmore:

> Os meus artigos experimentais insistem que se pode apenas esperar que a teoria económica elabore previsões no laboratório se três critérios forem satisfeitos:
> • O problema que os sujeitos enfrentam não é apenas "razoavelmente" simples, mas é apresentado de modo a que pareça simples aos sujeitos;
> • Os incentivos oferecidos são "adequados";
> • O tempo fornecido para ajustamentos de tentativa-e-erro é "suficiente".
> (Binmore, 1999: F17)

A expectativa de que as "anomalias" não serão reproduzidas pelas experiências de laboratório da Economia tem levado a que os economistas, numa primeira fase, verifiquem se os padrões comportamentais observados se devem a uma deficiente estrutura de incentivos e a problemas de compreensão por parte dos sujeitos experimentais.

O programa de investigação em torno das inversões de preferências (*preference reversals*) exemplifica bem esta estratégia. As inversões de preferências foram pela primeira vez reportadas pelos psicólogos Sarah Lichtenstein e Paul Slovic (1971, 1973) para demonstrar que os mecanismos de revelação de preferências determinam as preferências que são reveladas. Em particular, os psicólogos procuraram mostrar, com sucesso, que as preferências que são reveladas através da escolha entre dois objetos diferem das preferências reveladas através da atribuição de preços a esses objetos. Este fenómeno pôs em causa o princípio de invariância de procedimentos e, consequentemente, o princípio das preferências reveladas, caro à Economia, que assume a possibilidade de se inferir as preferências dos indivíduos a partir das suas ações nas mais variadas circunstâncias.

Nestas experiências, os sujeitos são convidados a escolher e a atribuir preços a pares de lotarias, que se distinguem quanto às probabilidades de ganhar ou perder um prémio e aos montantes envolvidos. A previsão dos psicólogos, que se verificou, era que os indivíduos escolheriam as lotarias com maior probabilidade de obter um ganho relativamente modesto (lotarias P), mas atribuiriam um preço superior às lotarias com menor probabilidade de propiciar um ganho mais substancial (lotarias $). Este padrão configura uma inversão de preferências na medida em que as preferências reveladas na escolha (lotarias P) divergem das preferências reveladas através da atribuição de preços (lotarias $). Segundo os psicólogos, estas experiências indiciam que as preferências são instáveis e dependentes de vários aspetos do problema de decisão, que também influenciam o comportamento dos indivíduos, para lá dos gostos pessoais e dos constrangimentos orçamentais como supõe a teoria económica convencional.

A primeira reação dos economistas rias experiências foram conduzidas seguindo os preceitos experimentais da Economia, procurando corrigir o esquema de incentivos, tornar mais claro e simples o problema de decisão, ou conceder mais tempo para a deliberação e para a aprendizagem das consequências das escolhas (Grether e Plott, 1979; Reilly, 1982; Pommerehne *et al.*, 1982; Harrison, 1994; Bohm, 1994; Cox and Grether, 1996). Contudo, os economistas não conseguiram eliminar o fenómeno.¹³ De seguida, tentaram atribuir os resultados aos procedimentos de revelação das preferências, mas mais uma vez em vão (Holt, 1986; Karni e Safra, 1987; Segal, 1988). Perante a robustez do fenómeno, os economistas finalmente acabaram por aceitar a relevância das inversões de preferências. Procuraram, no entanto, atenuar o seu impacto sobre a teoria convencional, mantendo os princípios fundamentais intactos, como a estabilidade e consistência da escolha, de que a "hipótese das preferências descobertas" de Plott é um bom exemplo.¹⁴

As explicações avançadas pelos economistas procuravam proteger dois princípios teóricos fundamentais: o princípio segundo o qual os indivíduos possuem preferências claras, definidas e estáveis; e o princípio que postula que os indivíduos são racionais e maximizadores da sua utilidade individual. Admitiam, no entanto, a violação de princípios menos fundamentais, como o axioma da transitividade da teoria de utilidade esperada.¹⁵ Os psicólogos, pelo contrário, e desde o início, consideravam que as inversões de preferências constituíam uma violação da invariância de procedimentos, questionando o princípio de que as preferências são estáveis e constantes. Defendiam que as preferências são construídas durante o processo de tomada de decisão, sendo influenciadas por vários fatores contextuais, incluindo os procedimentos que procuram determinar as preferências dos indivíduos.

Esta interpretação inspirou investigação subsequente sobre a tomada de decisão, que acabou por reforçar a hipótese de que as preferências são construídas, dependendo das estratégias a que os indivíduos recorrem durante o processo de decisão, que incluem as heurísticas ancoragem e ajustamento, a eliminação de elementos comuns ou a exclusão de diferenças irrelevantes para simplificar o problema, e a reestruturação do problema de modo a reduzir o conflito ou a indecisão, entre outras. No seu conjunto, estes resultados mostram que "a decisão é uma forma altamente contingente ao processa-

---

[13] Camerer e Hogarth (1999) reveem dezenas de experiências que procuraram eliminar várias "anomalias", concluindo que o desvio ao modelo de racionalidade tende a reduzir-se com a introdução ou o reforço de incentivos monetários e com a experiência. No entanto, estas condições nunca chegam a ser suficientes para eliminar os resultados anómalos para a teoria convencional.

[14] Ver Starmer (2000) para uma revisão de literatura acerca de teorias alternativas à teoria de utilidade esperada que procuram dar conta das "anomalias" comportamentais.

[15] Segundo o axioma da transitividade, se uma pessoa prefere uma opção $x$ a uma segunda opção $y$, e esta opção $y$ a uma terceira $z$, então prefere a primeira opção $x$ à terceira $z$.

mento de informação, que é sensível à complexidade da tarefa, ao tempo disponível, ao tipo de resposta, ao enquadramento, a pontos de referência e muitos outros fatores contextuais" (Slovic, 1995: 369).

A coexistência de duas explicações alternativas (violação do axioma da transitividade versus invariância de procedimentos) inspirou a condução de novas experiências, tendo-se verificando, uma vez mais, que as inversões de preferências são sobretudo causadas pelos procedimentos de revelação de preferências.

Depois de décadas a tentar, sem sucesso, eliminar "anomalias" comportamentais, os economistas experimentais consideram que é chegada a hora de redefinir a agenda de investigação da economia experimental, que deverá contemplar o processo de tomada de decisão individual.

> O desafio não é redefinir as experiências existentes incorporando controlos mais apertados até que elas finalmente produzam resultados consistentes com a teoria económica convencional, reduzindo os participantes a pouco mais do que agentes de inteligência zero (*"zero intelligence traders"*).[16] Pelo contrário, o grande desafio para o futuro é desenhar experiências que permitam a heterogeneidade no comportamento humano, e desenvolver técnicas que forneçam melhores pistas quanto à interação entre os valores imprecisos das pessoas e o ambiente em que operam, identificando o modo como elas *constroem* respostas e/ou as modificam em resultado da sua experiência (Loomes, 1999: 44; meu ênfase)[17]

**Notas finais**
A economia comportamental reabilita o diálogo entre a Economia e a Psicologia, contrariando o isolamento da Economia de outras ciências sociais. A resistência que alguns economistas revelam relativamente aos desafios lançados pela economia comportamental indica que a separação entre a Economia e as outras ciências sociais ainda está bem arreigada entre os economistas bem como a defesa de um campo de estudos distinto e restrito para a Economia.

Há contudo uma diferença crucial entre o debate que ocorreu em meados do século XX e o debate atual. O que preocupa hoje os economistas não é

---

[16] Invocação da experiência de Gode e Sunder (1993), que mostra que os resultados de equilíbrio das experiências de mercado se devem às instituições de mercado e não às características dos indivíduos.
[17] Ver também Cubitt, Starmer e Sugden (2001).

tanto defender uma ciência pura, expurgada de subjetividade, mas defender o património teórico da ciência económica, nomeadamente os princípios fundamentais de racionalidade e equilíbrio.

Mas ao contrário do que seria de esperar, esta resistência não tem sido completamente estéril. Ela tem até desempenhado um papel importante, sustentando durante os anos de formação da economia comportamental e experimental, o diálogo entre a Psicologia e a Economia. Ainda que, numa primeira fase, este diálogo tenha sido motivado pela expectativa de que seria fácil demonstrar a irrelevância das anomalias comportamentais para a Economia, o fracasso dos mais convictos defensores da teoria económica convencional, em última análise, facilitou a aceitação dos resultados da economia comportamental. Atualmente, muitos economistas defendem abertamente que o estudo dos processos de tomada de decisão faz parte da ciência económica e estão recetivos à ideia de que as preferências são imprecisas, instáveis e contingentes.

A autonomização da economia comportamental face à economia experimental, o seu crescimento e a tendência para uma maior especialização da investigação, indiciam que as relações entre a Economia e a Psicologia tenderão a intensificar-se, bem como as relações entre a Economia e outras ciências sociais. Novas áreas especializadas, como as finanças comportamentais, a teoria de jogos comportamental e a economia pública comportamental, sugerem que a investigação cada vez mais se foca em torno de problemas de investigação que convocam recursos heterogéneos de diferentes proveniências disciplinares (Durluaf e Blume, 2010). Herbert Gintis (2006, 2009), por exemplo, propõe a unificação das ciências comportamentais – que incluem a Economia, a Biologia, a Antropologia, a Sociologia, a Psicologia, e a Ciência Política – a partir da refundação da teoria dos jogos. Esta tendência também se observa noutros programas de investigação recentes, como é o caso da economia evolucionista e da neuroeconomia, reforçando a crescente abertura da Economia às contribuições de outras disciplinas (Davis, 2006, 2008).

Independentemente da resistência que alguns economistas consagrados possam oferecer, a evolução recente da Economia sugere que a investigação tenderá a ser cada vez mais indiferente às proveniências disciplinares. Se este prognóstico se confirmar, a discussão em torno da relevância do diálogo entre a Economia e as outras ciências sociais tornar-se-á cada vez mais obsoleta. Mas daqui não resultará nenhuma catástrofe para a Economia: esta será a exata medida do sucesso da ciência económica enquanto ciência social e humana.

# REFERÊNCIAS BIBLIOGRÁFICAS

Ashraf, Nava; Camerer, Colin F.; Loewenstein, George (2005), Adam Smith, Behavioral Economist, *Journal of Economic Perspectives*, 19 (3), 131–145.

Barsdley, Nicholas *et al.* (2010), *Experimental Economics: Rethinking the Rules*, Princeton: Princeton University Press.

Binmore, Ken (1999), Why Experiment in Economics?, *The Economic Journal*, 109, 16-24.

Bohm, Peter (1994), Time Preference and Preference Reversal among Experienced Subjects: the Effects of Real Payments, *Economic Journal*, 104: 1370-1378.

Bruni, Luigino; Sugden, Robert (2007), The Road not taken: how psychology was removed from economics, and how it might be brought back, *The Economic Journal*, 117, 146-173.

Camerer, Colin F.; Hogarth, Robin M. (1999), The Effects of Financial Incentives in Experiments: A Review and Capital-Labor-Production Framework, *Journal of Risk and Uncertainty*, 19, 7–42.

Camerer, Colin F.; Loewenstein, George (2004), Behavioral Economics: Past, Present, Future, in Camerer, Colin F.; Loewenstein, George; Rabin, Matthew (orgs.), *Advances in Behavioral Economics*, Princeton e Oxford: Princeton University Press, 3-51.

Camerer, Colin F.; Loewenstein, George; Rabin, Matthew (orgs.) (2004), *Advances in Behavioral Economics*, Princeton e Oxford: Princeton University Press.

Cox, James C.; Grether, David M. (1996), The Preference Reversal Phenomenon: Response Mode, Markets and Incentives, *Economic Theory*, 7, 381-405.

Cubitt, Robin; Starmer, Chris; Sugden, Chris (2001), Discovered preferences and the experimental evidence of violations of expected utility theory, *Journal of Economic Methodology*, 8, 385-414.

Davis, John (2003), *The Theory of the Individual in Economics*, Londres: Routledge.

Davis, John (2006), The Turn in Economics: Neoclassical Dominance to Mainstream Pluralism?, *Journal of Institutional Economics*, 2, 1–20.

Davis, John (2008), The turn in recent economics and return of orthodoxy, *Cambridge Journal of Economics*, 32, 349–366.

Dawes, Robyn M. (1999), Experimental demand, clear incentives, both, or neither?, in Budescu, David V.; Erev, Ido; Zwick, Rami (orgs.), *Games and Human Behavior: Essays in Honor of Amnon Rapoport*, N.J.: Laurence Erlbaum Associates, 21-28.

DIMAND, Robert W. (2005), Experimental Economic Games: The Early Years, in Fontaine, P.; Leonard, R. (orgs.), *The Experiment in the History of Economics*, Londres e Nova York: Routledge, 5–24.

DURLAUF, Steven N.; BLUME, Lawrence E. (orgs.) (2010), *Behavioral and Experimental Economics, The New Palgrave Economics Collection*, Nova York: Palgrave Macmillan.

EARL, Peter E. (1988), *Psychological Economics: Development, Tensions, Prospects*, Boston, MA: Kluwer Academic Publishers.

FEHR, Ernst; SCHMIDT, Klaus M. (1999), A Theory of Fairness, Competition, and Cooperation, *The Quarterly Journal of Economics*, 114, 817-868.

FREY, Bruno S.; BENZ, Matthias (2005), From imperialism to inspiration: a survey of economics and psychology, in *The Elgar Companion to Economics and Philosophy*, 61-83.

FRIEDMAN, Milton (1953), The methodology of positive economics, in Friedman, M. (org.) *Essays in Positive Economics*, Chicago: The University of Chicago Press, 3-43.

GINTIS, Herbert (2006), *Towards a Unified Behavioral Science*, http://www.umass.edu/preferen/gintis/TowardsUnity.pdf.

GINTIS, Herbert (2009), *The Bounds of Reason – Game Theory and the Unification of the Behavioral Sciences*, Princeton e Oxford: Princeton University Press.

GODE, Dhananjay K.; SUNDER, Shyam (1993), Allocative Efficiency of Markets with Zero-Intelligence Traders: Markets as a Partial Substitute for Individual Rationality, *Journal of Political Economy*, 101, 119–137.

GRETHER, David M.; PLOTT, Charles R. (1979), Economic Theory of Choice and the Preference Reversal Phenomenon, *The American Economic Review*, 69, 623–638.

HANDS, D. Wade (2009), The Road May Not Have Been Taken, But It Was Explored: Behavioral Economic Concerns in Early Twentieth Century Consumer Choice Theory, artigo apresentado na Universidade de Nijmegen, Nijmegen: Holanda, 17 de março de 2009.

HANDS, D. Wade (2010), Economics, Psychology, and the History of Consumer Choice Theory, *Cambridge Journal of Economics*, 34, 633-648.

HARRISON, Glenn W. (1994), Expected Utility Theory and the Experimentalists, *Empirical Economics*, 19, 223–253.

HERTWIG, Ralph; ORTMANN, Andreas (2001), Experimental Practices in Economics: a Methodological Challenge for Psychologists?, *Behavioral and Brain Sciences*, 24, 383-451.

HOGARTH, Robin M.; REDER, Melvin W. (1987), *Rational choice: The contrast between economics and psychology*, Chicago: University of Chicago Press.

HOLT, Charles A. (1986), Preference Reversals and the Independence Axiom, *The American Economic Review*, 76, 508–515.

KAGEL, John H.; ROTH, Alvin E. (orgs.) (1995), *The Handbook of Experimental Economics*, Princeton: Princeton University Press.

KAHNEMAN, Daniel; TVERSKY, Amos (1979), Prospect Theory: An Analysis of Decision Under Risk, *Econometrica*, 47, 263-291.

KAHNEMAN, Daniel; SLOVIC, Paul; TVERSKY, Amos (1982), *Judgment under Uncertainty: Heuristic and Biases*, Cambridge: Cambridge University Press.

KARNI, Edi; SAFRA, Zvi (1987), "Preference Reversal" and the Observability of Preferences by Experimental Methods, *Econometrica*, 55, 675–685.

KNETSCH, Jack L. (1989), The Endowment Effect and Evidence of Nonreversible Indifference Curves, *American Economic Review*, 79, 1277-84.

LAIBSON, David (1997), Golden Eggs and Hyperbolic Discounting, *Quarterly Journal of Economics*, 112, 443–477.

LEWIN, Shira B. (1996), Economics and Psychology: Lessons for Our Own Day from the Early Twentieth Century, *Journal of Economic Literature*, 34, 1293-1323.

LICHTENSTEIN, Sarah; SLOVIC, Paul (1971), Reversals of Preference Between Bids and Choices in Gambling Decisions, *Journal of Experimental Psychology*, 89, 46–55.

LICHTENSTEIN, Sarah; SLOVIC, Paul (1973), Response-Induced Reversals of Preference in Gambling: An Extended Replication in Las Vegas, *Journal of Experimental Psychology*, 101, 16–20.

LOEWENSTEIN, George (1999), Experimental Economics from the Vantage-Point of Behavioral Economics, *The Economic Journal*, 109, 25-34.

LOOMES, Graham (1999), Some Lessons from Past Experiments and Some Challenges for the Future, *The Economic Journal*, 109, 35–45.

MIROWSKI, Philip (2002), *Machine Dreams: Economics Becomes a Cyborg Science*, Cambridge: Cambridge University Press.

PLOTT, Charles (1995), Rational Individual Behaviour in Markets and Social Choice Processes: the Discovered Preference Hypothesis, in Arrow, K. J.; Colombatto, E.; Perlman, M.; Schmidt, C. (orgs.), *The Rational Foundations of Economic Behaviour*, IEA Conference, London: Macmillan Press, 225–250.

POMMEREHNE, Werner W., SCHNEIDER, Friedrich; ZWEIFEL, Peter (1982), Economic Theory of Choice and the Preference Reversal Phenomenon: A Reexamination, *The American Economic Review*, 72, 569–574.

RABIN, Matthew (1998), Psychology and Economics, *Journal of Economic Literature*, 36, 11–46.

REILLY, Robert J. (1982), Preference Reversal: Further Evidence and Some Suggested Modifications in Experimental Design, *The American Economic Review*, 72, 576–584.

RIZVI, S. Abu Turab (2005), Experimentation, General Equilibrium and Games, in Fontaine, P.; Leonard, R. (orgs.), *The Experiment in the History of Economics*, Londres: Routledge, 50–70.

SAMUELSON, Paul (1938), A Note on the Pure Theory of Consumer's Behaviour, *Economica*, 5, 61-71.

SAMUELSON, Paul (1948), Consumption Theory in terms of Revealed Preference, *Economica*, 17, 355-385.

SANTOS, Ana C. (2010), *The Social Epistemology of Experimental Economics*, Londres: Routledge.

SATZ, Debra (2010), *Why Some Things Should not be for Sale: The moral limits of markets*, Oxford: Oxford University Press.

SEGAL, Uzi (1988), Does the Preference Reversal Phenomenon Necessarily Contradict the Independence Axiom?, *The American Economic Review*, 78, 233–236.

SENT, Esther-Mirjam (2004), Behavioral Economics: How Psychology Made Its (Limited) Way back Into Economics, *History of Political Economy*, 36, 735-760.

SHILLER, Robert J. (2000), *Irrational Exuberance*, Princeton: Princeton University Press.

SHILLER, Robert J. (2008), *The Subprime Solution*, Princeton: Princeton University Press.

SLOVIC, Paul (1995), The Construction of Preferences, *American Psychologist*, 50, 364–371.

SMITH, Vernon L. (1976), Experimental Economics: Induced Value Theory, *American Economic Review*, 66, 274-279.

SMITH, Vernon L. (1982), Microeconomic Systems as an Experimental Science, *American Economic Review*, 72, 923-955.

SMITH, Vernon L. (1992), Game Theory and Experimental Economics: Beginnings and Early Influences, in Weintraub, E. R. (ed.), *Toward a History of Game Theory*, Annual Supplement to vol. 24, History of Political Economy, Durham, N.C.: Duke University Press, 241-282.

SMITH, Vernon L. (2008), *Rationality in economics: constructivist and ecological forms*, Cambridge: Cambridge University Press.

STARMER, Chris (2000), Developments in Non-Expected Utility Theory: The Hunt for a Descriptive Theory of Choice under Risk, *Journal of Economic Literature*, 38, 332–382.

THALER, Richard (1992), *The Winner's Curse: Paradoxes and Anomalies of Economic Life*, Princeton: Princeton University Press.

TVERSKY, Amos; KAHNEMAN, Daniel (1974), Judgement and Uncertainty: Heuristics and Biases, *Science*, 185, 1124-1131.

TVERSKY, Amos; KAHNEMAN, Daniel (1981), The Framing of Decision and the Psychology of Choice, *Science*, 211, 453-458.

# CAPÍTULO 9
# HISTÓRIA EMPRESARIAL E TEORIA ECONÔMICA: REITERANDO UM CONVITE DE SCHUMPETER

*Jaques Kerstenetzky**

> Historiadores e economistas teóricos podem fazer uma interessante e valiosa viagem conjunta, se assim desejarem.
>
> SCHUMPETER, J. A. (1947: 149)

**Introdução**[1]

É recorrente a publicação de trabalhos de História Empresarial que discutem o campo de estudos. Objeto e método são discutidos de forma positiva e normativa, e a história do campo é contada de maneira que evolução e mudanças são apontadas. Destaca-se nos trabalhos a dificuldade em definir o campo e a discussão de teorias – em geral, teorias da firma oriundas da economia – que possam estruturar o trabalho de pesquisa; frente às dificuldades de definição, é até mesmo feita a proposição de que a história empresarial seja o que os historiadores de empresa fazem (Roberts, 1997/8: 7).

Ao invés da recorrência de artigos no tema indicar que o tema já foi por demais explorado, ela aponta que há questões a resolver, de forma que revistas continuam publicando novas contribuições que basicamente contam a história do campo e/ou procuram defini-lo em seu objeto e método. Podemos ainda entender este esforço como a reflexão do campo sobre si mesmo: de que consiste seu objeto, que métodos emprega, como funciona a relação entre teoria e fato.

O convite da epígrafe de Schumpeter de viagem conjunta tangencia este contexto: embora as palavras do convite se refiram a uma viagem mais ampla, com a história econômica no lugar da história empresarial e a teoria econômica no lugar da(s) "microeconomia"(s), o artigo de Schumpeter no qual o convite foi expresso se dedicava ao tema mais localizado de firma e atividade empresarial.

---

* Professor Associado do Instituto de Economia da UFRJ

[1] Agradeço os comentários dos participantes do Workshop Economia e Interdisciplinaridade(s), ocorrido em Niterói, 29-30 de abril de 2010, no qual foi apresentado este trabalho.

Não é difícil, em princípio, apontar possíveis relações de colaboração entre teoria econômica (microeconomia) e História empresarial, já que uma trata de firmas e mercados na teoria, e a outra do mesmo tema na experiência. A viagem conjunta representa expectativas de uma reflexão conjunta com economistas acerca das potencialidades de teorias da firma para o trabalho histórico, para os Historiadores de empresa; aos economistas, proporcionaria o desenvolvimento de uma economia mais histórica.[2]

De fato, pelo lado da história empresarial já mencionei o fluxo de artigos propondo determinadas teorias da firma como suporte para elaboração de estudos de história empresarial ao longo do desenvolvimento do campo da história de empresas. Já do lado da teoria microeconômica, porém, o mesmo não se verifica, o que deve ter relação com o fato de ter a Economia (e em particular a microeconomia) se desenvolvido principalmente como ciência dedutiva e, adicionalmente, com o fato de que, sendo predominantemente estática e portando pretensões de universalidade, recorre a outros padrões de estudos empíricos, de forma que a historicidade não é traço característico do trabalho de pesquisa. Os casos de formulação microeconômica que exibem alguma historicidade são de caráter heterodoxo e, mesmo assim, neles a história entra de forma indireta, fornecendo inspiração, ambiente, pano de fundo. Estou me referindo a teorias influenciadas pelo ambiente histórico de grandes firmas e corporações, como a teoria do crescimento da firma de Penrose (1959), a teoria gerencialista de Marris (1963), a teoria da formação de preços em oligopólio de Eichner (1976) e a teoria behaviorista de Cyert, March e Simon (March, 1988). É possível ainda apreciar a presença de elementos empíricos em autores e escolas que não se localizam no centro do *mainstream*: assim, sendo inegável que na obra de Coase há um olhar atento sobre o mundo e seus problemas, este se manifesta também no trabalho dos neoinstitucionalistas ao empregar episódios históricos em sua discussão, como o famoso episódio de integração vertical da Fisher Body-GM, como em Klein (1988) e muitos outros; outras contribuições recentes discordantes metodologicamente do mainstream são ainda de extração behaviorista e experimentalista; mas importante é perceber que, por mais que esta presença crescente de elementos empíricos represente uma trans-

---

[2] Serão examinados dois níveis da proposta: trabalhar as relações entre teoria da firma e História empresarial, que é o tema; e recorrer a relações mais amplas entre História Econômica e Teoria Econômica porque é boa prática metodológica.

formação no emprego da dedução na construção de conhecimento econômico, não chega a ser um diálogo entre história e teoria no plano microeconômico, tema deste artigo.

Assim, podemos afirmar que, ao menos no que se refere a empresas, a sugestão de Schumpeter de uma viagem conjunta para História Econômica e teoria econômica resultou em convite pouco atendido, ou mesmo ignorado por boa parte da academia. O reexame e reiteração do convite aqui se faz com auxílio da maneira marshalliana de pensar a ciência econômica, contando também com recurso a proposições da Escola Histórica Alemã e do próprio Schumpeter.

Alfred Marshall considerou seriamente o papel de estudos históricos e o papel da historicidade na teoria econômica. Seu *Industry and Trade* (Marshall, 1919) pode ser considerado um texto de História empresarial, embora seja mais do que isto. A Escola Histórica Alemã é referência óbvia pela sua proposição de uma economia histórica. Consideraremos ainda a avaliação de Marshall e da Escola histórica alemã pelo próprio Schumpeter, que escreveu sobre empresários, teoria e história empresarial, sendo *Business Cycles* obra com largo conteúdo de História empresarial (McCraw, 2007: 251ss). A escolha destas referências é ainda reforçada pela influência exercida pela escola histórica alemã sobre Marshall e Schumpeter e pelos comentários externados pelos dois últimos a esta escola. No caso de Marshall, os comentários são consistentes entre si e de avaliação positiva, embora não muito frequentes. No caso de Schumpeter, os comentários ora parecem positivos, ora negativos, de forma que há, à primeira vista, uma ambiguidade em sua avaliação. No entanto, há trabalhos que convincentemente sublinham a face de aprovação, alguns chegando a abordar a questão da ambiguidade, como Ebner (2000), Shionoya (2008), Michaelidis e Milos (2009), Reinert (2002), Hodgson (2001).

Há um último ponto a esclarecer neste início do trabalho: em que possível sentido de "viagem conjunta" trabalharemos? No de uma divisão do trabalho, com economistas discutindo dedutivamente, empregando o trabalho de historiadores como material para escolha de supostos e para o teste de hipóteses, enquanto historiadores usam conjecturas como guia para orientar a coleta de fatos? Ou no de algo mais intenso do ponto de vista da interação, com a produção de teoria mais historicamente influenciada? Em parte decisões que antecedem a viagem, estes são pontos que se esclarecem pela própria. Adiantando que o alvo do artigo é a viagem conjunta no sentido de uma teoria com historicidade e não de uma divisão do trabalho, sua proposição terá que contar com uma condução da discussão por partes, trabalhando primeiro "a história na teoria" (próxima seção), depois "a teoria na história" (seção seguinte), para depois juntar as duas (conclusão).

## "História na teoria": Teoria Econômica e História Econômica

O papel da História na Teoria é examinado a partir de uma das linhas de desenvolvimento da Economia presente no período de formação da economia neoclássica, período este que se caracteriza por pluralismo, incluindo as alternativas de cunho mais histórico e institucional das escolas históricas da Alemanha e da Inglaterra e do Institucionalismo americano. O exame tem como ponto central a velha questão do papel da indução e dedução como métodos de formulação de proposições econômicas e a controvérsia conhecida como *methodenstreit*, ocorrida na Alemanha, mas também com reflexos na Inglaterra e nos EUA. A preocupação nesta seção é caracterizar algumas proposições de formulação de teoria econômica em que a História foi considerada, em contraposição a formulações dedutivas.[3]

Comecemos pela proposição de Schmoller abaixo, na qual interagem indução e dedução:

> ... O progresso da ciência é promovido pelas forças contrastantes do empirismo e do racionalismo, que se defrontam e corrigem mutuamente – embora o empirista sensato nunca vá deixar de admitir que toda experiência é apenas o resultado de seu pensamento, e o racionalista de qualidade nunca negue que o material de seus pensamentos se torna disponível pelo mundo dos sentidos. Como um eminente pensador disse recentemente, o conflito das escolas significa, em última análise, que o racionalista atribui um maior valor às associações de ideias produzidas por nossa própria vontade, enquanto o empirista atribui maior valor a associações que se fazem por força das circunstâncias, independentemente da nossa vontade. Não obstante a verdade que possa haver nisso, por mais que cada grande estudioso e pensador possa ser empirista ou racionalista, é a partir da combinação desses elementos que brotam as diferentes escolas de pensamento, em conflito e seguindo-se umas às outras (Schmoller, 1952 [1888]: 364).[4]

---

[3] Com o final da controvérsia, a História é destinada a um campo específico e separado da análise econômica, o da História Econômica.

[4] As citações foram traduzidas pelo autor deste capítulo.

O trecho não permite identificar preferência por um ou outro método, apenas expõe a variedade como resultando de diferentes combinações e valoração de indução e dedução, propondo que a interação favorece o progresso do conhecimento. Com base no trecho, é possível até propor que tensão e confronto fazem parte do progresso do conhecimento, pela correção que trabalhos de diferentes composições se fazem mutuamente.

No texto de onde foi retirada esta passagem, Schmoller prossegue contando como a Economia se tornou uma ciência dedutiva. Sua narrativa, embora escrita com fortes tintas, é de difícil contestação: no relato, a literatura econômica dos séculos dezessete e dezoito é apontada como predominantemente empírica, com proposições puramente teóricas que são generalizações apressadas, baseadas em fatos rudemente sistematizados. Mercantilismo e cameralismo são caracterizados como tendo reunido grande quantidade de fatos, estatísticas e caracterização de atividades econômicas. Fisiocratas são apresentados como racionalismo libertador, ainda que combinado com alguma fantasia. Sobre seus ombros teria ascendido Adam Smith, extraindo conclusões da natureza geral e uniforme do Homem, crença estabelecida em seu tempo. Após louvar a maneira superior e simples pela qual Smith combinou simplificação racional com empirismo, Schmoller afirma que o escocês abriu caminho para seus sucessores, e que o elemento empírico evaporou mais e mais com e após Ricardo. As expressões utilizadas por Schmoller para caracterizar o que se seguiu são "exagero do elemento racionalista", "pensamento especulativo", "perda de contato com a realidade", "desleixo", "pesquisadores de gabinete", "estórias de Robinson Crusoé", etc.

Não é difícil perceber que, após o período que Schmoller pôde analisar, as características que rejeitou só fizeram se aprofundar. Após os anos 1930, em particular, matematização e modelagem fizeram a tendência por ele rejeitada cada vez mais forte e dominante. Como forma curiosa de manifestação da força da metodologia dedutiva entre os economistas, temática característica de escolas derrotadas em controvérsias que fizeram parte da história da entronização da escola neoclássica, como a própria escola histórica alemã e a escola institucionalista americana, foi reprocessada, reaparecendo na vertente principal da economia nas últimas décadas do século XX vestidas com nova metodologia – cliometria e neoinstitucionalismo reintroduziram História econômica e instituições no *mainstream*

(Arida, 1996: 25). Mais recentemente, a própria história econômica é lugar de multiplicação de abordagens histórico-neoinstitucionalistas.

Voltando a Schmoller e seu tempo, sugeriu ele a volta à realidade empírica como o único remédio para a situação por ele descrita. É interessante observar como seria o funcionamento do remédio, de forma a compreender qual seria o papel de estudos empíricos de acordo com Schmoller e a escola histórica. Isto pode ser feito com o auxílio de observações de Schumpeter sobre a escola histórica alemã.

> o elemento básico e distintivo da fé metodológica da escola histórica era dever o organon da economia científica constituir-se principalmente – ou exclusivamente, como inicialmente defendido –de resultados e generalizações de monografias históricas. [...] O economista deveria antes de tudo dominar a técnica histórica, [...] deveria mergulhar no oceano da história econômica de maneira a investigar padrões particulares ou processos em todos seus vivos detalhes [...] conhecimento alcançável pelas ciências sociais seria lentamente gerado por este trabalho (Schumpeter, 1954: 807).

Registremos, do trecho, a proposta de trabalho do economista como sendo de partir do exame da história, "mergulhar no oceano da história", para então identificar regularidades e desta forma acumular conhecimento.

Convém já aqui, a propósito desta observação, introduzir a questão da maneira como Schumpeter julga a Escola Histórica alemã. Schumpeter prossegue com a colocação de que este método suprime as fronteiras entre o economista histórico e o historiador econômico (Schumpeter, 1954: 808). Seria esta última colocação descritiva (no sentido de neutra), teria um tom crítico ou teria ainda um tom favorável? Esta questão só pode ser respondida tendo em vista as várias manifestações de Schumpeter em relação à escola histórica, que motivaram recentemente certo número de trabalhos tendo por objetivo elucidar o que seria uma ambiguidade da postura de Schumpeter com relação à escola. Ebner (2000) sugere, a meu ver de maneira acertada, que a ambiguidade é resultante do entusiasmo e contribuição de Schumpeter tanto ao desenvolvimento de abordagem quantitativa e dedutiva quanto a abordagens de natureza histórica, ou seja, que Schumpeter seria pensador pluralista, de forma que em sua apreciação de outros trabalhos, no incentivo ao trabalho de outros ou em seu próprio trabalho favorecia ele procedimentos de natureza dedutiva, quantitativa ou histórica.[5] Se considerarmos a apreciação de Schumpeter sobre os *Princípios de Economia* de Marshall (Schumpeter, 1941) e o que escreveu em "The creative response in Economic History" (Schumpeter, 1947), ambos comentados mais adiante, entenderemos então que a colocação não é feita com juízo desfavorável.

O funcionamento do remédio é ainda encontrado no próprio texto de Schmoller, na forma de elogio a Roscher como economista, descrito como filólogo e historiador devotado a fundar uma base histórica para a economia abstrata, trabalhando de três formas:

> ... Primeiro, preparou um número de investigações históricas em vários temas. Segundo, produziu uma história erudita da literatura e do pensamento econômico. [...] Terceiro, publicou [...] um manual-compêndio para homens de negócios e estudantes (Schmoller, 1952 [1888]: 366).

A primeira forma de trabalhar ilustra a descrição schumpeteriana da escola, "mergulho no oceano da história econômica"; a segunda maneira, além de representar respeito para com os que pensam diferentemente, combina com a terceira para produzir o que é para Schmoller o objetivo de Roscher: apresentar teoria com suporte empírico. Ainda que Roscher mantenha os resultados dedutivos dos outros, estes são agora reformados como teoria empiricamente embasada. E feito com trabalho denso e complexo, ao invés de raciocínio abstrato e dedutivo. Assim é fundamentado o elogio de Schmoller.

Conforme anteriormente mencionado, depois do intervalo pluralista ao final do qual vertentes históricas e vertentes institucionalistas foram superadas, a Economia prosseguiu desenvolvendo-se como ciência predominantemente dedutiva, e as escolas histórica alemã e institucionalista americana perderam a disputa com a escola neoclássica. Mas esta história pode ser contada de maneira mais rica. Uma investigação mais apurada é

---

[5] É interessante ainda considerar a solução da ambiguidade proposta por Hodgson (2001), de que Schumpeter teria variado suas afirmações de acordo com o momento, plateia e interesses em vista, a exemplo de declarações mais críticas à Escola Histórica à época de seu ingresso em Harvard em bases mais definitivas. Para o entusiasmo de Schumpeter com o método histórico, ver ainda Shionoya (2008).

capaz de revelar procedimentos de formulação teórica distintos e proposições normativas em economistas posteriores a Schmoller, sendo um deles o próprio Alfred Marshall, celebrado como pertencente à escola neoclássica e grande contribuinte da vertente principal da economia. Se isto causar surpresa, aqui vai uma explicação: ainda que economistas considerados *mainstream*, como este, tenham formulado ideias distintas do *mainstream*, como as que podem ser utilizadas na presente discussão de história e teoria, não são tais ideias selecionadas para a história oficial da vertente principal da economia.

A pertinência das proposições de Schmoller sobre indução e dedução reproduzidas no trecho citado anteriormente foi reconhecida por Marshall, que o citou neste tema manifestando concordância. Indo além, Marshall destacou a importância da variedade de métodos:

> Os métodos requeridos para este duplo trabalho não são peculiares à economia; são propriedade comum de todas as ciências. Todos os instrumentos para a descoberta de relações entre causa e efeito descritos em tratados de método científico devem ser utilizados a seu tempo pelo economista: não há um método único de investigação que possa ser chamado o método da Economia; cada método deve tornar-se útil na ocasião apropriada, individualmente ou em combinação com outros (Marshall 1961: 29).

Não estamos aqui apontando um similar antecedente de *"anything goes"* de Feyeraband (1975). Marshall examina as possibilidades de diferentes métodos em relação a diferentes problemas, campos e estágios de pesquisa. Deste exame e de sua prática emerge um grupo de proposições acerca da fertilidade de alguns métodos para a economia e outras ciências sociais, com comparação com a fertilidade destes métodos em outras ciências, como a Física.[6]

Marshall aponta no grupo de ciências físico-matemáticas a característica comum de que seu material básico é "constante e inalterado em todos os países e épocas" (Marshall, 1925 [1885]: 154). No século XIX, as ciências biológicas trouxeram a noção de crescimento orgânico; a lenta difusão

---

[6] Aqui me beneficiei da análise de procedimentos marshallianos de teorização feita por Marchionatti (2003), onde se indicam as fontes e a sua interpretação pelo autor, embora nem sempre seguindo a interpretação por ele sugerida.

desta noção às ciências do Homem permitiu a estas beneficiar-se de ideias mais claras sobre processos análogos em seus campos. Processos orgânicos envolvem matéria que passa por diferentes estágios de desenvolvimento; como consequência, "leis que se aplicam a um estágio raramente se aplicarão sem modificação a outros"; e, com especial significado para este artigo, "leis científicas devem ter desenvolvimento correspondente ao das coisas de que tratam" (Marshall, 1925 [1885]: 154).

Lembremo-nos das avaliações críticas de Schmoller das tendências da ciência econômica: Marshall admite que economistas do século XIX, influenciados pelo gênio de Ricardo, desenvolveram condescendência para com o raciocínio excessivamente abstrato. No entanto, destaca que a falha de Ricardo e seus seguidores

> ... não foi ignorar a história e as estatísticas; mas [...] negligenciar um amplo grupo de fatos, e um método de estudo dos fatos que hoje entendemos como de primordial importância. Eles consideraram o homem como, por assim dizer, uma quantidade constante, dando-se pouco trabalho ao estudo de suas variações (Marshall, 1925 [1885]: 154-5).

Da mesma forma que Schmoller, Marshall avalia o trabalho de Smith, Ricardo e outros economistas políticos; afirma ser sua contribuição "não verdade universal, mas maquinaria de aplicação universal para aplicação na descoberta de certa classe de verdades". Esta ideia de análise como maquinaria permeia a obra de Marshall, estando presente inclusive em peças metodológicas como dois apêndices metodológicos dos *Principles* que fornecem material tratado mais adiante.

A maquinaria pode existir porque se liga ao fato de que "o lado da vida com o qual a Economia especialmente se preocupa é aquele em que a conduta do homem é mais deliberada e no qual mais frequentemente avalia ele as vantagens e desvantagens de qualquer ação particular antes de nela entrar" (Marshall 1961: 20-21). Isto nos levaria, aparentemente, à forma de pensar e teorizar do neoclassicismo. No entanto, o que faz o método marshalliano específico é o uso da maquinaria: seus limites, a combinação com outras formas de raciocínio. Se "o balanço [de motivos] do economista... fez a economia mais exata que qualquer outro ramo das ciências sociais", também "economia não pode ser comparada com as ciências exatas e físicas: ela lida com as sutis forças de incessante mudança da natureza humana" (Marshall,

1961: 14-15). Para insistir: a Economia difere de '*harder*' *sciences*[7], particularmente da Física: a simplicidade e precisão dessas não pode nela ser obtida devido à variedade e incerteza da ação humana" (Marchionatti 2003: 33-4).

Marchionatti (2003) explica a abordagem marshalliana aos problemas econômicos como concebida para lidar com a complexidade dos problemas sociais. A difícil tarefa da economia é assim apresentada por Marshall:

> As forças que os economistas precisam levar em conta são mais numerosas, menos definidas, menos bem conhecidas e mais diversas do que aquelas com as quais lida a mecânica; ao passo que o material sobre o qual agem é mais incerto e menos homogêneo (Marshall, 1961: 772). [...] o problema reside no próprio material com o qual lida a economia, o 'organismo vivo e sempre em transformação' (Marshall, 1961: 769 *apud* Marchionatti, 2003: 34).

A caracterização acima justifica a busca metodológica daquilo que permite lidar com as complexidades do campo. Aqui começa um conjunto de proposições sobre fatos e raciocínio; neste ponto esclareço uma premissa na apreensão deste material e presente em todo o artigo: uma vez aceito que o material do economista é feito de 'organismo vivo e sempre em transformação', ou seja, homens (e firmas, e a sociedade, etc.) cuja natureza se altera no tempo, as proposições permitem intercambiar e mesmo confundir 'fatos' e 'história', no sentido específico de que fatos são datados, são parte de um processo de transformação incessante.[8] A próxima proposição é sobre os fatos e de como lidar com eles:

> Os economistas devem ser ávidos por fatos; mas os fatos em si nada ensinam. A História nos diz sobre sequências e coincidências; apenas a razão as pode interpretar e delas extrair lições. O trabalho a ser feito é tão variado que muito dele deve ser conduzido pelo **senso comum treinado**, que é o árbitro final em cada problema prático (Marshall, 1961: 38, grifo adicionado).

---

[7] Foi mantida a expressão estrangeira, que é de difícil tradução sem perda de significado, um tanto mítico-positivista.

[8] Em outro sentido que não está em questão aqui, seria necessário considerar que história é muito mais do que uma sequência de fatos, porque está sempre carregada de interpretação. Faço esta ressalva também para a citação marshalliana apresentada em seguida.

Marchionatti procura esclarecer a natureza marshalliana de *senso comum*, de forma que afasta a impressão de seja algo estranho à ciência:

...o senso comum deve ser treinado para desempenhar sua tarefa. De fato, Marshall (1885) distingue entre o senso comum não instruído ou opinião pública e o senso comum treinado. O primeiro é conhecimento baseado em fenômenos superficiais de forma despreocupada com a complexidade da realidade, enquanto o segundo é uma espécie de senso comum consciente, que se preocupa com a complexidade, dá flexibilidade à razão, contextualiza modelos teóricos e evita os riscos do raciocínio abstrato[9] (Marchionatti 2003: 34).

O variado trabalho a ser feito pode ser especificado. Não cabe ao "raciocínio exato", mas sim ao senso comum estabelecer objetivos, coletar e adaptar ao propósito em pauta material de cada departamento do conhecimento, combinar os materiais, destinar a cada um seu lugar e importância. E não é função da ciência prescrever regras para a vida, decidir o curso de ação a ser tomado.[10] A tarefa do economista pode então ser enunciada:

A ciência econômica não é mais que o trabalho de senso comum auxiliado por dispositivos de análise organizada e raciocínio geral, que facilitam a tarefa de recolher, organizar e fazer inferências a partir de fatos particulares. Embora seja seu escopo sempre limitado, e seja o seu trabalho sem a ajuda do senso comum infrutífero, no entanto, permite ao bom senso ir além do que seria possível em problemas difíceis (Marshall, 1961: 38).

Aqui vemos então Marshall propor a maquinaria da ciência – *dispositivos de análise organizada e raciocínio geral* na citação acima – como um ingrediente que não opera sozinho, mas de forma combinada com observação e com uso de senso comum. O uso da maquinaria é ainda sugerido como variando em intensidade, dependendo do problema. Assim, parte das

---

[9] Cabe observar que o trecho de Marchionatti é mais uma interpretação e extensão do que reprodução simples do pensamento marshalliano, já que as conceituações marshallianas de senso comum sem refinamento e senso comum instruído se encontram em diferentes textos, com contextos um pouco distintos.

[10] Este parágrafo reproduz trecho da primeira edição dos *Principles*, podendo ser recuperado na nona edição *variorum* da obra, no volume II, página 157.

tarefas da profissão deve ser feita com percepção afiada, senso de proporção e experiência de vida. Mas quando se trata de ir além do que é familiar, ultrapassar a superfície, de ir além da experiência, de lidar com causas de causas, é recomendado apoio em "maquinaria de pensamento e conhecimento que foi gradualmente construída pelas gerações passadas". A expressão "maquinaria" não é casual; há aqui uma analogia do pensamento sistemático na produção de conhecimento com a máquina na produção de bens.

Detalho este ponto com mais uma citação, porque creio ser uma defesa (mas também delimitação) do espaço e do uso adequado da teoria-engenho-de-conexões-lógicas:

> ...quando há processos de investigação ou raciocínio nos quais o mesmo tipo de trabalho deve ser feito da mesma forma e repetidamente; então convém reduzir os processos a um sistema, organizar métodos de raciocínio e formular proposições a serem utilizadas como maquinaria para trabalhar sobre fatos, como um torno para mantê-los firmes em posição para trabalhá-los. E embora seja verdade que causas econômicas se misturem com outras de diferentes maneiras, e que raciocínio científico exato raramente nos leve muito longe no caminho da conclusão que almejamos, seria tolice recusar dispor de sua ajuda, da mesma forma que seria tolo o extremo oposto de pensar que a ciência pode por si só fazer todo o trabalho, e que nada sobra para o trabalho do instinto prático e do senso comum treinado (Marshall 1961: 779).

Assim, para um exemplo de maquinaria simples e curta, um aluno de graduação de economia pode sem maior vacilação conectar um aumento da demanda de um produto a um aumento de seu preço, ou uma operação de mercado aberto do governo ao movimento da taxa de juros. Note-se no final da citação que Marshall reafirma que abandonar os serviços da maquinaria científica seria tão tolo como supor que esta pode fazer todo o trabalho. A este respeito, convém ressaltar que Marshall diferiu da proposição tradicional do século XIX, da economia como ciência dedutiva, ou seja, desenvolvida através de cadeias dedutivas de raciocínio. Com efeito, para Marshall, "a função[...] de análise e dedução em economia não é forjar umas poucas cadeias longas de raciocínio, mas justamente forjar muitas cadeias curtas e simples elos de ligação" (*Principles*, appendix C,3). A dedução é apenas parte do método de lidar com a complexidade.

A complexidade do trabalho, lidar com a maquinaria, saber fazê-lo de forma articulada com observação e com uso de senso comum treinado traz consequências em termos das habilidades requeridas do economista:

> O economista precisa das três grandes faculdades intelectuais, percepção, imaginação e razão: e mais que das outras ele precisa de imaginação para colocá-lo na trilha das causas de fenômenos visíveis que são remotas ou que estão abaixo da superfície, e dos efeitos de causas visíveis que são remotos ou que jazem abaixo da superfície (Marshall, 1961: 43).

Marchionatti oferece uma citação marshalliana envolvendo a dificuldades dos estudos estatísticos sobre consumo que exemplifica o uso das faculdades no seu melhor, e sugere que ela ilustra o ponto sobre o que permite ao economista estudar casos concretos em profundidade (Marchionatti, 2003: 35). Optei aqui por apresentar a mesma passagem marshalliana de forma um pouco mais extensa do que Marchionatti, adicionando também destaque em negrito:

> Podemos notar que o método do monumental 'Les Ouvriers Europeens' de Le Play é o **estudo intensivo** de todos os detalhes da vida doméstica de poucas famílias cuidadosamente escolhidas. Desempenhar-se bem neste trabalho requer **rara combinação de julgamento na seleção de casos com percepção e simpatia na sua interpretação**. Em seu melhor, é o melhor de todos: mas em mãos ordinárias, é mais provável que sugira conclusões gerais menos confiáveis do que as que se pode obter pelo **método extensivo de coletar mais rapidamente um número maior de observações, reduzindo-as na medida do possível a forma estatística**, obtendo médias amplas nas quais se confie que as inexatidões e idiossincrasias se compensem umas às outras em certa medida (Marshall, 1961: 116, grifo adicionado).

A rara combinação de julgamento na seleção de casos e as qualidades necessárias para interpretação indicam que talvez métodos extensivos e mais automáticos sejam apropriados para massas de pessoas treinadas de forma rápida e não especialmente dotadas de sensibilidade e capacidade de julgamento do resultado de seu trabalho. Talvez a massificação da profissão de economista venha necessariamente com uma redução do espaço do uso do senso comum. No entanto, é notório que os bons economistas apresentam as qualidades que Marshall comenta.

Sem entrar propriamente na visão schumpeteriana, podemos apresentar evidência significativa de concordância de Schumpeter com as ideias de Marshall apresentadas acima.

Comecemos lembrando a famosa proposição schumpeteriana de que a análise econômica se caracteriza pelo domínio de três técnicas: história, estatística e teoria – às quais Schumpeter acrescentou Sociologia Econômica como uma quarta (Schumpeter, 1954: 12). Acrescentou também que, se tivesse que escolher apenas uma das três, escolheria História, "porque o material de que é feita a economia é processo único em tempo histórico", por causa dos fatos institucionais (não puramente econômicos) que a técnica histórica permite relatar, e porque a experiência histórica aprofunda a capacidade de análise econômica e previne erro.

Como evidência específica, vale considerar que Schumpeter teve Marshall em alta conta e explicar o porquê disto. Os trechos reproduzidos abaixo são do comentário escrito por Schumpeter por ocasião dos cinquenta anos dos *Principles of Economics* de Marshall (Schumpeter, 1941). Além de elogiosos, os comentários fazem entrever que uma comparação detalhada das obras dos dois grandes economistas resultaria na percepção de que os elogios recaem sobre pontos em que Schumpeter se identifica com Marshall, que são metodológicos em sentido amplo. Devo acrescentar que as porções da apreciação Schumpeteriana de Marshall aqui selecionadas são representativas do conjunto exposto no artigo, que compõe um grande louvor a Marshall. Comecemos pelo conteúdo evolucionário:[11]

> Marshall foi dos primeiros economistas a perceber que a economia é ciência evolucionária [...]e, em particular, que a natureza humana que ele preconizou tratar é maleável e que se transforma em função de ambientes em mudança.[...] Seu pensamento funcionava em torno da mudança evolucionária – em termos de processo orgânico e irreversível.

Neste trecho acima Schumpeter concorda com a importância de reconhecer a natureza humana como material evolutivo. Passando ao conteúdo analítico, mas também sociológico e histórico:

---

[11] Detalhes sobre o conteúdo da obra de Marshall conforme apreciada por Schumpeter podem ser vistos em Raffaelli (2003).

Justiça plena não pode ser feita indo diretamente ao núcleo do aparato analítico que os Princípios apresentam. Porque por trás, para além, e em torno do núcleo há uma sociologia econômica do capitalismo inglês do século XIX que repousa em bases históricas de solidez e extensão impressionantes.

Ou seja, Schumpeter valoriza no trabalho do economista os conteúdos históricos e de Sociologia Econômica. E, assumindo neste artigo a máxima importância:

> Seu domínio do fato histórico e seu hábito mental analítico não residiam em compartimentos separados, mas formavam união tão próxima que o fato vivo invade o teorema e o teorema invade a observação histórica.

Com o sentido de que Sociologia Econômica e História, por um lado, por outro análise econômica não precisam ser objeto de especialização e de tratamento separado. A complementaridade se faz melhor no âmbito de uma mesma peça de trabalho. No caso de Marshall, Schumpeter reconheceu que a combinação se dava com maestria, com consequências em termos de realismo do resultado final:

> Mas ele [o fato histórico] lá está [...] bem como os resultados de sua incansável e simpática observação da vida de negócios contemporânea que ele compreendeu como poucos economistas acadêmicos. [...] realismo se alcançou ultrapassando largamente a Adam Smith – o único comparável em postura. Esta deve ser uma das razões pelas quais não se levantou oposição institucionalista contra ele na Inglaterra.

Suprimi uma parcela do trecho acima (o segundo "[...]"), neste caso não para tornar o trecho mais simples e focado, mas para comentá-la separadamente:

> Em sua própria natureza a [..] realização implica em certas limitações. A prática da firma inglesa de tamanho médio de seu tempo absorveu sem dúvida a maior parte de sua atenção de analista do que deveria ocorrer em uma exposição que fizesse reivindicações mais profundas a generalidade.

A crítica dirigida à atenção dedicada à firma familiar inglesa deve ser corrigida atentando para a discussão Marshalliana da corporação americana e dos demais desenvolvimentos do capitalismo da passagem do século presentes em *Industry and Trade*, bem como considerando que a Inglaterra não fez a transição para a economia de grandes corporações nem de forma rápida, nem de forma plena.[12]

Encontramos ainda um elogio ao tratamento de Marshall sobre equilíbrio e realismo:

> A análise de equilíbrio parcial traz à luz os problemas da indústria individual e da firma individual. É muito mais do que isto, é claro, mas é também uma base científica para a economia empresarial.

Um elogio ao desenvolvimento de ferramentas e sua base realista:

> Algumas ferramentas são diretamente tomadas da prática de negócios, como os custos primários e custos suplementares; enquanto outras, como a quase-renda e as economias internas e externas, são qualificadas para capturar situações de negócios e formular problemas do campo de maneira excelente.

Um elogio ao aparato analítico, e à capacidade de lidar com estática e dinâmica:

> Embora fosse uma teoria estática aquela que produziu, ele sempre olhou para além dela. Inseriu elementos dinâmicos sempre que possível, mais frequentemente de fato do que era compatível com a lógica estática que não obstante reteve. A bruma que permanece em certas partes de seu caminho, particularmente quando toca em fenômenos que estão por trás de seu tratamento do "elemento do tempo", se origina principalmente desta fonte.

Concluo esta seção complementando o comentário que me parece mais significativo dentro da série de Schumpeter sobre os *Principles* apresentada acima. A terceira citação, sobre maestria na combinação de história e teoria, corresponde à forma pela qual o convite schumpeteriano está sendo compreendido neste artigo. A prática Marshalliana ressaltada (apontada por

---

[12] Ver Hannah (1976) a este respeito.

Schumpeter em Marshall, recomendada pelo próprio Marshall na última citação acima deste autor neste texto, e igualmente praticada por Schumpeter) indica um método que não é receita invariável e infalível obtida por treinamento (o que talvez explique seu abandono e esquecimento), mas habilidade amadurecida pelo exercício sensível e combinado de fato/História e teoria. Se, adicionalmente, é prática que distingue em qualquer tempo os melhores economistas, porque não considerá-la parte integrante da agenda metodológica?

**Teoria na História: História de empresas e teoria da firma**
A história de empresas é hoje um campo desenvolvido, com enorme quantidade de casos estudados em diferentes países (alguns são clássicos) e um corpo estabelecido de pesquisadores e revistas em nível internacional.

Podemos identificar três tipos de trabalhos no campo. Primeiro, há as histórias de empresas individuais. Segundo, há os trabalhos que se referem a ambientes empresariais, caracterizando e/ou comparando variedades do capitalismo no tempo e no espaço. Enquanto o primeiro tipo de trabalho pode beneficiar-se da eventual disponibilidade de uma estrutura de análise, esta é obrigatória no caso do segundo tipo. A terceira modalidade corresponde a trabalhos que avaliam a prática da História de empresas, apontam teorias que possuem potencial para servir de guia na elaboração de trabalhos no campo, ou se queixam da falta de estrutura analítica que possa exercer este papel.

Durante certo período, como na década de 1950, o terceiro tipo de trabalho dirigiu-se ao problema metodológico de desenvolver abordagens que permitiriam ultrapassar o caráter meramente narrativo ou descritivo que caracterizava os estudos do campo. À medida que teorias microeconômicas desenvolveram novas perspectivas, artigos do campo de história de empresas foram escritos com o objetivo de aproximar História de empresas e teoria econômica. Isto continuou a ocorrer mesmo depois que as contribuições de Chandler foram percebidas como paradigma da História de empresas[13]. O próprio Chandler escreveu artigo a que intitulou "O que é uma empresa" (Chandler, 1992), no qual exprimiu sua avaliação de teorias da firma tendo o

---

[13] Observemos aqui que o paradigma não se originou da teoria econômica. Mais sobre isto virá adiante.

seu uso em mente; outros artigos discutiram perspectivas da teoria microeconômica como candidatas a referência para a História de empresas tendo sido escrutinadas as contribuições de economistas como Coase, Penrose, Alchian e Demsetz, Williamson, etc. É o olhar da História de empresas dirigido ao desenvolvimento da teoria da firma, buscando novas perspectivas que possam servir de base para o campo da história de empresas.[14]

O terceiro tipo de trabalhos inclui assim proposições de diálogo da História de empresas com teorias que podem contribuir para a solução do problema metodológico de tornar a História de empresas um campo orgânico. É a busca, em torno da teoria da firma, de uma estrutura para o primeiro e segundo tipos de estudos, respectivamente casos individuais e estudos comparativos e de ambientes empresariais. Devemos observar, porém, que a teoria econômica da firma não é o único campo capaz de fornecer elementos analíticos para a história de empresas: há ainda que se considerar a sociologia econômica das organizações e instituições.

Passamos agora a uma narrativa envolvendo os principais marcos do campo de história de empresas.[15] Observemos inicialmente que a identificação da emergência de um campo bem definido para a história de empresas não é matéria simples porque, sendo a empresa unidade básica de um sistema capitalista estabelecido, é objeto central na teoria econômica e da história econômica, de forma que não se pode apontar como natural a existência de um campo separado, especializado para estudo de sua história. Adicionalmente, a empresa pode ser vista de outros ângulos além do ponto de vista das funções econômicas, por envolver questões políticas, culturais, sociológicas, etc., de maneira que não é obrigatório que a história empresarial seja um subconjunto da história econômica. Assim, considera-se com frequência que a história de empresas é prática antiga, datando do século XIX, pela elaboração de narrativas envolvendo empresas individuais. Estudos setoriais e estudos empresariais da Escola Histórica alemã, por exemplo, fariam parte dos primórdios. No que segue, adotaremos a solução de considerar que, além de conter objeto de investigação, um campo de pesquisa se caracteriza pela institucionalização, com associações, revistas, cadeiras universitárias como indicação clara de seu estabelecimento.

---

[14] Galambos (1966) e Casson (1997) são dois entre muitos exemplos espalhados no tempo.
[15] Relato baseado em Williamson (1966), Fraile (1993), Gras (1934) e Lamoreaux *et al.* (1997).

O nascimento e desenvolvimento da *Business History* faz parte do contexto da administração do famoso reitor Charles Eliot, que transformou Harvard em grande Universidade, ao longo de sua profícua gestão de 1869 a 1909. Eliot escolheu Edwin Gay para primeiro decano da *Harvard Business School*, tendo este ficado no cargo entre 1908 e 1919. Nesta escola foi criada em 1927 a prestigiosa cátedra de História de empresas "Isidor Strauss", para compor a educação dos alunos da *Harvard Business School* com casos concretos. O escolhido para titular da cadeira foi Norman Grass, que a ocupou até sua aposentadoria em 1950. Gay, que havia se afastado temporariamente da escola para exercer funções no setor privado, foi escolhido em 1928 para editar o *Journal of Economic and Business History* juntamente com Gras.

Conheçamos um pouco melhor estes importantes personagens: tanto Edwin Gay como Gras eram ligados à Historia econômica, tendo o primeiro sido orientador do segundo em seu doutoramento. De sua parte, Gay teve destacada atuação na academia americana, tendo se formado através de longo período de estudo e pesquisa na Europa na última década do século XIX e início do XX; Na Alemanha, chegou a assistir às últimas aulas dadas por Roscher, e foi orientado por Schmoller em sua tese de doutoramento. É um dentre vários casos que evidenciam a enorme influência da escola histórica alemã sobre a economia acadêmica americana no final do século XIX, através do doutoramento de americanos na Alemanha. Mas Gay, como outros, transmutou sua formação de Economista histórico em historiador econômico (Gras, 1946), em época de nascimento de cadeiras de história econômica em universidades a nível mundial. De volta aos EUA em 1902, sucedeu ao inglês Ashley, que retornava à Inglaterra após ocupar desde 1892 a primeira cátedra mundial em História econômica, estabelecida em Harvard, na Harvard Business School. Como se vê, a história empresarial nascia na confluência de dois campos, o da história econômica com a administração de empresas.

Gras pensou o campo da História empresarial de forma restrita e diferente de Gay, e isto é importante porque seu modo de ver determinou a trajetória do campo nas duas ou três décadas seguintes. Enquanto Gay pensava que estudos que apontassem na direção de interpretação e generalização seriam mais adequados, Gras favorecia estudos de empresas individuais, na crença indutivista de que generalizações emergiriam do acúmulo de casos estudados. Assim, a edição conjunta do *Journal of Economic and Business History* foi problemática, por discordarem os dois editores da linha a ser adotada.

Às dificuldades de gestão se somaram as financeiras, ligadas à eclosão da grande depressão. Gay demitiu-se do cargo de editor em 1931, e a revista encerrou sua publicação pouco depois.

A mesma linha que Gras pensava para a revista conseguiu impor ao campo, de forma que durante algumas décadas imperou a visão de que um número de casos deveria ser acumulado. Isto não evitou que se acumulasse também uma insatisfação com a ausência de visão mais abrangente e sintética do campo, que terminaria por se manifestar plenamente nas décadas de 50 e 60.

Antes disto, novas influências se fizeram sentir, reforçando o lado dos que pensavam a História de empresa como estudo de ambientes empresariais, de forma que a concepção de visão mais abrangente, sintética e comparativa foi alimentada. Em 1948 Arthur Cole e Schumpeter criaram o *Research Center in Entrepreneurial History* em Harvard. Arthur Cole é personagem pivô da História econômica americana, tendo sido importante tanto do ponto de vista institucional como de contribuição, na história de empresas como na história econômica. O Centro girava em torno da ideia de empresário, personagem central da obra schumpeteriana, de forma que não carecia de motivação e aparelhamento teóricos. Questionou-se a abordagem neoclássica de maximização, promoveu-se a investigação de fatores por trás da geração de empresários. Aitken (1967) explica que a influência de Schumpeter foi limitada pela dedicação dos últimos anos de vida do grande economista a escrever a monumental *History of Economic Analysis*, publicada após sua morte. Outro aspecto limitador da influência de Schumpeter, que Aitken apropriadamente julga de forma positiva, foi a natureza interdisciplinar do Centro, manifestada pelo uso de modelos de comportamento da sociologia para investigar os condicionantes que fazem com que determinadas culturas ofereçam campo particularmente fértil para a inovação empresarial. Nos dez anos do Centro por ali passaram nomes da mais alta estatura na História econômica: Gerschenkron, Landes, Mathias, North, Habakkuk, Sapori, Chandler e Cameron.

O Centro durou 10 anos; sua publicação *Explorations in Entrepreneurial History* se estendeu até 1958, tendo sido depois objeto de uma segunda série a partir de 1963 até 1969, já fora do período de existência do Centro. Em 1970 o título do periódico mudou para *Explorations in economic history,* sendo publicado até hoje com grande relevância.

Outros marcos do campo ocorreram na década de 1950. Vieram à luz duas histórias de empresas de grande expressão, as histórias da Unilever e da Standard Oil. Briggs (1957) comenta os benefícios dos estudos de firmas individuais, trazidos pela posição privilegiada do pesquisador no exame de documentos significativos por um lado, e de teorias e hipóteses por outro, apontando que o volume de informações pode contribuir para trazer a reconciliação de análise econômica e comportamento real e consequente realismo à ciência econômica, além de possibilitar uma história econômica compensadora. Aponta, por outro lado, questões que não podem ser conduzidas pelo exame de casos individuais, como a integração vertical, desenvolvimentos do mercado de trabalho, instrumentos de estímulo ao desenvolvimento empresarial em diferentes países. Tais questões são candidatas a fazer parte do vazio a ser preenchido na solução à crescente insatisfação com a falta de uma síntese do campo, que se foi tornando explícita e foi discutida em artigos e conferências nas décadas de 1950 e 1960 (Galambos, 1966).

Ainda na década de 1950 foram lançadas as duas revistas que são até hoje as de maior expressão em História empresarial, *Harvard Business History* em 1954 e *Business History* (inglesa) em 1958. A criação de um centro inglês de pesquisa em história de empresas, *The Business History Unit of Liverpool*, foi seguida por outras unidades europeias.

É digno de nota que a solução chandleriana de uma estrutura para o campo não veio da teoria econômica, mas do estudo das Organizações.[16] Vale aqui detalhar a formação de Alfred Chandler e suas influências. Não podemos desprezar a formação de historiador de Chandler, que poderia sugerir a emergência da estrutura analítica a partir da riqueza do conhecimento histórico, ao estilo da escola histórica alemã; afinal, seus trabalhos são impressionantes pela compilação de grande massa de material empírico. No entanto, foi decisiva a influência de Talcott Parsons, que o introduziu a Weber e Durkheim, e à tradição da sociologia histórica. Chandler foi particularmente influenciado pelo funcionalismo estrutural de Parsons, que se combinou a uma experiência pessoal profunda por ocasião de seu serviço militar na segunda guerra mundial, quando pode observar com admiração o gigantismo da organização militar da guerra do Pacífico.[17]

Ainda que paradigmática, a abordagem de Chandler não é e nem se pretende exaustivamente abrangente. Distritos industriais compostos por pequenas firmas, diversidade de sistemas de produção e aspectos culturais são exemplos de temas explorados por outros autores sob diferentes pers-

---

[16] São referências centrais Chandler (1962; 1977; 1990).
[17] McCraw (1998) e Chandler (1978).

pectivas: autores como Scranton (2000) contribuíram para mostrar que a experiência americana é também feita de outras formas de organização além do Big Business, há também firmas menores coletivamente organizadas em distritos industriais.

Nos últimos anos, as transformações no ambiente empresarial motivaram artigos demandando reformulações paradigmáticas, como Langlois (2003; 2004) e Lamoreaux *et al.* (2003). Estes artigos levantam a questão de que o paradigma de Chandler, embora apropriado para a emergência do ambiente de grandes corporações que prevaleceu até depois de meados do século XX, precisa ser remodelado ou substituído devido às mudanças ocorridas no ambiente empresarial nas últimas décadas do século XX, onde despontam empresas mais especializadas e menos integradas verticalmente. Langlois propõe que as transformações retratadas por Chandler como compondo uma nova forma de capitalismo seriam parte de um processo mais longo e amplo de alargamento dos mercados e aprofundamento da divisão do trabalho nos moldes da análise de Smith. A integração vertical seria resultado intermediário do processo, destinada a dar lugar à desintegração vertical e redução da hierarquia, e esta trajetória seria explicada pelo fato de que avanços tecnológicos e avanços organizacionais não produziram seus plenos efeitos de forma simultânea. Lamoreaux *et al.* propõem explicação distinta, a de que novas formas de coordenação, distintas da hierarquia das corporações americanas da primeira metade do século XX, são favorecidas pela elevação da renda e sofisticação da demanda de consumidores no sentido de produtos customizados. No contexto deste trabalho, é importante sublinhar o aspecto de mudança na natureza do objeto de estudo, a firma; e que o ponto das críticas está dirigido à inadequação da visão de Chandler para lidar com a transformação no objeto de estudo, em uma demonstração de que mudando o objeto, deve mudar a análise.

**Conclusão: juntando história na teoria e teoria na história**
Esta conclusão não faz mais do que apontar a direção da proposta, argumentando em favor de um estilo de trabalho científico que nem é dedução pura, nem pretende que seja necessário reunir número exaustivo de estudos empíricos previamente à busca de generalizações, os dois tradicionais polos da *methodenstreit*.

A história do campo da história de empresas remete, ainda que de forma modificada, à *methodenstreit*, pela insistência de Gras no acúmulo de estudos empíricos, contraposta à demanda por uma síntese mais geral e interpretativa do campo. Esta demanda teria sido satisfeita com o trabalho de Chandler; o atendimento da demanda não se faz por meio de diálogo com a Economia, mas como trabalho de Historiador secundário, através da análise histórica que foi capaz de interpretar o grande movimento de transformação a partir do grande número de casos empresariais disponíveis. Neste contexto, prosseguiram as iniciativas de diálogo com a teoria econômica. Mais recentemente, surgiram críticas de natureza variada à abordagem de Chandler: algumas propondo que sua abordagem deixa de fora o desenvolvimento de pequenas e médias empresas em distritos industriais, outras o tachando de excessivamente descritivo, sociólogos econômicos propondo que sua abordagem é funcionalista.

Por mais que difiram em outros aspectos, as apreciações críticas de Langlois e Lamoreaux *et al.* remetem, de certa forma, ao ponto realçado por Marshall e pela escola histórica alemã, de que a natureza dos homens se transforma: porque de forma análoga, assim também ocorre com a natureza das firmas. Sendo assim, estruturas para o estudo de história de empresas e teorias da firma são, ou ao menos podem ser, historicamente datadas. Se aceitarmos este ponto, compreenderemos que precisamos combinar história e teoria se quisermos lidar com o material dos negócios.

Este artigo pode ser concluído com uma ilustração deste argumento, obtida de Schumpeter. Suas ideias sobre o empresário evoluíram na direção de preocupação crescente com a natureza histórica do tema, conforme fica evidente no artigo "The creative response in Economic History", escrito em 1947, de onde foi retirada a epígrafe deste meu artigo. Schumpeter explica que a inovação é essencialmente um movimento histórico, não podendo ser compreendia pela aplicação ordinária de regras de inferência a partir de fatos preexistentes; além disso, a inovação dá forma ao curso futuro de eventos.

Além de apontar o caráter inerentemente histórico da inovação, Schumpeter indicou ainda outra forma pela qual a história importa. Tomando em conta a diversidade histórica e espacial da empresa, observou que o advento da moderna corporação transformou a inovação em tarefa de equipes de especialistas (em laboratórios de pesquisa e desenvolvimento no interior das empresas), substituindo o tradicional empresário de ação intuitiva por um processo parcialmente automático. Permaneceu a função empresarial, mas a organização por trás da função afetou a maneira pela qual a inovação é gerada, e assim toda a estrutura da sociedade. Desta maneira, a matéria passou a demandar uma perspectiva mais ampla do que a econômica: passou a demandar as qualificações do historiador.

Indo além, e olhando a partir do privilegiado ponto de observação do presente, percebemos também que neste artigo Schumpeter errou em uma previsão, como podemos ver abaixo:

> Deveríamos ser levados a esperar que mudasse significativamente todo o mecanismo de desenvolvimento econômico. Dentre outras coisas, a economia se burocratizaria progressivamente. Há, de fato, muitos sintomas neste sentido. As consequências se estenderiam para muito além do campo dos fenômenos econômicos. Assim como as classes guerreiras declinaram em importância desde que a guerra – e especialmente o gerenciamento de exércitos no campo de batalha – começaram a ser cada vez mais mecanizadas, da mesma forma a classe empresarial deve declinar em importância, à medida que, como figura principal, o empresário perde progressivamente sua mais essencial função. Isto representaria uma estrutura social diferente (Schumpeter, 1947: 157-8).

Apressemo-nos a acrescentar que Schumpeter ressalvou estar esta predição sujeita a estudos mais apurados: "... esta é hoje apenas uma impressão. É tarefa do historiador estabelecê-la ou refutá-la" (Schumpeter, 1947: 157).

Entretanto, mais importante do que constatar o erro, é perceber que este enfatiza ainda melhor o ponto que defendeu, e que aqui realçamos, que é o da importância dos estudos históricos. A mudança na tendência ilustra como a trajetória futura só acaba por se fazer pela própria história. Aqui vale citar a analogia marshalliana da dificuldade de previsão com o jogo de xadrez, emblemática das convicções evolucionárias de Marshall:

> ... apresente uma partida interrompida de xadrez a um especialista, e ele será audacioso se profetizar seu desenrolar. Se qualquer lado executar movimento ligeiramente diferente daquele por ele esperado, todos os movimentos seguintes se alterarão; depois de dois ou três lances adicionais, todo o panorama do jogo se terá transformado (Pigou, 1925: 360).

Longe de significar a impossibilidade de compreender os processos evolutivos, está em proposição uma visão evolucionária que obriga ao estudo de processos sob a ótica da complexidade histórica, que articula mudança no ambiente com mudança nos agentes.

Voltando a Schumpeter e seu artigo, este conclui exatamente com a proposição da necessidade de aprofundamento da compreensão dos processos históricos:

> Um número de estudos se tem inspirado pela clareza da importância de respostas para a compreensão da sociedade capitalista e das maneiras como opera. Mas estes estudos são poucos e a atenção tem sido desconexa. Não sabemos o suficiente para estabelecer generalizações válidas ou mesmo para estarmos certos de que haja generalizações a formar. Da maneira como está, muitos de nós economistas temos opiniões sobre tais assuntos. Mas as opiniões estão mais relacionadas a ideias preconcebidas ou ideais do que a fatos sólidos, e nosso hábito de ilustra-las por casos avulsos que nos chegaram à atenção é obviamente um pobre substituto para pesquisa séria [...] Há, porém, abundância de material. Uma tarefa grande e proveitosa espera por quem a empreenda (Schumpeter, 1947: 159).

Mais recentemente, inspirado em observações schumpeterianas temperadas com perspectivas contemporâneas, Lazonick (1994) propôs que a inovação e, portanto, o desenvolvimento, são processos sociais que requerem envolvimento consciente de coordenação planejada. O processo é complexo por causa da divisão do trabalho e comunicação nele envolvidas; é cumulativo porque o conhecimento e as habilidades são as fundações da aquisição de mais conhecimento e habilidades; é contínuo por garantir que aqueles que possuem conhecimento e habilidades continuam a contribuir para o processo inovativo. Não há manual de instruções para o processo, devido à natureza de instituições e da mudança. Cumulatividade e complexidade impedem que a abordagem dedutiva de escolha racional individual tenha o alcance necessário para dar conta dos fenômenos a serem explicados. Com espírito schumpeteriano e marshalliano, Lazonick propõe que teorias precisam ser históricas para dar conta dos aspectos centrais do desenvolvimento capitalista.

Este artigo examinou proposições que valorizam estudos históricos no sentido que vai além da ideia da História como campo de testes para teorias dedutivamente produzidas, ou da busca de teorias para orientar estudos históricos. Compreender a natureza transitória dos ambientes empresariais e de suas unidades, levando-a em consideração na elaboração de teoria é uma maneira promissora de construir uma alternativa microeconômica frutífera.

## REFERÊNCIAS BIBLIOGRÁFICAS

AITKEN, Hugh G. J. (1967), Entrepreneurial research: the history of an intellectual innovation, in Aitken, H.G.J. (org.), *Explorations in enterprise*, Cambridge, Mass.: Harvard University Press.

ARIDA, Pérsio (1996), A História do Pensamento Econômico como teoria e retórica, in Rego, J. M. (org.), *Retórica na economia*, São Paulo: Editora 34.

BRIGGS, Asa (1957), Business History, *The Economic History Review*, New Series, 9, 486-498.

CASSON, Mark C. (1997), Institutional economics and business history: A way forward?, *Business History*, 39 (4), 151-171.

CHANDLER Jr., Alfred D. (1962), *Strategy and structure: chapters in the history of the American industrial enterprise*, Cambridge, Mass.: MIT Press.

CHANDLER Jr., Alfred D. (1977), *The visible hand: the managerial revolution in American business*, Cambridge: Harvard University Press.

CHANDLER Jr., Alfred D. (1978), Presidential address, 1978: Business History – a personal experience, *Business and Economic History*, Second Series, 7, disponível online, http://www.h-net.org/~business/bhcweb/publications/BEHprint//v007/p0001-p0008.pdf

CHANDLER Jr., Alfred D. (1990), *Scale and scope: the dynamics of industrial capitalism*, Cambridge: Belknap P. of Harvard University Press.

CHANDLER Jr., Alfred D. (1992), What Is a Firm? A Historical Perspective, *European Economic Review*, 36(3), 483-492.

EBNER, Alexander (2000), Schumpeter and the 'Schmollerprogramm': integrating theory and history in the analysis of economic development, *Journal of Evolutionary Economics*, 10, 355-72.

EICHNER, Alfred S. (1976), *The megacorp and oligopoly: microfoundations of macrodynamics*, Cambridge: Cambridge University Press.

FEYERABAND, Paul K. (1975), *Against method: Outline of an Anarchistic Theory of Knowledge*, Londres: Verso.

FRAILE, Pedro (1993), La historia economica de la empresa como disciplina independiente: una perspectiva historica, *Revista de Historia Económica*, 11 (1), 181-192.

GALAMBOS, Louis (1966), Business History and the theory of the Growth of the firm, *Explorations in Entrepreneurial History (2nd series)*, 4(1), 3-16.

GRAS, N.S.B. (1934), Business History, *The Economic History Review*, a4(4), 385-398.

GRAS, N.S.B. (1946), Edwin Francis Gay, *The Economic History Review*, 16(1), 60-2.

Hannah, Leslie (1976), *The Rise of the Corporate Economy*, Londres: Methuen and co.

Hodgson, Geoffrey (2001), *How Economics Forgot History: The Problem of Historical Specificity in Social Science*, Londres: Routledge.

Klein, Benjamin (1988), Vertical Integration as Organizational Ownership: The Fisher Body-General Motors Relationship Revisited, *Journal of Law Economics Organization*, 4 (1), 199-213.

Lamoreaux, Naomi R. *et al.* (1997), New Economic Approches to the Study of Business History, *Business and economic history*, 26(1), 57-79.

Lamoreaux, Naomi R. *et al.* (2003), Beyond Markets and Hierarchies: Toward a New Synthesis of American Business History, *American Historical Review* 108, 404-33.

Langlois, Richard N. (2003), The vanishing hand: the changing dynamics of industrial capitalism, *Industrial and Corporate Change*, 12(2), 351-385.

Langlois, Richard N. (2004), Chandler in a larger frame: transaction costs and organizational form in history, *Enterprise and society*, 5(3), 355-75.

Lazonick, William (1994), The integration of theory and history: methodology and ideology in Schumpeter's economics, in Magnusson, L. (org.), *Evolutionary and neo-schumpeterian approaches to economics*, Boston, Dordrecht e Londres: Kluwer.

March, James G. (1988), Decisions *and Organizations*, Oxford and New York: Blackwell.

Marchionatti, Roberto (2003), Dealing with complexity: Marshall and Keynes on the nature of economic thinking, in Arena, R.; Queré, M. (orgs.), *The Economics of Alfred Marshall*, Basingstoke and New York: Palgrave Macmillan.

Marris, Robin (1963), A model of the managerial enterprise, *Quarterly Journal of Economics*, 77, 185-209.

Marshall, Alfred (1919), *Industry and Trade, a study of industrial technique and business organization*, Londres: Macmillan.

Marshall, Alfred (1925 [1885]), The present position of economics, in Pigou, A.C. (org.), *Memorials of Alfred Marshall*, New York: Kelley reprints of economic classics.

Marshall, Alfred (1961), *Principles of Economics*, Ninth (variorum) edition, Londres: Macmillan.

McCraw, Thomas K. (1998), Introdução: a odisseia intelectual de Alfred Chandler, Jr., in McCraw, T.K., *Alfred Chandler. Ensaios para uma teoria histórica da grande empresa*, Rio de Janeiro: Fundação Getúlio Vargas.

McCraw, Thomas K. (2007), *Prophet of Innovation. Joseph Schumpeter and creative destruction*, Cambridge: Belknap Press of Harvard University.

MICHAELIDES, Panayotis G.; MILIOS, John G. (2009), Joseph Schumpeter and the German Historical School, *Cambridge Journal of Economics*, 33(3), 495-516.

PENROSE, Edith T. (1959), *The theory of the growth of the firm*, second edition, Oxford: Basil Blackwell.

PIGOU, Arthur C. (org.) (1925), *Memorials of Alfred Marshall*, New York: Kelley reprints of economic classics.

RAFFAELLI, Tiziano (2003), *Marshall's evolutionary economics*, London e New York: Routledge.

REINERT, Eric (2002), Schumpeter in the context of two canons of economic thought, *Industry and Innovation*, 9(1-2), 23-39.

ROBERTS, Alan (1997/98), The very idea of theory in business history, University of Reading, Department of Economics, Discussion papers in accounting, Series D, IX, 54.

SCHMOLLER, Gustav (1952 [1888]), Schmoller on Roscher, in Spiegel, H.W. (org.), *The development of Economic Thought*, New York: John Wiley and Sons. Originalmente publicado como Schmoller, Gustav, *Zur Litteraturgeschichte der Staats- und Socialwissenschajten*, Leipzig, Duncker und Humblot, 1888, tradução resumida.

SCHUMPETER, Joseph A. (1941), Alfred Marshall's Principles: A Semi-Centennial Appraisal, *The American Economic Review*, 31(2), 236-248.

SCHUMPETER, Joseph A. (1947), The creative response in Economic History, *The Journal of Economic History*, 7(2), 149-59.

SCHUMPETER, Joseph A. (1954), *History of Economic Analysis*, New York: Oxford University Press.

SCRANTON, Philip (2000), *Endless novelty. Specialty production and American industrialization, 1865-1925*, New Jersey: Princeton University.

SHIONOYA, Yuichi (2008), Schumpeter and Evolution: An Ontological Exploration, in Shionoya, Y.; Nishizawa, T. (orgs.), *Marshall and Schumpeter on Evolution: Economic Sociology of Capitalist Development*, Cheltenham: Edward Elgar.

WILLIAMSON, Harold F. (1966), Business History and Economic History, *The Journal of Economic History*, 26(4): 407-17.

# CAPÍTULO 10
# O PROCESSO DE FORMAÇÃO DAS ORGANIZAÇÕES DO TERCEIRO SETOR: UMA ABORDAGEM INTERDISCIPLINAR

*Vasco Almeida\**

**Introdução**[1]
O interesse dos economistas sobre o estudo do terceiro setor é relativamente recente[2]. Apesar de existirem alguns antecedentes teóricos, é só a partir da década de setenta do século XX que começam a surgir as primeiras análises. De inspiração neoclássica, o seu objetivo é explicar a génese das organizações não lucrativas através de uma série de fracassos do Estado e do mercado[3]. Dito por outras palavras, o terceiro setor é encarado como um mero subproduto das falhas dos setores público e privado lucrativo. Obviamente que esta perspetiva negativista pouco elucida sobre a sua atual centralidade na coordenação das sociedades e das economias contemporâneas.

Não deixa de ser interessante reparar que o acento negativo que marca a literatura económica sobre o terceiro setor não tem equivalente nas outras áreas das ciências sociais, seja na Sociologia, na História ou na Ciência Polí-

---

[1] Este texto constitui, na sua grande parte, um capítulo da dissertação de doutoramento do Programa de Doutoramento em Governação, Conhecimento e Inovação do Centro de Estudos Sociais e da Faculdade de Economia da Universidade de Coimbra. A dissertação, intitulada "Governação, Conhecimento e Inovação. As Instituições Particulares de Solidariedade Social", foi orientada pelo Professor José Reis, a quem quero expressar a minha profunda gratidão pela sua amizade e pelo seu apoio. Gostaria, também, de agradecer a todos os meus Professores dos seminários do referido programa de doutoramento dos quais sempre recebi incentivos, sugestões e críticas construtivas. De entre eles, quero destacar o Professor Vítor Neves que me deu a conhecer, de forma entusiástica, alguns dos temas teóricos que se vieram a revelar essenciais para a elaboração deste texto.
[2] Para os objetivos deste texto, segue-se a definição alargada de terceiro setor, adotada na generalidade dos países europeus, que inclui o conjunto de organizações de caráter associativo, cooperativo e mutualista.
[3] Existem algumas diferenças entre o conceito de terceiro setor e o de setor não lucrativo, utilizado nas abordagens convencionais pelos autores anglo-saxónicos. Porém, essas diferenças em nada alteram a lógica explicativa do processo de formação de um conjunto de organizações que se situam fora do Estado e do mercado.

tica, onde o seu papel é reconhecido pelas suas especificidades (Lohman, 1989). Tocqueville (2001 [1840]), um dos mais eminentes historiadores e pensadores políticos do século XIX e, atualmente, cada vez mais revisitado pelos teóricos do terceiro setor, reconheceu e valorizou o papel das associações como meio de consolidar o caráter participativo da democracia americana. Também Hall (1987: 3), ao traçar uma perspetiva histórica do terceiro setor, o encara como um produto distinto da democracia e do capitalismo. Numa análise política, Douglas (1987: 68) acentua o argumento pluralista, segundo o qual o terceiro setor permite uma maior diversidade de provisão social do que aquela que o Estado pode fornecer. Também na Sociologia, as organizações do terceiro setor (OTS) são encaradas não como resultado de meras funções de utilidade, mas sim como reflexo de estruturas institucionais e o *locus* de valores como o pluralismo, o voluntarismo, o altruísmo e a participação (DiMaggio e Anheier, 1990).

Cabe, então, perguntar por que é que a teoria económica *standard* destinou um papel residual ao terceiro setor. A resposta a esta questão encontra-se nos próprios fundamentos do paradigma neoclássico e no consequente fechamento da Economia ao diálogo interdisciplinar.

Em primeiro lugar, o postulado do *homo economicus*, ou seja, a ideia de que os agentes económicos, face à escassez dos recursos disponíveis, desenvolvem uma conduta baseada no auto-interesse e na maximização da sua utilidade total, tendo em conta as suas preferências exogenamente determinadas, parece pouco adequado à descrição de um mundo povoado por "doadores caridosos, empregados idealistas e voluntários não pagos" (Dollery e Wallis, 2003: vii). Em segundo lugar, a adoção do individualismo metodológico segundo o qual todos fenómenos sociais têm que ser unicamente explicados por referência aos indivíduos também é igualmente insatisfatória para abranger a complexidade e a dinâmica de um setor onde, uma grande parte das transformações, se origina ao nível estrutural. Por último, mas não menos importante, a falta de diálogo da teoria económica com as outras áreas das ciências sociais limitou a compreensão dos mecanismos de formação de um conjunto de organizações onde os processos sociais, históricos e políticos marcam, decisivamente, as suas dinâmicas económicas.

Neste texto, defende-se que as perspetivas institucionalistas da Economia, ao cultivarem o diálogo interdisciplinar, podem dar um contributo importante para superar as limitações das teorias dominantes, possibilitando uma melhor compreensão sobre o processo de formação das OTS nas sociedades contemporâneas. O conceito de instituições permite apreender que o comportamento humano não é apenas moldado pela racionalidade económica, como também por normas, regras, hábitos e valores, o que desde logo apela à necessidade do diálogo da Economia com outras disciplinas, designadamente, com a História, com a Sociologia, com a Psicologia e com a Ciência Política.

A adoção de uma perspetiva institucionalista permite ainda articular o nível micro, onde a motivação e intencionalidade dos atores podem explicar a sua escolha na afetação de recursos, com o nível macro, onde os fatores estruturais e o contexto institucional exercem, também, influência sobre a ação dos indivíduos. Assim, propõe-se, neste texto, a utilização de um modelo explicativo que, ao articular os níveis micro e macrossocial, permita perceber quais as diferentes, e por vezes contraditórias, racionalidades sociais, históricas, políticas e económicas, que estão por detrás do surgimento das OTS.

O texto está organizado da forma que, seguidamente, se expõe. Primeiro, mostra-se que, apesar da riqueza e da diversidade das correntes institucionalistas na Economia, o seu contributo tem sido praticamente ignorado na literatura económica do terceiro setor. Defende-se, a seguir, que a utilização dos contributos institucionalistas nos estudos do terceiro setor exige uma definição clara do conceito de instituições e uma distinção entre os vários níveis de análise institucional. Depois, elabora-se um modelo explicativo sobre o processo de formação das OTS que visa superar as limitações das abordagens convencionais de caráter microeconómico. Nas considerações finais, sintetizam-se os principais resultados a que se foi chegando ao longo do texto e defende-se que a superação das insuficiências das teorias económicas do terceiro setor exige, necessariamente, a abertura da Economia ao diálogo interdisciplinar.

## O institucionalismo económico e os estudos do terceiro setor

O estudo das instituições e da mudança institucional têm conhecido, nos últimos anos, um interesse renovado nas mais diversas áreas das ciências sociais. Esta tendência tem sido particularmente importante na Economia, na Sociologia e na Ciência Política, sendo, também, visível na Geografia Económica e, mesmo, na Filosofia (Hodgson, 2006: 1). A enorme diversidade das abordagens, ao mesmo tempo que abre as portas ao diálogo entre as várias ciências sociais, possibilitando uma perspetiva mais vasta sobre a análise institucional, traz, também, alguma dispersão e desentendimento sobre o próprio significado do termo *institucionalismo*. Os reflexos bem visíveis desta diversidade e, também, da dispersão surgem, desde logo, na aparente dificuldade em estabelecer tipologias sobre as diferentes correntes institucionalistas[4].

Na Economia, o institucionalismo económico é hoje, cada vez mais, um campo influente com aplicações importantes em diferentes campos da disciplina como, por exemplo, nos estudos de inovação, nos processos de crescimento económico nos países desenvolvidos e em transição, na economia regional, no estudo dos mercados e das empresas, nas questões de governação, entre muitos outros. O interesse crescente pelas temáticas institucionalistas na Economia explica-se, em grande parte, pela repercussão que o chamado novo institucionalismo económico tem tido no meio académico. A atribuição do Prémio Nobel a Ronald Coase, Douglass North e Oliver Williamson, os três nomes maiores do novo institucionalismo, é, aliás, um sinal visível dessa influência.

Ao mesmo tempo que o novo institucionalismo foi ganhando importância na teoria económica, foi-se observando, em paralelo, uma revitalização do projeto do velho institucionalismo com uma dinâmica significativa na Europa, nos Estados Unidos e no Japão (Lawson, 2005). As diferenças conceptuais e metodológicas que separam estas duas correntes principais do institucionalismo – o novo e o velho – são grandes. No entanto, existem alguns pontos comuns que as unem, o que leva alguns autores a falar de um "institucionalismo alargado" (Reis, 1998) ou da possibilidade de convergência (Nielsen, 2001), mesmo que parcial (Hodgson, 1998)[5].

---

[4] Uma boa parte das recensões existentes na literatura sobre os vários institucionalismos circunscreve-se nas fronteiras de cada disciplina. Existem, no entanto, outras que, procurando fazer uma análise transversal, estabelecem uma tipologia das várias correntes institucionalistas, se bem que de forma incompleta e substancialmente diferentes umas das outras. A este propósito, ver, por exemplo, DiMaggio (1998), Nielsen (2001; 2002) e Théret (2003). Refiram-se, ainda, outros estudos transversais, mas não tão abrangentes, pois recenseiam apenas uma corrente institucionalista em várias disciplinas (Nee, 2003) ou, então, porque não incluem todas as disciplinas envolvidas com o institucionalismo (Hall e Taylor, 1997; Rhodes, *et al.* 2002).
[5] Uma análise das diferenças entre os dois institucionalismos, bem como alguns aspetos que os unem, está bem documentada na literatura especializada. Ver, por exemplo, Hodgson, (1998, 2006), Rutherford (1994) e Reis (1998).

Apesar da efervescência das ideias institucionalistas na Economia, o seu alcance nos estudos económicos do terceiro setor tem sido bastante limitado. Salvo raras exceções, as tentativas de aplicação têm sido praticamente reduzidas à transposição da abordagem dos custos de transação (Nelson e Krashinsky, 1973; Valentinov, 2008), segundo a tradição de Williamson (1985), constituindo, de certa forma, uma extensão da teoria da falha do contrato de Hansman (1986 [1980])[6]. A conceção do comportamento humano moldado pelo ambiente institucional e cultural, o que implica a recusa de uma visão utilitarista dos agentes económicos, a perspetiva histórica, dinâmica e evolucionária dos processos económicos, a visão da Economia como um sistema aberto e o reconhecimento da necessidade da interdisciplinaridade nas análises efetuadas, ou seja, as ideias fortes ligadas ao velho institucionalismo (Reis, 1998; Hodgson, 1999; Lawson, 2005) são, geralmente, ignoradas nas análises do terceiro setor, pese embora as suas potencialidades.

### Níveis de análise institucional e terceiro setor

Como se referiu, as perspetivas teóricas dentro das correntes institucionalistas são tão diversas que não há, até ao momento, consenso nas ciências sociais sobre o significado do que são instituições (Hodgson, 2006: 1) e sobre a distinção entre os vários níveis de análise institucional (Hollingsworth, 2002: 89). Por outro lado, apesar do esforço de interdisciplinaridade ser já uma tendência visível nalguns campos do conhecimento académico, o certo é que a fragmentação disciplinar das universidades, centros de investigação e revistas especializadas é, ainda, uma realidade suficientemente forte para impedir o estabelecimento de um campo teórico comum, o que acaba por limitar a força potencial dos conceitos utilizados (Hollingsworth, 2002: 89-90).

Por certo que a diversidade irá sempre existir e isso não deverá ser um obstáculo para o avanço do conhecimento académico e, em particular, do institucionalismo económico. Neste sentido, o objetivo deste ponto não é propor uma teoria unificadora do institucionalismo. Trata-se, apenas, de apresentar uma perspetiva teórica que permita alcançar uma visão alargada dos processos económicos e sociais, em particular, daqueles que estão por detrás da dinâmica do terceiro setor, possibilitando, assim, alcançar uma

---

[6] Uma exceção é a tentativa de aplicação da teoria das convenções (Enjolras, 2004) ao estudo do terceiro setor, mas sem grandes repercussões na literatura especializada.

perceção mais vasta (e mais realista) do que aquela que é fornecida pelas abordagens já existentes na literatura.

A primeira etapa a empreender consiste na definição rigorosa dos conceitos utilizados. Uma incursão na literatura institucionalista revela, desde logo, alguma ambiguidade não só na forma como são apresentados os conceitos chave (a começar pelo próprio conceito de instituições) como, também, na indefinição que gira à volta dos vários níveis de análise institucional.

Para os efeitos deste texto, serão distinguidos cinco níveis de análise institucional: as instituições, os arranjos institucionais, os setores institucionais, as organizações e os indivíduos. Cada um destes níveis está inter--relacionado e arrumado segundo uma ordem descendente de permanência e durabilidade. Embora inspirado pela abordagem de Hollingsworth (2002), um autor ligado à corrente da sócio-economia, este mapeamento da análise institucional difere substancialmente da sua proposta não só pela forma como são concebidos alguns daqueles estágios, como, também, pela inclusão do nível individual, o que se justifica por razões que mais à frente se irão tornar claras[7].

### As instituições

As instituições constituem o primeiro nível de análise institucional. De acordo com a conceção ampla que aqui se adota, as instituições são o conjunto de regras, normas, valores, convenções e hábitos que enquadram a vida individual e coletiva. Apesar de sujeitas a mudanças, as instituições são relativamente estáveis e têm uma influência importante sobre os restantes quatro níveis da análise institucional.

Tendo em conta o conhecimento finito dos agentes económicos e as suas limitadas capacidades de processamento de informação (Simon, 1982), as instituições, ao reduzirem o grau de incerteza, não só fornecem a estabilidade necessária para a vida económica e social como, também, tornam a sua reprodução possível. Em termos gerais, as instituições são "as regras do jogo na sociedade ou, mais formalmente, as restrições construídas pelo homem que moldam a interação humana" (North, 1990: 3). Como essas regras do jogo tanto podem ser formais (por exemplo, as leis) como infor-

---

[7] Hollingsworth (2002: 102 ss.) escolhe, como quinto nível, o desempenho e os resultados (o *output*) das organizações da sociedade. Como os objetivos desta investigação não passam pela análise da performance das organizações, não se justifica a inclusão daquele nível.

mais (por exemplo, as convenções e os hábitos), resulta daqui que as instituições podem ser encaradas como uma "ordem relacional difusa" (Reis, 2007: 33), isto é, um conjunto de elementos societais, culturais e políticos que contextualizam, condicionam e restringem a ação humana. Porém, as instituições têm uma natureza recíproca (Bromley, 2006: 46 ss.). Elas não apenas restringem como, também, capacitam e liberam os agentes económicos para a atividade social e económica, possibilitando interações, coordenação, cooperação e trocas de informação entre agentes[8].

Apesar de construídas pelos indivíduos, as instituições moldam as suas perceções e as suas preferências. Assim, os processos de cognição e da ação humana são sempre culturais, permeados pelas instituições. Contrariamente à tradição dominante da teoria económica, as abordagens cognitivas na Psicologia, na Sociologia e na Antropologia estabelecem uma conexão forte entre normas culturais e enquadramento da cognição (Hodgson, 1994: 120 ss.)[9]. A seleção, a interpretação e a compreensão do enorme volume de informação sensorial que chega ao cérebro humano requerem a utilização de conceitos, regras e símbolos que formam o quadro cognitivo dos agentes e que lhes moldam o seu processo de decisão (North, 2005; Hodgson 2009). Isto significa considerar que as instituições são *constitutivas* dos indivíduos e não apenas meras restrições. Implica também admitir, em termos da teoria económica, a endogeneização das preferências[10].

---

[8] Para os autores ligados ao novo institucionalismo, as instituições são vistas, apenas, como constrangimentos da ação humana. Esta ideia parece resultar da conceção segundo a qual os mercados são mecanismos naturais que funcionam melhor sem qualquer interferência. Porém, as instituições, ao mesmo tempo que restringem, capacitam (Amable, 2005: 51) e libertam (Bromley, 2006: 46). Por exemplo, as leis que proíbem o trabalho infantil ou a restrição de fumar em locais públicos restringem as empresas e os fumadores, mas, noutro sentido, libertam as crianças e os não fumadores, respetivamente.

[9] A perceção do fenómeno da aculturação da ação humana e a consequente rejeição do uso de assunções universais no comportamento humano está bem presente nos autores do velho institucionalismo. É neste sentido que se pode entender a definição de instituições de Veblen (1909) como "hábitos de pensamento comuns à generalidade dos homens" ou a de Commons (1959 [1934]) como a "ação coletiva no controlo, liberação e expansão da ação individual".

[10] Durante muito tempo, o conceito de preferências endogeneizadas foi encarado pelos economistas ortodoxos como desnecessário e inconsistente. Porém, mais recentemente tem vindo a ser reabilitado, o que traz de volta um dos temas mais centrais do velho institucionalismo económico (Hodgson, 2009: 15).

Sob um ponto de vista político, as instituições cumprem uma importante função: elas medeiam os conflitos sociais. Sendo expressão de um compromisso político, as instituições são concebidas para resolver conflitos entre atores desiguais com interesses divergentes. Dada a heterogeneidade dos interesses dos agentes, as instituições representam um compromisso do conflito social e são uma consequência do comportamento estratégico dos agentes num contexto de assimetria de poder. Como os agentes não têm um objetivo comum, a ideia de eficácia das instituições, tão comum na teoria económica, deve ser rejeitada. As instituições emergem a partir de preferências diferentes e alteram a estrutura de interesses em jogo. Por outro lado, elas trazem, por vezes, resultados que não foram explicitados ou mesmo desejados, mesmo que surjam como aparentemente coerentes (Amable e Palombarini, 2009: 132-133). Assim sendo, as instituições nunca são soluções ótimas para problemas dados, mas sim um equilíbrio político entre poderes sociais diferenciados (Amable, 2005: 18-20; 66 ss.).

As considerações acima feitas têm uma importância clara sobre o estudo do terceiro setor. Em vez de se considerar critérios universais de comportamento humano, como a racionalidade económica e a maximização, importa antes pensar a emergência, a evolução e o papel das OTS como resultado de um processo institucional onde regras, normas, valores, convenções e hábitos vão moldando as preferências e as interações estratégicas entre os vários atores envolvidos. Não é certamente coincidência que os países que conheceram taxas mais elevadas de crescimento do terceiro setor são aqueles nos quais houve uma maior alteração do ambiente institucional, nomeadamente, ao nível das políticas e das regras formais que regulam as parcerias entre o Estado e as OTS (Anheier, 2002). Alguns exemplos são a introdução do princípio de subsidiariedade na Alemanha, do conceito de *third party government* nos Estados Unidos, o sistema de *verzuilling* na Holanda, a introdução do *Compact* no Reino Unido ou, ainda, o estatuto das Instituições Particulares de Solidariedade Social (IPSS) em Portugal.

A história do terceiro setor ilustra, igualmente, que as instituições emergem como resultado de um compromisso político realizado entre atores desiguais com poderes diferenciados e, frequentemente, marcado por conflitos de interesses. Voltando aos exemplos dados no parágrafo anterior, torna-se claro observar que as novas *regras do jogo* nasceram da heterogeneidade de interesses e da relação de forças entre atores sociais com poderes desiguais (Almeida, 2010).

## Os arranjos institucionais

As regras, normas, valores, convenções e hábitos conduzem ao segundo nível da análise institucional, ou seja, aos arranjos institucionais que coordenam as ações e as estratégias dos atores sociais (Hollingsworth, 2002: 94). Esses arranjos institucionais são os mercados, as hierarquias empresariais, o Estado, as comunidades, as redes e o terceiro setor[11] (Hollingsworth e Boyer, 1997, 6-19). São, pois, os mecanismos que coordenam (ou governam) a atividade económica e que se fundamentam em racionalidades e em dinâmicas diferenciadas que evoluem ao longo do tempo e que divergem de país para país.

Apesar da insistência das tradições teóricas dominantes no papel preponderante do mercado, sempre foi evidente, para alguns autores, a existência de mecanismos não mercantis de governação[12]. Todavia, alguns acontecimentos ocorridos na última década, tão díspares quanto a emergência do fenómeno Sillicon Valley, a crise financeira nos países asiáticos, as perturbações económicas nos países ex-socialistas, a estagnação das economias africanas e o papel crescente das organizações não governamentais vieram a mostrar a importância crucial de outro tipo de arranjos institucionais (Aoki, 2001: 1). Por outro lado, têm surgido evidências empíricas mostrando que as economias que exibem uma maior diversidade de arranjos institucionais apresentam, igualmente, uma maior capacidade para se adaptarem a novas circunstâncias, mesmo que, por vezes, haja alguma incoerência na governação (Hollingsworth, 2002: 99; Dorward *et al.*, 2005). Deste modo, uma nova ênfase tem sido dada às formas institucionais não mercantis.

Quando estas considerações são transpostas para a análise do terceiro setor, chega-se a uma perspetiva que está longe da visão residual das análises convencionais. Na verdade, o terceiro setor é, antes de mais, uma forma de coordenação do sistema socioeconómico. Essa coordenação realiza-se de forma articulada com os restantes arranjos institucionais. Cada economia carateriza-se por uma matriz de interdependência complexa

---

[11] Na verdade, Hollingsworth e Boyer (1997) falam de associações e não de terceiro setor. A opção que aqui se faz pelo uso do segundo termo justifica-se pela sua maior abrangência pois, como se viu atrás, ele inclui não só as associações como, também, outras formas organizacionais, como é o caso das cooperativas e das mutualidades.

[12] O trabalho de Karl Polanyi (1980 [1944]) é um exemplo de que a existência de diversidade de mecanismos de governação da economia foi captada por alguns autores.

entre os vários arranjos institucionais. Esse é precisamente um dos elementos que confere diversidade às economias e que, ao mesmo tempo, lhe garante algum grau de coerência. Deste modo, a contextualização do terceiro setor dentro dessa matriz de interdependências revela-se essencial para um entendimento claro sobre a sua dinâmica de funcionamento, permitindo, ainda, perceber a diversidade enorme que apresenta de país para país.

A dinâmica do terceiro setor não pode ser explicada sem se ter conta as suas interligações com o *Estado*. Os dispositivos de regulação do terceiro setor são definidos pelo Estado e é fundamentalmente através das relações de contratualização com os poderes públicos que o terceiro setor participa na governação societal. São vários os estudos que associam as caraterísticas do terceiro setor ao tipo de Estado com o qual se relacionam[13] (Salamon e Anheier, 1998), o que significa, também, admitir que as suas transformações implicam igualmente mudanças no terceiro setor.

As caraterísticas e os modos de funcionamento do terceiro setor estão, igualmente, ligados às especificidades das *comunidades* onde está inserido. Uma boa parte das OTS nasce de iniciativas comunitárias como, por exemplo, os projetos de desenvolvimento local e sustentável. A existência de comunidades com conexões sociais baseadas na confiança e na cooperação facilitam a coordenação entre agentes e são responsáveis pela vitalidade do movimento associativo. Pelo contrário, um menor número de OTS está geralmente associado a comunidades com uma baixa densidade de laços sociais (Putnam, 1993).

As ligações que o terceiro setor mantém com o *mercado* são igualmente importantes, apesar de este assunto estar pouco explorado na literatura. Por exemplo, nos países de economia liberal, nos quais o mercado assume um papel dominante na coordenação da atividade económica, as OTS parecem absorver algumas das suas lógicas de funcionamento (Almeida, 2008). As suas atividades tendem a apresentar um maior índice de mercantilização e um ambiente de maior competitividade afeta as suas relações com as empresas lucrativas e entre as próprias organizações do terceiro setor.

As relações entre *hierarquias empresariais* e terceiro setor devem, igualmente, ser tidas em conta, por várias razões. Em primeiro lugar, porque as

---

[13] Com efeito, existem descrições teóricas dos regimes do terceiro setor (ver Salamon e Anheier, 1998) construídas a partir da tipologia dos Estados Providência de Esping-Andersen (1990).

OTS concorrem, frequentemente, com as empresas lucrativas e mesmo com as organizações públicas. Importa, assim, perceber as relações e tensões que se formam para compreender as lógicas de funcionamento do terceiro setor. Por outro lado, algumas das caraterísticas das hierarquias empresariais e que são específicas de cada realidade social estão, de igual forma, presentes nas OTS, nomeadamente, a capacidade de inovação, o grau de concentração da produção, o nível de profissionalização dos dirigentes e a importância concedida à prestação de contas (Almeida, 2008).

Por último, é necessário considerar as *redes* como uma forma de coordenação da atividade económica. Há vários tipos de redes que diferem quanto aos modos de coordenação, ao tipo de relações que se criam e aos setores e às organizações envolvidas (Hage e Alter, 1997). Existem redes de desenvolvimento de produção e de tecnologia, de formação profissional, de subcontratações e redes de coordenação de políticas sociais. Embora as OTS, de uma forma geral, possam estar presentes nos vários tipos de rede, é sem dúvida, nas redes de coordenação das políticas sociais e da ação social que o seu papel ganha relevância. O programa *Rede Social* em Portugal ou as *Local Partnership* no Reino Unido são dois exemplos significativos da participação do terceiro setor em conjunto com os mais diversos organismos (órgãos da administração central e local, comunidades, empresas, associações políticas) na governação local.

### Os setores institucionais

O terceiro nível de análise institucional é constituído pelos setores institucionais da sociedade. Estes incluem o conjunto das organizações e segmentos do sistema social que oferecem um determinado serviço ou produto (Hollingsworth, 2002: 99), nomeadamente, o sistema de educação, o sistema de investigação, o setor financeiro, o sistema de segurança social, o mercado de trabalho, o sistema de saúde e os setores industriais (a eletrónica, as químicas, etc.)[14].

---

[14] O terceiro setor e o Estado podem ser, igualmente, encarados como setores institucionais, na medida em que produzem um determinado bem ou serviço. Repare-se que isto não constitui qualquer contradição com o facto de ambos terem sido classificados como arranjos institucionais. Como se salientou, os níveis de análise institucional não constituem categorias estanques, refletindo antes diferentes perspetivas de análise.

A posição relativa destes setores no conjunto do sistema socioeconómico é, obviamente, muito diversa de país para país, quer em termos quantitativos (designadamente, na contribuição para a oferta total de bens e serviços ou no volume total de emprego) quer, também, em termos qualitativos, pois envolvem diferentes relações sociais e compromissos institucionalizados entre os diversos atores sociais em jogo. A diversidade entre economias está, também, presente nas inter-relações que cada um dos setores institucionais mantém com os restantes. Entre os setores institucionais, geram-se dependências que variam consoante as caraterísticas e a densidade das relações estabelecidas. Por outro lado, quanto maior for a interdependência entre os setores institucionais, maior será o efeito que a mudança ocorrida num deles exerce sobre os restantes. Aliás, este nível de análise institucional está sujeito a variações mais frequentes do que os dois níveis anteriores (Hollingsworth, 2002: 99).

O enquadramento do estudo do terceiro setor através da análise dos setores institucionais é particularmente importante. Na verdade, um dos primeiros elementos diferenciadores dos vários regimes do terceiro setor surge quando se compara a distribuição relativa das organizações, em cada setor institucional. Acrescente-se, também, que a tarefa se torna bastante mais facilitada pela possibilidade de aplicação da análise empírica. Por exemplo, um dos elementos que distingue o terceiro setor nos países da Europa do Sul é a sua participação elevada na produção do setor dos serviços sociais e a reduzida importância no setor da saúde. Já nos países anglo-saxónicos sobressai a contribuição das OTS nos setores institucionais da educação e da cultura e a sua menor importância relativa no setor dos serviços sociais. A explicação desta diversidade assenta, evidentemente, nas especificidades de um longo processo histórico, através do qual se foram estabelecendo inter-relações específicas entre os setores institucionais nos quais as OTS participam.

Quando se olha para a trajetória histórica das OTS, é possível, também, comprovar empiricamente o que há pouco se disse sobre o menor grau de estabilidade deste terceiro nível de análise – o dos setores institucionais – relativamente aos dois anteriores. Em resultado de compromissos variados entre as forças sociais, a participação e a importância do terceiro setor em cada um dos setores institucionais (saúde, educação, serviços sociais, etc.) foi evoluindo a ritmos diferentes, umas vezes mais lentamente, outras de forma mais apressada, dependendo da própria velocidade das mudanças ocorridas no conjunto no sistema social[15]. Isto significa que as inter-dependências entre as OTS e os restantes setores institucionais se vão, também, alterando ao longo do tempo. A análise desta complexa teia de relações é, aliás, uma condição necessária para compreender a lógica e a coerência da variedade dos sistemas económicos onde o terceiro setor se encontra embutido.

## As organizações

As organizações formam o quarto nível de análise institucional. Um dos assuntos mais controversos na literatura institucionalista gira à volta dos conceitos de *instituições* e *organizações*. Alguns autores optam por não fazer qualquer distinção entre aqueles dois termos. Para DiMaggio e Powell (1991), as instituições, isto é, as regras e as normas, surgem em conjunto com as estruturas organizacionais. Qualquer mudança que ocorra nas regras e nas normas é internalizada pelas organizações. Também Hodgson (2006) não vê grande diferença entre os dois conceitos. As organizações são instituições especiais que envolvem i) critérios de demarcação entre membros e não membros, ii) princípios de soberania e iii) cadeias de comandos (Hodgson, 2006: 18).

No entanto, faz todo o sentido distinguir instituições de organizações. Para North (1990: 4-5), as instituições são as regras do jogo e as organizações são os jogadores, isto é, são grupos de indivíduos unidos por algum propósito comum para atingir objetivos. É claro que as organizações são instituições especiais, como afirma Hodgson (2006: 18). Na verdade, qualquer estrutura organizacional é regulada pelas regras e normas que são definidas a um nível mais elevado (por exemplo, a constituição, o sistema fiscal, as regras do mercado de trabalho ou do sistema financeiro). Por outro lado, as próprias organizações têm, elas próprias, regras, normas e hábitos que lhes são específicos.

Não obstante, elas devem ser consideradas duas entidades distintas, e por várias razões. Em primeiro lugar, a sua natureza ontológica é diferente. Uma unidade teórica são as meta-regras definidas a um nível mais elevado (por exemplo, o Estatuto das IPSS, em Portugal, ou o *Compact* no Reino Unido),

---

[15] Por exemplo, a instauração do regime democrático, em Portugal, em 1974, ou a ascensão ao governo de Tony Blair, no Reino Unido, são dois exemplos de acontecimentos que acabaram por desencadear mudanças profundas na configuração do terceiro setor e no seu diferente embutimento nos setores institucionais.

outra são as organizações reguladas e influenciadas por elas (por exemplo, as próprias IPSS ou as *Charities* inglesas). Em segundo lugar, a sua dinâmica é distinta. As organizações mudam mais depressa do que as regras, normas, convenções e hábitos da sociedade que apresentam um caráter mais permanente. Por último, como um dos objetivos deste texto consiste no estudo do processo de formação das OTS, enquanto agentes na governação macrossocial, reforça-se ainda mais a necessidade de fazer a distinção entre instituições e organizações.

As perspetivas institucionalistas na Economia e na Sociologia têm realçado o papel condicionador das normas e das regras na estrutura e no comportamento das organizações. Num artigo seminal, DiMaggio e Powell (1983) avançam com o conceito de isomorfismo institucional que traduz o processo segundo o qual uma unidade pertencente a uma determinada população se assemelha às outras unidades que enfrentam o mesmo ambiente institucional (1983: 149). Isto não significa que não se observe, dentro de um determinado país ou conjunto de países sujeitos a um ambiente institucional idêntico, qualquer variação na estrutura e na cultura das organizações. Implica, sim, observar que essa variação ocorre dentro de parâmetros que são específicos ao ambiente socioeconómico onde se encontram (Almeida, 2010).

Estas considerações são particularmente importantes quando se abordam as OTS. A forma como o ambiente institucional configura o funcionamento do terceiro setor tem sido já evidenciado nalguma literatura (ver, por exemplo, Ferreira, 2005a). Torna-se, igualmente, importante perceber em que medida os processos de isomorfismo institucional, nas suas várias formas, estão mais ou menos presentes nas organizações. Parece ser claro que a existência de uma maior dependência do Estado e de um quadro regulador mais rígido está associado a um grau maior de isomorfismo institucional. Por exemplo, em Portugal, o Estatuto das IPSS e as caraterísticas dos acordos de cooperação assinados entre estas e o Estado têm acentuado a tendência para as organizações se concentrarem num número reduzido de serviços, limitando a sua capacidade de inovação (Ferreira, 2005a: 9). Inversamente, quando as organizações gozam de uma regulação mais flexível e quando se encontram mais afastadas do Estado, a sua capacidade de inovação tende a ser mais elevada. É, por exemplo, o caso das *Charities* inglesas que, estando orientadas para o mercado, parecem menos sujeitas ao isomorfismo institucional, revelando uma maior capacidade de inovação (Almeida, 2008).

Por último, convém não esquecer o movimento contrário, ou seja, o modo como as próprias organizações acabam, também, por ter uma influência, muitas vezes decisiva, no desenho e na emergência das instituições. Apesar de, sob um ponto de vista teórico, ser um tema pouco estudado, a análise empírica tem realmente mostrado essa influência (Almeida, 2010).

## O indivíduo institucionalizado

O quinto nível de análise institucional é o indivíduo. O reconhecimento da importância das instituições na atividade socioeconómica não pode fazer esquecer o papel do ator individual. Sendo certo que as instituições são constitutivas dos indivíduos, como se referiu atrás, só estes, de facto, possuem poderes de agência. Sem indivíduos, os quatros níveis antecedentes, obviamente, não existiriam. Dito ainda de outro modo, é através da ação consciente e intencional que os atores individuais criam as instituições.

Para o novo institucionalismo, o indivíduo é colocado no centro da análise. Porém, assume-se um estado de natureza, de tipo hobbesiano, livre de instituições, partindo todo o movimento dos indivíduos para as instituições. As preferências individuais são determinadas de forma exógena e a influência das instituições sobre os indivíduos é ignorada. Por aquilo que já se disse atrás, não é esta a posição que aqui se defende. No entanto, a postura contrária em que se afirma que "tudo pode ser explicado através do social e do institucional" (Granovetter, 1985) conduz a um coletivismo metodológico igualmente insustentável. Alguns autores ligados ao velho institucionalismo enveredaram por este determinismo estrutural.

Hodgson (2002) procura chegar a uma posição mais equilibrada, através do conceito de causação descendente reconstitutiva. Pretende-se significar que as instituições não só atuam como restrições ao comportamento humano como, também, o reconstituem, o que não significa que os indivíduos sejam apenas um produto cultural determinado pelas condições estruturais, pois as instituições não agem diretamente sobre as decisões dos agentes, mas sim sobre os seus hábitos. Assim, ao exercerem um efeito descendente sobre o comportamento individual, reconstituem-no sem que, no entanto, seja anulada a iniciativa e a intencionalidade dos atores. Desta forma, Hodgson, com alguma sofisticação, afasta-se de um holismo excessivo presente em alguns autores do velho institucionalismo. Porém, a utilização do conceito parece servir um outro objetivo, já presente nos seus escritos anteriores, que é o de defender que as instituições devem ser encaradas como unidades básicas de análise (1998: 172). Esta posição, sem dúvida mais discutível, parece bem próxima de algum determinismo estrutural. Pode-se, de facto, perguntar por que motivo se deve considerar as instituições como unidades de análise se, efetivamente, elas não possuem poderes de iniciativa.

O conceito de *indivíduo institucionalizado* desenvolvido por Agassi (1975) parece ser um bom caminho entre holismo e individualismo. Por um lado, ele permite admitir que as instituições constrangem, incentivam e constituem o comportamento individual, por outro, não retira a ideia de intencionalidade, livro arbítrio e imaginação dos agentes sociais. Existem influências externas que atuam sobre os indivíduos, mas a sua ação não é inteiramente determinada por elas. Esta possibilidade de indeterminação ou como diz Shackle (1979) de *causas não causadas* admite a existência de escolhas reais, ou seja, nem sempre determinadas por estímulos externos[16].

As considerações acima feitas podem ser transpostas para a análise do papel dos agentes individuais na génese e na vida das OTS. Nos últimos anos, tem-se desenvolvido alguma literatura sobre o empreendedor social, alguém que, à semelhança do empresário inovador de Schumpeter, é um agente de mudança, mas, diferentemente daquele, tem uma missão social (Dees, 2001; Ferreira, 2005b). Em relação ao papel do empreendedor, as duas visões polares estão igualmente presentes. Por um lado, uma visão mais determinista tende a ver o empreendedorismo como o resultado de determinados contextos institucionais. Uma perspetiva mais individualista encara o empreendedorismo através de um conjunto de características dos agentes, desligadas das condições sociais onde se inserem (ver, a este respeito, Ferreira, 2005b). Porém, é desejável, pelas razões há pouco indicadas, chegar a uma posição intermédia que tende a ver o empreendedor social como alguém que é um produto cultural do meio, mas que, ao mesmo tempo, desenvolve uma ação marcada pela intencionalidade, pela imaginação e pelo livre arbítrio. Sob um outro ângulo de análise, é igualmente interessante verificar que o perfil do empreendedor acaba por ter uma influência, muitas vezes decisiva, sobre a gestão e a vida da organização, sendo o contrário também verdadeiro, isto é, a cultura da organização molda também as suas escolhas e as suas capacidades (Ferreira, 2005b: 40).

---

[16] Se as causas fossem sempre determinadas, então, tal como Shackle afirma (1979: 48), "não havia lugar no esquema das coisas para os começos".

## Um modelo causal de explicação

A explicação sobre os níveis de análise institucional mostrou que existem fatores micro e macrossociais na formação das OTS. Assim, a primeira questão que se pode colocar é como relacionar o nível micro, na qual a motivação e intencionalidade dos atores podem explicar a sua escolha na afetação de recursos com o nível macro, onde os fatores institucionais exercem, também, influência sobre a ação dos indivíduos. Ao fim e ao cabo, trata-se do problema da relação entre agência e estrutura, uma das questões mais polémicas nas ciências sociais.

Bhaskar (1998 [1979]), um autor cujos trabalhos estão associados à corrente do realismo crítico, apresenta um *modelo transformacional da atividade social* baseado na assunção que indivíduos e sociedade não estão relacionados dialeticamente, pois não são apenas dois momentos do mesmo processo. Por um lado, o determinismo deve ser evitado, porque, sem a atividade humana, a sociedade não existiria. No entanto, essa atividade não se desenvolve fora de qualquer conceção daquilo que os indivíduos estão a fazer e, além disso, pressupõe a existência de estruturas sociais que lhes são anteriores.

Se a sociedade não é criada nem determinada pelos indivíduos, no entanto, ela é *reproduzida* e *transformada* por eles. Em resumo, tal como o social não pode ser reduzido aos indivíduos, também a sociedade é uma condição necessária à atividade humana (Bhaskar, 1998: 33-34 [1979]). Daqui decorre o caráter dual da agência e da estrutura. Por um lado, as formas sociais antecedem toda a atividade humana, embora sejam, ao mesmo tempo, continuamente reproduzidas e transformadas pelos indivíduos. É nisto que consiste a dualidade da estrutura. Por outro, tem-se a dualidade da praxis, pois, devido à sua ação intencional e motivada por razões, os indivíduos acabam por reproduzir ou transformar a estrutura social, mesmo que nem sempre de forma consciente. Por exemplo, as pessoas não se casam para reproduzir a família nuclear ou manter o sistema capitalista. No entanto, é esse o resultado inevitável dos seus atos e, ao mesmo tempo, uma condição necessária da sua atividade (Bhaskar, 1998: 35 [1979]).

Agência humana e estrutura constituem, assim, dois níveis separados de realidade, cada um com propriedades autónomas e poderes causais. A existência de propriedades emergentes e poderes causais ao nível estrutural justifica, também, que agência e estrutura tenham um tratamento diferenciado. Um estrato da realidade diz-se *emergente* se i) resulta de princípios que operam num nível mais baixo, ii) a sua existência é dependente desse nível e iii) se contém poderes causais que são irredutíveis, ao nível inferior, e capazes de o modificar (Lawson, 2003: 44)[17]. Tal como Hodgson (2002:164) exemplifica, pode tratar-se a consciência humana como uma propriedade emergente, ao nível superior da complexidade do nosso sistema neurológico. Porém, embora a consciência dependa do sistema neurológico, ela não é inteiramente prevista nem explicada nos seus termos. Por sua vez e descendo para um nível inferior, o sistema neurológico depende de substâncias ao nível da biologia molecular, mas também não pode ser explicado apenas com base nas moléculas. Assim como é possível aceitar a existência de uma ontologia estratificada "abaixo" do nível dos indivíduos, há, também, boas razões, tal como defendem alguns autores ligados à corrente do realismo crítico, para aceitar a existência de estratos emergentes a um nível superior.

O principal contributo do modelo causal de explicação é a aceitação de uma perspetiva dinâmica dos processos sociais, ao considerar a centralidade da ação e a capacidade transformativa e reprodutiva das formas sociais. Ao nível estrutural, as regras, normas, práticas estabelecidas e sistemas estão em constante evolução, apesar de haver estruturas que apresentem maior estabilidade do que outras. Por outro lado, ao nível individual, os agentes transformam, reproduzem as estruturas e, como tal, são um elemento dinâmico da transformação da atividade social.

Em que medida este modelo causal de explicação pode ser útil na explicação do processo de formação das OTS? Ao nível microssocial, tem-se a ação individual como o elemento fundamental que dá origem ao processo de formação das organizações. Como atrás já se defendeu, a intencionalidade dos agentes é, pois, o elemento chave para a mudança institucional. Neste sentido, as análises convencionais do terceiro setor dão um contributo que não deve ser ignorado. As abordagens pelo lado da procura, centradas na insuficiência de bens públicos ou nas assimetrias de informação, e as explicações pelo lado da oferta, mais focadas nos aspetos da iniciativa empresarial ou na ação dos stakeholders, realçam aspetos importantes que estão por detrás do nascimento das OTS (ver, a este propósito, Almeida, 2010). Todavia, como já se sublinhou atrás, têm limitações.

---

[17] Baskhar considerava que o seu modelo ontológico se encontrava perto da teoria da estruturação de Giddens. Porém, uma das diferenças que as separam é, precisamente, a consideração, por parte dos realistas críticos, da existência de propriedades emergentes ao nível da estrutura.

Por um lado, as iniciativas não partem de agentes otimizadores, mas sim de indivíduos institucionalizados pelo contexto estrutural. Um outro aspeto importante na formação das OTS está ligado aos efeitos induzidos que a alteração no quadro cognitivo dos agentes provoca nos restantes, assunto também esquecido pelas teorias tradicionais do terceiro setor. À medida que as novas regras, normas e valores vão sendo incorporados na atividade social dos agentes, ocorre um processo de mimetismo. Desta forma, a decisão em formar uma organização do terceiro setor acaba por ser, também, influenciada pelo conhecimento de outras experiências. Dito por outras palavras, é através deste *efeito de imitação* que se gera um ciclo de auto-reforço no comportamento dos atores sociais, induzindo-lhes novas práticas, hábitos e rotinas[18].. Assim, as interações entre a procura e a oferta são enquadradas pelas dinâmicas territoriais e, consequentemente, pelas características e densidade das redes sociais e pelo modo como estas afetam o quadro cognitivo, a preferência e as escolhas institucionais dos agentes. Pondo a questão noutros termos, o terceiro setor está ligado ao território, no seu sentido mais amplo[19]. São estes aspetos que a parte inferior da Figura 1 procura representar.

A passagem do nível micro à escala macro é representada pela seta ascendente. A formação de organizações, através da intencionalidade da agência humana, vai influenciar as estruturas institucionais superiores reproduzindo-as ou transformando-as e dotando-as de propriedades emergentes que não são redutíveis ao nível inferior. A parte superior da Figura 1 identifica, então, o nível estrutural constituído pelas instituições, pelos arranjos institucionais e pelos setores institucionais.

É a partir dos *valores* e da *ideologia* dominantes que a mudança institucional se inicia. Segundo North (2005), o sistema de crenças constitui a representação interna da paisagem humana e as instituições, como estrutura que os indivíduos criam nessa paisagem, são a sua representação externa. Assim, as

---

[18] Russel e Hanneman (2002) dão conta deste fenómeno no seu estudo sobre a formação de cooperativas em Israel.

[19] Para Reis (2006), o território não é apenas o espaço físico, é também um espaço relacional constituído pela *proximidade*, pelas *densidades* e pelo *polimorfismo estrutural*. Significa isto que o entendimento sobre a lógica de funcionamento das OTS deve ter em conta não só o espaço e as relações que nele se desenvolvem (*a proximidade*) como, também, as interações conti--nuadas entre os agentes (*a densidade*) e as relações de poder em que os territórios participam (*o polimorfismo estrutural*) (Reis, 2006: 10).

escolhas societais sobre as alterações no ambiente institucional e as mudanças na configuração dos arranjos institucionais são tomadas, geralmente, sem que haja qualquer critério de racionalidade económica que as sustente (Bromley, 2006). Muitas vezes, as decisões políticas representam escolhas ideológicas e correspondem a um conjunto de crenças e valores que, em determinado momento histórico, são dominantes[20]. As transformações do Estado Providência, a consolidação das políticas sociais e a crescente importância do terceiro setor na regulação da sociedade e nas economias europeias são, em parte, o reflexo de um novo contexto ideológico. Novos valores e novas ideologias criaram, através de tensões entre relações sociais com poderes diferenciados, novas instituições reguladoras da economia e da sociedade.

FIGURA 1 – Dinâmicas institucionais no processo de formação das OTS

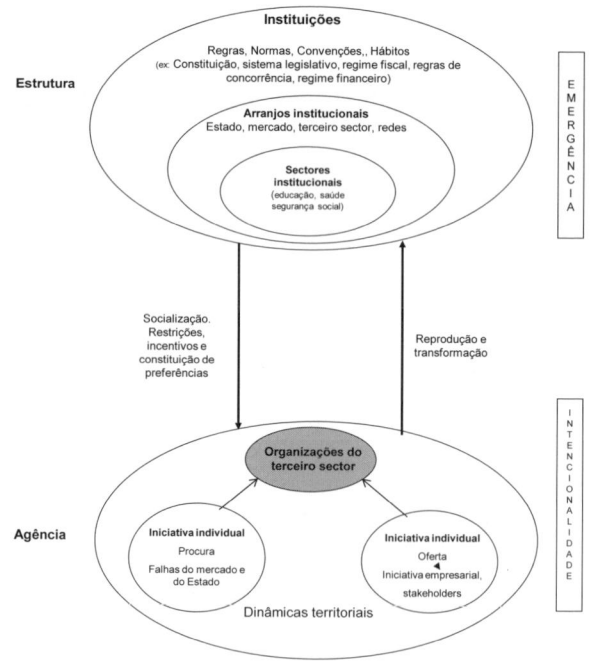

[20] É claro que isto remete para a questão das relações de poder estabelecidas na sociedade. É que a própria estrutura institucional da sociedade determina não só as regras económicas e políticas adotadas, como, também, quem terá acesso ao processo de decisão (North, 2005).

Observe-se, em consonância com o que se disse atrás, que todas as transformações nas regras, normas, valores e hábitos provocam uma reconfiguração dos arranjos institucionais, ou seja, o primeiro nível institucional atua sobre o segundo. A criação de condições institucionais favoráveis ao desenvolvimento do terceiro setor (por exemplo, as alterações constitucionais, a definição novas de formas de contratualização com o Estado ou as mudanças no sistema fiscal das OTS) é acompanhada por uma reafetação da oferta de bens e serviços entre Estado, mercado e terceiro setor. Quando o Estado delega a produção de determinados bens e serviços nas OTS, através da contratualização, está a redefinir a configuração dos arranjos institucionais não só entre a esfera pública e a privada não lucrativa como, também entre mercado e terceiro setor, pois muitas das vezes eles concorrem nos mesmos setores institucionais (o terceiro nível de análise institucional), seja nas áreas da saúde, previdência, terceira idade ou na educação pré-escolar. Assim, há uma recomposição dos setores institucionais, fruto das mudanças ocorridas nos níveis superiores e que, naturalmente, se repercute no processo de formação das OTS (quarto nível de análise institucional) em resultado da iniciativa individual (quinto nível de análise institucional). A seta descendente da Figura 1 mostra, justamente, a influência do ambiente institucional sobre os agentes sociais restringindo, incentivando ou reconstituindo as suas preferências.

Em resumo, este modelo explicativo, ao articular os vários níveis de análise institucional, permite uma visão mais alargada do processo de formação das OTS do que aquela que é fornecida pelas teorias dominantes, baseada apenas em comportamentos individuais descontextualizados do ambiente institucional.

### Considerações Finais

Procurou mostrar-se que as explicações de fator único, próprias das abordagens económicas convencionais e baseadas nas teorias do fracasso do Estado ou do mercado, não são satisfatórias para a explicação da génese das OTS nas sociedades contemporâneas. As escolhas sobre a atribuição da produção de certos serviços ao Estado, ao mercado ou ao terceiro setor não é feita por consumidores individuais num mercado aberto, tal como é defendido pelas teorias de fundamentação neoclássica. Por outro lado, o processo de formação das OTS não pode ser explicado sem a abertura da Economia ao diálogo com outras disciplinas, como a História, a Ciência Política, a Sociologia e a Psicologia.

Uma boa parte dos estudos tem assumido a ideia de que as OTS constituem formas imutáveis, fora do tempo e do espaço, cuja essência pode ser descoberta através da formalização teórica. Esta falácia do essencialismo, como DiMaggio (2003) a designa, deve ser substituída pela historicidade. Os processos económicos são processos evolucionários e, neste sentido, a história importa. De facto, não é possível, por exemplo, explicar o forte crescimento das OTS, a partir da década de setenta do século XX, sem se atender às condições históricas presentes, nomeadamente, à desaceleração do crescimento económico e às transformações do Estado Providência.

Em cada momento histórico, existe um conjunto de crenças e ideologias que se torna dominante e que vem dar origem a novas políticas e a novas instituições reguladoras da sociedade. Assim, a criação de condições institucionais favoráveis ao desenvolvimento do terceiro setor não é o resultado de qualquer critério de racionalidade maximizadora, mas sim o reflexo de escolhas ideológicas que correspondem a um conjunto de crenças e valores que, em determinado momento histórico, são dominantes. Por outro lado, como atrás se referiu, as instituições mediam conflitos sociais e representam um compromisso institucionalizado entre atores desiguais com interesses diferenciados. Desta forma, o aparecimento das OTS resulta de tensões e conflitos entre grupos sociais com interesses diversos e envolve necessariamente relações de poder, o que remete para a necessidade do diálogo da Economia com a Sociologia e com a Ciência Política.

Por último, considere-se a importância da colaboração e do diálogo da Economia com a Psicologia e com a ciência cognitiva. Contrariando o determinismo estrutural presente em alguns autores institucionalistas, defendeu-se que a chave para o processo de mudança institucional é a intencionalidade dos atores sociais. Conceder assim ao indivíduo um lugar central no processo de formação das OTS não equivale, evidentemente, a negar a influência das instituições sobre a constituição das preferências. O modelo de explicação que se ensaiou no ponto atrás salienta, precisamente, a importância de articulação entre os níveis micro e macrossocial. Na verdade, ao mesmo tempo que os empreendedores sociais, no processo de constituição de uma OTS, desenvolvem uma ação marcada pela intencionalidade, imaginação e livre arbítrio, a sua conduta é também determinada pelo ambiente institucional. Isto significa que cabe um papel importante à ciência cognitiva e à Psicologia Social na explicação do processo de mudança institucional, tal como defende North (2005). De facto, a maneira como as crenças são formadas, o modo como se alteram e a relação entre crenças e instituições são questões essenciais para se perceber a natureza do processo de mudança social.

Em resumo, só alargando de forma arrojada as fronteiras de pesquisa em Economia se pode avançar para o entendimento de uma realidade marcada pela não linearidade e pela complexidade dos processos económicos.

## REFERÊNCIAS BIBLIOGRÁFICAS

AGASSI, Joseph (1975), Institutional individualism, *The British Journal of Sociology*, XXVI (2), 144-155.

ALMEIDA, Vasco (2008), Capitalism, Institutional Complementarities and the Third Sector. The Private Institutions for Social Solidarity (IPSS) in Portugal, *Conference Working Papers, Volume VI*, International Society for Third Sector Research.

ALMEIDA, Vasco (2010), *Governação, Instituições e Terceiro Sector. As Instituições Particulares de Solidariedade Social*, Dissertação de Doutoramento, Coimbra: Centro de Estudos Sociais e Faculdade de Economia da Universidade de Coimbra.

AMABLE, Bruno (2005), *Les Cinq Capitalismes. Diversité des systèmes économiques et sociaux dans la mondialisation*, Paris: Éditions du Seuil.

AMABLE, Bruno; PALOMBARINI, Stefano (2009), A neorealist approach to institutional change and the diversity of capitalism, *Socio-Economic Review*, 7, 123-143.

ANHEIER, Helmut (2002), The third sector in Europe: five theses, *Civil Society Working Paper* 12, http://www.lse.ac.uk/collections/CCS/pdf/CSWP12.pdf [20 de outubro de 2004].

AOKI, Masahiko (2001), *Toward a Comparative Institutional Analysis*, Cambridge (MA) e Londres: MIT Press.

BHASKAR, Roy (1998 [1979]), *The Possibility of Naturalism. A Philosophical Critique of the Contemporary Human Sciences*, Londres e Nova Iorque: Routledge.

BROMLEY, Daniel (2006), *Sufficient Reason: Volitional Pragmatism and the meaning of Economic Institutions*, Princeton: Princeton University Press.

COMMONS, John (1959 [1934]), *Institutional economics: its place in political economy*, Madison: University of Wisconsin Press.

DEES, Gregory (2001), The Meaning of Social Entrepreneurship, http://www.fuqua.duke.edu/centers/case/documents/dees_SE.pdf, [21 de junho de 2006].

DIMAGGIO, Paul (1998), The New Institutionalisms: Avenues of Collaboration, *Journal of Institutional and Theoretical Economics*, 154 (4), 696-705.

DIMAGGIO, Paul (2003), An Ecological Perspective on Nonprofit Research, in Anheier, Helmut; Ben-Ner, Avner (orgs.), *The Study of the Nonprofit Enterprise*, Nova Iorque: Kluwer Academic/Plenum Publishers, 311-320.

DIMAGGIO, Paul; ANHEIER, Helmut (1990), The Sociology of Nonprofit Organizations and Sectors, *Annual Review of Sociology*, 16, 137-159.

DIMAGGIO, Paul; POWELL, Walter (1983), The Iron Cage Revisited: Institutional Isomorphism and Collective Rationality, *American Economic Review*, 48 (2), 147-160.

DiMaggio, Paul; Powell, Walter (orgs.) (1991), *The New Institutionalism in Organizational Analysis*, Chicago e Londres: The University of Chicago Press.

Dollery, Brian; Wallis, Joe (2003), *The Political Economy of the Voluntary Sector. A Reappraisal of the Comparative Institutional Advantage of Voluntary Organizations*, Cheltenham e Northampton: Edward Elgar.

Dorward, Andrew *et al.* (2005), Institutions, Markets and Economic Co-ordination: Linking Development Policy to Theory and Praxis, *Development and Change*, 36 (1), 1-25.

Douglas, Jones (1987), Political Theories of Nonprofit Organization, in Walter Powell (org.), *The Nonprofit Sector: A Research Handbook*, New Haven: Yale University Press, 43-54.

Enjolras, Bernard (2004), Formes Institutionelles, Rationalité Axiologique et Conventions, *Annals of Public and Cooperative Economics*, 75 (4), 595-617.

Esping-Andersen, Gosta (1990), *The Three World of Welfare Capitalism*, Cambridge: Polity Press.

Ferreira, Sílvia (2005a), The places of the third sector in the Portuguese welfare regime: the case of social and family services, Comunicação apresentada na *Primeira Conferência Europeia EMES/ISTR, Concepts of the Third Sector, The European debate: Civil Society, Voluntary Organizations, Social and Solidarity-Based Economy*, Paris, 27 a 29 de abril.

Ferreira, Sílvia (2005b), O que tem de especial o empreendedor social? O perfil de emprego do empresário social em Portugal, *Oficina do CES*, 223.

Granovetter, Mark (1985), Economic action and social structure: the problem of embeddedness, *American Journal of Sociology*, 91 (3), 481-510.

Hage, Jerald; Alter, Chaterine (1997), A Typology of Interorganizational Relationships and Networks, in Holligsworth, Rogers; Boyer, Robert (orgs.), *Contemporary Capitalism. The embeddedness of institutions*, Cambridge: Cambridge University Press, 94-126.

Hall, Peter (1987), A Historical Overview of the Private Nonprofit Sector, in Powell, Walter (ed.), *The Nonprofit Sector: A Research Handbook*, New Haven: Yale University Press, 3-26.

Hall, Peter; Taylor, Rosemary (1997), Political Science and the Three New Institutionalism, *Political Studies*, 44, 936-957.

Hansman, Henry (1986 [1980]), The role of nonprofit enterprise, *Yale Law Journal*, 89(5), 103-127, Reimpresso em Rose-Ackerman, Susan (org.), The economics of nonprofit organizations: Studies in structure and policy, Nova Iorque: Oxford University Press, 57-84.

Hodgson, Geoffrey (1994), *Economia e Instituições*, Oeiras: Celta Editora.
Hodgson, Geoffrey (1998), The Approach of Institutional Economics, *Journal of Economic Literature*, XXXVI, 166-192.
Hodgson, Geoffrey (1999), *Evolution and Institutions. On Evolutionary Economics and the Evolution of Economics*, Cheltenham e Northampton: Edward Elgar.
Hodgson, Geoffrey (2002), Reconstitutive downward causation: Social structure and the development of individual agency, in Fullbrook, Edward (org.), *Intersubjectivity in Economics: Agents and Structures*, Londres e Nova Iorque: Routledge, 159-180.
Hodgson, Geoffrey (2006), What are institutions?, *Journal of Economic Issues*, XL (1), 1-25.
Hodgson, Geoffrey (2009), Institutional Economics into the Twenty-First Century, *Studi e Note di Economia*, XIV (1), 3-26.
Hollingsworth, Rogers (2002), On Multi-Level Analysis, in Hollingsworth, Rogers; Muller, Karl (orgs.), *Advancing Socio-Economics: An Institutionalist Perspective*, Boston: Rowman and Littlefield, 19-35.
Hollingsworth, Rogers; Boyer, Robert (1997), Coordination of economic actors and social systems of production, in Holligsworth, Rogers; Boyer, Robert (orgs.), *Contemporary Capitalism. The embeddedness of institutions*, Cambridge: Cambridge University Press, 1-47.
Lawson, Tony (2003), *Reorienting Economics*, Londres: Routledge.
Lawson, Tony (2005), The Nature of Institutional Economics, *Evolutionary and Institutional Economics Review*, 2 (1), 7-20.
Lohman, Roger (1989), And Lettuce is Nonanimal: Toward a Positive economics of Voluntary Action", *Nonprofit and Voluntary Sector Quarterly*, 18 (4), 367-382.
Nee, Victor (2003), The New Institutionalism in Economics and Sociology, *CSES Working Paper Series, Paper #4*, http://www.economyandsociety.org/publications/wp4_nee_03.pdf, [22 de janeiro de 2007].
Nelson, Richard; KRASHINSKY, Michael (1973), Public Control and Organization of Day Care for Young Children, *Public Policy* 22 (1), 53-75.
Nielsen, Klaus (2001), Institutional Approaches in the social sciences: typology, dialogue and future challenges, *Journal of Economic Issues*, XXXV, 505-516.
Nielsen, Klaus (2002), Institutional Theory and Social reality, *Research Paper* no. 8/02, Roskilde University, http://www.ruc.dk/upload/application/pdf/f51d6748/Research_Paper_8-02.pdf [14 de outubro de 2006].
North, Douglass (1990), *Institutions, Institutional Change and Economic Performance*, Cambridge: Cambridge University Press.

NORTH, Douglass (2005), *Understanding the Process of Economic Change*, Princeton e Oxford: Princeton University Press.

POLANYI, Karl (1980 [1944]), *A Grande Transformação: as origens da nossa época*, Rio de Janeiro: Editora Campos.

PUTNAM, Robert (1993), *Making Democracy Work. Civic Traditions in Italy*, Princeton e New Jersey: Princeton University Press.

REIS, José (1998), O Institucionalismo Económico: crónica sobre os saberes da economia, *Notas Económicas*, 11, 130-149.

REIS, José (2006), Uma epistemologia do território, in *Ensaios de homenagem a António Simões Lopes*, Lisboa: ISEG.

REIS, José (2007), *A Economia Impura*, Coimbra: Almedina.

RHODES, Roderick et al. (orgs.) (2002), *The Oxford Book of Political Institutions*, Oxford: Oxford University Press.

RUSSEL, Raymond; HANNEMAN, Robert (2002), The Role of Institutional Processes in the Formation of Worker Cooperatives in Israel, 1924-1990, in Hollingsworth, Rogers; Muller, Karl (orgs.), *Advancing Socio-Economics: An Institutionalist Perspective*, Boston: Rowman and Littlefield, 331-349.

RUTHERFORD, Malcom (1994), *Institutions in Economics*, Cambridge: Cambridge University Press.

SALAMON, Lester; ANHEIER, Helmut (1998), Social Origins of Civil Society: Explaining the Nonprofit Sector Cross-Nationally, *Voluntas*, 9 (3), 213-248.

SHACKLE, George (1979), *Imagination and the Nature of Choice*, Edimburgo: Edinburgh University Press.

SIMON, Herbert (1982), *Models of Rationality: Economic Analysis & Public Policy*, Cambridge (MA) e Londres: MIT Press.

THÉRET, Bruno (2003), As Instituições entre as estruturas e as acções, *Lua Nova*, 58, 225-254.

TOCQUEVILLE, Alexis (2001 [1840]), *Da Democracia na América*, Cascais: Principia.

VALENTINOV, Vladislav (2008), The Transaction Cost Theory of the Nonprofit Firm: Beyond Opportunism, *Nonprofit and Voluntary Sector Quarterly*, 37 (1), 5-18.

VEBLEN, Thornstein (1909), The Limitations of Marginal Utility, *Journal of Political Economy*, 17, 235-245.

WILLIAMSON, Oliver (1985), *The Economic Institutions of Capitalism*, Nova Iorque: The Free Press.

# CAPÍTULO 11

## AS CIDADES DA ECONOMIA: DE UM SABER DISCIPLINAR A UMA CIÊNCIA ABERTA

*Nuno Serra**

**Introdução**[1]

O estudo das cidades pela Economia terá nascido de um conjunto de perguntas simples, comuns a outras ciências que tomam a questão urbana como objeto de análise. Porque existem cidades? Porque crescem ou entram em declínio? Como evoluem? Como se estruturam? Que relações estabelecem entre si? O que representam para as economias, os territórios e as sociedades?

É a partir da tentativa de encontrar resposta para estas questões que a aproximação da Economia às cidades se constitui, dando origem à formação de um campo disciplinar – a Economia Urbana – que procura estabelecer um discurso económico próprio sobre os espaços urbanos, suscetível de se diferenciar de outras aproximações científicas.

A análise económica dos espaços urbanos não se circunscreve necessariamente, porém, ao universo da Economia Urbana enquanto domínio disciplinar instituído na Economia. De facto, podemos encontrar referências ao significado e relevância económica das cidades em trabalhos de análise espacial ou de Economia Regional (a que aquela disciplina surge, de resto, muitas vezes associada). Aliás, a Economia Urbana, enquanto *locus* formalmente instituído do estudo das cidades pela Economia, tende a constituir-se através da prevalência clara de correntes fundadas no pensamento econó-

---

* Aluno do Programa de Doutoramento em Governação, Conhecimento e Inovação, da Faculdade de Economia e do Centro de Estudos Sociais da Universidade de Coimbra. Bolseiro da Fundação Calouste Gulbenkian.

[1] O presente capítulo constitui uma versão escrita e revista da comunicação apresentada no Workshop "*Economia e Interdisciplinaridade(s)*", que decorreu em Niterói (Brasil), no final de abril de 2010. Assumindo plena responsabilidade pelas opções analíticas tomadas ao longo do texto, o autor agradece os comentários e sugestões, no âmbito do quadro epistemológico e concetual de análise, de Ana Cordeiro Santos, Ana Raquel Matos, Gary Dymski, João Rodrigues, José Maria Castro Caldas, José Reis e Vítor Neves.

mico dominante, de matriz neoclássica, que não esgotam os modos possíveis de perspetivar as cidades a partir de um olhar fundado na Economia.

Porém, independentemente de se poderem ou não agregar as diferentes perspetivas decorrentes da análise económica dos espaços urbanos num campo disciplinar específico, a verdade é que estamos, no quadro da teoria económica, perante um assunto relativamente marginal, periférico. O que não surpreende, sobretudo atendendo a que esta condição se inscreve na dificuldade, mais ampla, que a Economia tem demonstrado para integrar, na sua análise, as questões espaciais.

Situada entre a Geografia e a Economia, cabendo à primeira estudar o modo como se organiza o espaço e à segunda compreender as decisões dos agentes perante a existência de recursos escassos (O'Sullivan, 2007: 1), a análise económica dos espaços urbanos convive com duas tensões que importa assinalar. Trata-se, por um lado, da relação específica que a Economia estabelece com as cidades, an confrontar-se com um objeto marcadamente complexo e multidimensional (Fujita, 1989: 1; Fortuna, 2001: 4; Ferrão, 2003: 219), que convoca – por natureza – o olhar cruzado de diferentes perspetivas científicas. Por outro lado, trata-se da questão relativa ao lugar que o estudo das cidades deve ocupar na análise económica, isto é, o problema da sua compartimentação num domínio específico.

A primeira tensão, que remete para a questão espacial, permite diferenciar as perspetivas analíticas que encaram as cidades como simples suporte dos processos económicos urbanos, das perspetivas que lhes reconhecem um valor ontológico próprio, a condição de sujeito, tão relevante – afinal – como a importância que é convencionalmente atribuída aos agentes e processos a partir dos quais se procura compreender o funcionamento das economias urbanas.[2]

A segunda tensão decorre em certa medida da primeira e traduz o problema da capacidade relativa para constituir, através da Economia Urbana, um campo específico de conhecimento sobre as cidades, tanto do ponto de vista dos métodos utilizados como da própria definição do objeto de estudo em apreço. Isto é, quanto à delimitação do que é económico nas cidades.

---

[2] A título de exemplo, relativamente ao debate em torno da questão espacial no seio da Economia, refiram-se os trabalhos de Krugman (1991); Fujita, Krugman e Venables (1991); Reis (1992 e 2007); Alves (2001); Lopes (2001 e 2009); Costa e Nijkamp (2009), Silva *et al.* (2009) e Veltz (2008).

Neste sentido, as diferentes aproximações permitem posicionar, em pólos opostos, as perspetivas tendentes a definir o enfoque específico que subjaz à análise económica dos espaços urbanos – "descontaminando-a" e distinguindo-a de qualquer outra perspetiva disciplinar ou científica – das perspetivas que tendem a considerar que essa especificidade é por natureza inviável, sendo necessária a partilha mútua de conhecimento com outras ciências e, por conseguinte, a adoção de um espírito de investigação interdisciplinar.[3]

Estas tensões que atravessam a análise económica das cidades, particularmente expressivas no âmbito das correntes dominantes que instituem a Economia Urbana, são esclarecedoras quanto ao lugar periférico que a disciplina tendencialmente ocupa no pensamento económico, mas que é – apesar de tudo – um lugar menos desprezado do que aquele a que é votada a análise espacial em geral. Uma "menor rejeição" que decorre do facto de as perspetivas prevalecentes em Economia Urbana se terem amplamente fundado e consolidado, como referido, no quadro dos métodos, princípios e racionalidades que caracterizam as correntes dominantes do pensamento económico (Fujita *et al.*, 1991: 15; Mills, 2000: 44-46).

Contudo, a verdade é que a aproximação da Economia à questão das cidades permite considerar a coexistência e o confronto entre perspetivas marcadamente distintas, pelo enquadramento teórico que as suportam, pelas metodologias que mobilizam e pelas questões que privilegiam. O presente texto procura justamente confrontar e posicionar essas diferentes perspetivas, considerando três universos de análise: a Economia Urbana convencional, a Nova Geografia Económica e a aproximação a uma Economia Política das cidades. E concede particular atenção ao diferente grau de abertura ao diálogo interdisciplinar expresso por cada um destes universos, dando assim conta, neste particular, de um dos mais vivos debates que hoje atravessam a própria Economia: o da sua relação com outras ciências e domínios de conhecimento (Neves, 2007).

---

[3] Edwin Mills, um claro defensor de uma abordagem própria e delimitada da Economia em relação às cidades, considera que a Economia Urbana constitui "um discurso académico, com um conteúdo especificamente urbano e que integra uma análise especificamente económica" (2000: 1). Numa perspetiva distinta, que sublinha a necessidade de a análise económica dos espaços urbanos pressupor uma abordagem "indisciplinada", José Reis encara a cidade como um "domínio substantivo em que as manifestações do que é económico se revelam em múltiplos e entrecruzados aspectos [...]. O económico da cidade é também o que é geográfico, histórico, sociológico, político..." (2010: 232).

## As cidades em laboratório: A Economia Urbana convencional

Designamos por Economia Urbana convencional o conjunto de perspetivas e teorias fundadoras da disciplina que constituem, ainda hoje, o quadro de análise instituído e dominante na aproximação da Economia às cidades. Não se trata, apenas, de assim designar o corpo matricial de conhecimentos da disciplina, de inspiração neoclássica (ou que evocam os princípios constituintes da Economia neoclássica), mas sobretudo de nele reconhecer um campo epistemológico definido e, nesses termos, dotado de coerência relativamente aos métodos, pressupostos e racionalidades que subjazem ao estudo das cidades a partir de um ponto de vista económico.

A constituição da Economia Urbana convencional muito deve a três obras de referência, que introduzem a questão da distância na compreensão do modo como as atividades económicas se inscrevem no espaço e que marcariam fortemente as orientações da disciplina (Figura 1). Trata-se, desde logo, da análise de Johann Heinrich von Thünen sobre a organização da atividade agrícola em redor das cidades, de 1826; mas igualmente do trabalho de Alfred Weber relativo aos fatores de localização das atividades industriais, de 1909. A terceira referência, a Teoria dos Lugares Centrais de Walter Christäller, data de 1933 e constitui-se num dos pilares fundadores da Economia Urbana, explorando as lógicas de formação dos sistemas de cidades e de hierarquias urbanas a partir das áreas de influência dos diferentes aglomerados, cujo alcance refletiria – nos termos do modelo – o seu tamanho e importância relativa.[4]

Os anos sessenta e setenta constituíram o período decisivo no processo de institucionalização da Economia Urbana. Representativo do quadro analítico e metodológico adotado, e que ainda hoje prevalece, o modelo concêntrico de William Alonso, de 1964 (a que se associam os trabalhos de Mills e Muth sobre estrutura económica urbana e a questão da habitação), é um dos marcos essenciais da disciplina. Ao transpor a estrutura de anéis concêntricos de Von Thünen para a escala intraurbana,[5] Alonso estabelece

---

[4] Não se aprofunda, neste contexto, a descrição destes modelos, procurando-se essencialmente identificar a matriz concetual e metodológica que os caracteriza, dado ser esse um dos aspetos mais relevantes para compreender muitos dos estudos posteriores em Economia Urbana, que claramente neles se inspiram e que continuam hoje a caracterizar, em larga medida, a disciplina.

[5] Nos termos desta transposição, "o conjunto de produtores agrícolas dispersos no espaço e obrigados a vender os seus produtos num único mercado, a cidade, são substituídos pelo conjunto

uma teoria da localização assente na configuração de padrões de uso do solo urbano em função da variação da renda fundiária, identificando assim regularidades na estruturação das cidades, geradas e consolidadas a partir de forças e fatores de natureza mercantil (Figura 2).

FIGURA 1 – Modelos de Von Thünen (Teoria dos Círculos Concêntricos), Weber (Teoria da Localização da Indústria) e Christäller (Teoria dos Lugares Centrais)

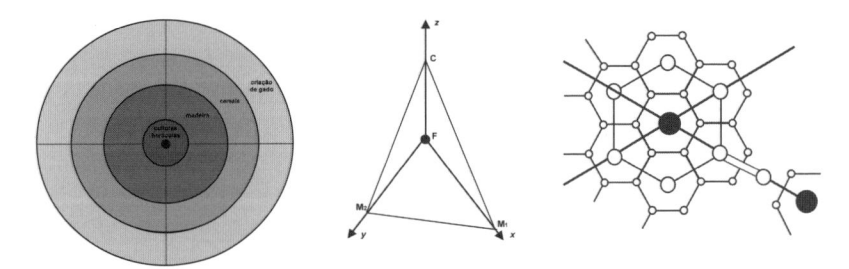

Fonte: Adaptado de Claval (1987) e Lopes (2001).

FIGURA 2 – O Modelo Concêntrico de William Alonso e o Modelo de Sistemas Urbanos de Vernon Henderson

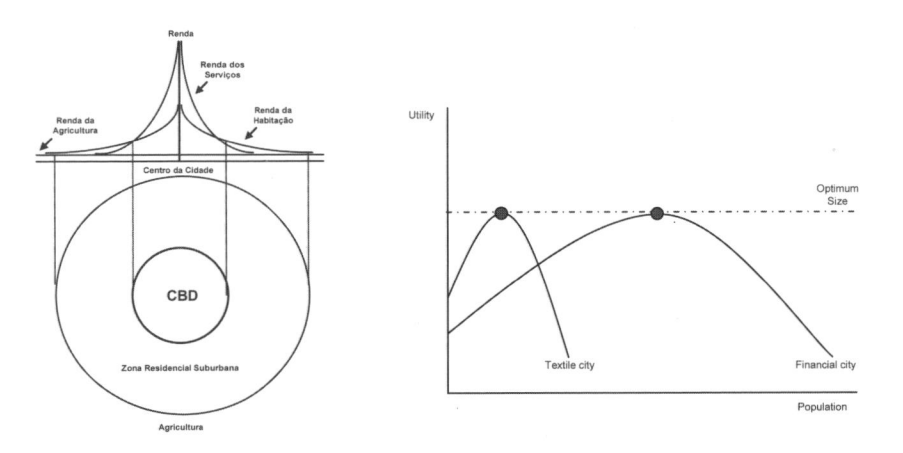

Fonte: Adaptado de Claval (1987) e Fujita *et al.* (1991).

de trabalhadores e suas famílias, obrigados a deslocar-se diariamente para os seus empregos, que se supõem estar todos concentrados no centro da cidade" (Albergaria *et al.*, 2009: 56).

A questão da estrutura das cidades e dos padrões de uso do solo, ou seja, da sua organização económica espacial, é uma das questões nucleares a que a Economia Urbana convencional procura dar resposta. Um segundo domínio, igualmente relevante, estabelece-se na sequência da referida Teoria dos Lugares Centrais de Christäller que, com os contributos adicionais de Auguste Lösch, relativamente à configuração hexagonal das áreas de influência (Mills e Hamilton, 1984: 7-14), privilegia o estudo da dimensão dos aglomerados urbanos e da formação de hierarquias e sistemas de cidades, invocando nestes termos os fatores económicos que explicam os padrões de distribuição e hierarquização espacial urbana.[6]

Nos modelos fundadores da Economia Urbana, a existência de espaços urbanos é em regra assumida como um dado adquirido (como sucede, por exemplo, no modelo de Alonso). Contudo, o pressuposto geral – implícito ou explícito – é o de que a génese das cidades decorre, em primeira instância, do facto de "a proximidade entre diversas atividades economizar o custo de deslocar bens, pessoas e informação" (Mills, 2000: 8). Isto é, as cidades nascem – de um ponto de vista económico – essencialmente pelo facto de permitirem reduzir (quando não anular) os custos de comutação[7] e gerarem, desse modo, economias de escala associadas aos custos de transporte (Mills e Hamilton, 1984; Fujita, 1989; O'Sullivan, 2007).[8]

---

[6] Destaque-se, neste âmbito, o contributo de J. Vernon Henderson, de 1974, que procura analisar a tensão entre as vantagens económicas associadas ao surgimento das cidades (decorrentes da concentração de pessoas, bens e atividades) e a questão das deseconomias urbanas. De acordo com Henderson, as cidades tenderiam para uma dimensão ótima, que refletiria o ponto de equilíbrio entre crescimento e deseconomia (Figura 2). Cada cidade, em função das atividades económicas que a caracterizam, teria tendência para alcançar um tamanho ideal, fixado a partir das relações que estabelece com as restantes unidades da rede urbana em que se insere.
[7] Segundo Gleaser, "conceptualmente, as cidades são a ausência de espaço físico entre pessoas e empresas [...], são densidade e proximidade, combinadas a uma escala suficiente" (2007: 4).
[8] O empenho em constituir um discurso científico próprio sobre o fenómeno urbano, assente nas vantagens da concentração, conduz por vezes os economistas urbanos a considerar que o princípio das economias de escala (e da indivisibilidade) constitui o traço fundamental do surgimento das cidades, mesmo quando estamos perante razões cuja natureza não é estritamente económica. A génese de cidades fortificadas, que visam defender um território, por exemplo, é nestes termos entendida como reflexo do facto de "ser simplesmente mais económica e efetiva a defesa de um grupo de pessoas que estejam espacialmente concentradas" (Mills e Hamilton, 1984: 6).

É certo que não se ignora, por completo, a circunstância de o maior e mais fácil acesso a um conjunto diversificado de bens, matérias-primas e produtos constituir um traço dos espaços urbanos que se revela atrativo para os indivíduos e as empresas, possibilitando uma resposta mais ampla a um vasto leque de necessidades e preferências. Tal como não é de todo negado, nos processos económicos urbanos, o papel que as amenidades ou os bens públicos desempenham nas decisões de localização dos agentes (Mills e Hamilton, 1984; Fujita, 1989; Mills, 2000; Gleaser, 2007). Mas é essencialmente a questão da redução dos custos de transporte entre as atividades produtivas e o consumo que determina, no quadro da Economia Urbana convencional, a génese e o desenvolvimento económico das cidades, dando nesse sentido plena expressão a um entendimento do espaço que se restringe fundamentalmente à questão da distância.

Para além das abordagens estritamente económicas, associadas às questões da análise espacial, do uso do solo, da génese económica das cidades, da sua estruturação interna e da formação de sistemas urbanos (que constituem as questões centrais da disciplina), a Economia Urbana convencional desenvolveu-se igualmente a partir de estudos de natureza setorial, nos quais se destacam as questões da habitação e dos transportes.[9]

A racionalidade e os princípios metodológicos subjacentes a estas análises inspiram-se, em regra, no quadro epistemológico da Economia Urbana convencional, traduzindo portanto a mesma noção de espaço, que assenta essencialmente na sua materialidade física e que se reduz ao simples significado da distância. Isto é, ao seu entendimento enquanto variável condicionante do tempo e dos custos de comutação (custos associados ao transporte e à mobilidade de bens, pessoas e informação).

O conceito de espaço que a Economia Urbana convencional privilegia associa-se porém a outros dois traços fundamentais, que definem o para-

[9] O'Sullivan identifica seis grandes áreas temáticas de investigação em Economia Urbana: análise das forças de mercado no desenvolvimento urbano; uso do solo; transportes urbanos; criminalidade e políticas públicas, habitação e políticas públicas; governo local e finanças locais (2007: 2). Num levantamento efetuado por Mills em publicações relevantes sobre Economia Urbana, os estudos relativos às questões da habitação e dos transportes representavam cerca de 25% dos trabalhos publicados em 1978 (com a análise espacial a significar cerca de um terço do total de artigos publicados), tendo posteriormente as questões sociais e do setor público urbano adquirido uma relevância crescente nas duas décadas seguintes (2000: 5-7).

digma constituinte da aproximação da ciência económica às cidades. Inscrevendo-se nos postulados da Economia neoclássica, trata-se, por um lado, do recurso privilegiado a métodos de formalização e modelização, enquanto técnicas de incontestável cientificidade e – por isso – imprescindíveis à identificação e compreensão das leis inerentes ao funcionamento da economia das cidades. O que significa, consequentemente, que está em jogo a assunção explícita ou implícita dos princípios do equilíbrio geral, da concorrência perfeita e das decisões racionais dos agentes (Kaldor, 1972; Krugman, 1991; Dymski, 1996), ou seja, a assunção de fundamentos suscetíveis de conferir – no quadro das diferentes ciências e disciplinas científicas – a faculdade de produzir um discurso autónomo, específico e delimitado sobre a questão urbana.

De facto, um dos pressupostos centrais da Economia Urbana convencional inscreve-se nas teorias fundadas no papel dos agentes e assenta na noção de que as economias urbanas (e os padrões de organização espacial que se lhe associam) resultam essencialmente das decisões dos indivíduos, das famílias e das empresas. Isto é, entende-se que a configuração das cidades, em termos económicos, constitui o somatório de múltiplas opções dos agentes[10], que assentam no princípio da "maximização da utilidade para as famílias e da maximização dos lucros para as empresas" (O'Sullivan, 2007: 1). Ou seja, a "racionalidade económica" que subjaz a este pressuposto da decisão constitui um princípio essencial para a Economia Urbana convencional, mesmo quando se reconhece que essa racionalidade resulta – como no caso dos agregados familiares em relação à escolha do local da residência (Fujita, 1989: 11) – da combinação de diversos fatores (como os que se referem ao custo e à acessibilidade, mas também aos que tomam em consideração a dimensão e qualidade das habitações ou as amenidades ambientais).[11]

---

[10] Esta noção de cidade enquanto resultado material do somatório de decisões individuais é bem ilustrada por Fujita, ao referir que "a estrutura espacial padrão de uma cidade é o resultado de biliões de ações individuais tomadas no passado. [...] O resultado destas ações individuais [...] deveria significar o caos. Contudo, a história da ciência sugere, pelo contrário, que quanto maior for o número de atores individuais num sistema, mais fortes são as regularidades que ele exibe." (1989: 1).

[11] Nestes termos, no quadro do Modelo Concêntrico de Alonso, estabelece-se que um agregado familiar procura "maximizar a utilidade, estando sujeito a uma constrição orçamental" (Fujita, 1989: 11), resultando a função de aluguer (*bid rent function*) no valor máximo por unidade de

A natureza racional da decisão traduz, portanto, não só o enfoque particular nos critérios mais estritamente económicos (como a avaliação do custo face aos benefícios), mas igualmente o facto de se pressupor que todos os agentes dispõem de informação perfeita e simétrica sobre os valores de variação da renda fundiária urbana (que constituem, desse modo, uma situação de mercado fundiário competitivo), não se encontrando portanto nenhum deles em posição de vantagem monopolística (Mills, 2000: 16-17; Fujita, 1989: 92).

A racionalidade económica dos agentes permite, por sua vez, considerar que a economia das cidades funciona a partir do que Edward Gleaser considera ser um dos pilares da Economia: o conceito de equilíbrio não arbitrário, que "permite não só avaliar a decisão individual, mas igualmente prever de que modo o sistema, como um todo, se configurará". Assim, as cidades constituem, segundo Gleaser, o resultado de um "equilíbrio espacial entre trabalhadores, empregadores e construtores" (2007: 1-3), que se estabelece não só entre os interesses específicos de cada um destes agentes, mas que traduz também o balanço entre as vantagens e desvantagens associadas às distintas possibilidades de localização[12], sendo que a decisão final evidencia a compensação das implicações negativas de uma escolha pelos aspetos favoráveis que a mesma encerra. E é esta noção de equilíbrio espacial que subjaz afinal à estrutura hexagonal do sistema hierárquico de cidades, na Teoria dos Lugares Centrais de Christäller e Lösch, ao Modelo Concêntrico de Alonso, ou à identificação de um ponto ótimo (de equilíbrio), que a proposta de Henderson encerra relativamente ao tamanho e tipologia dos aglomerados urbanos.

Perante um conceito de espaço que significa essencialmente distância e a assunção de um comportamento por natureza racional (e por isso previsível) dos agentes (indivíduos, famílias e empresas), as cidades da Econo-

---

espaço que um agregado pode pagar por residir a uma distância X e beneficiar de um nível fixo de utilidade Y.

[12] No caso dos trabalhadores, a decisão racional resulta de uma ponderação entre elementos positivos que se associam a uma dada localização (como o grau de acesso ao centro das cidades ou a possibilidade de auferir salários mais elevados) e aspetos desfavoráveis (como o preço da habitação). Para os empregadores, o equilíbrio requer que os altos salários subjacentes a uma dada localização sejam compensados pelo maior acesso a clientes e fornecedores. Por último, no caso dos construtores, a condição de equilíbrio pressupõe que os custos de construção numa dada localização sejam compensados pelo preço final das habitações (Gleaser, 2007).

mia Urbana convencional são tidas como objetos de estudo que comportam lógicas de funcionamento imanentes, dotadas de regularidades e, por isso, passíveis de tradução e conversão em leis científicas "universalmente válidas". Por essa razão, o recurso a processos de modelização e formalização matemática constitui, para os economistas urbanos convencionais, o corolário consequente e necessário da metodologia e dos pressupostos que orientam a disciplina e que assim a legitimam perante os preceitos de positivismo e cientificidade que a Economia neoclássica consagra e exige.

Para estes economistas, a força dos modelos "assenta na sua capacidade para produzir previsões que têm uma sustentação geral, não na sua capacidade para explicar as peculiaridades específicas de lugares particulares", o que constitui – para a definição de uma identidade e de um lugar disciplinarmente autónomo da Economia Urbana – uma vantagem comparativa:

> Enquanto algumas disciplinas atribuem uma importância maior à complexidade e às *nuances*, os economistas gostam da capacidade que têm para formular regras gerais, capazes – na maior parte dos casos – de se sustentar a si mesmas. Os economistas estão em regra mais interessados nos padrões comuns do que em idiossincrasias particulares (Gleaser, 2007: 9).

Assim, tendo em vista a descoberta das leis gerais e imanentes no funcionamento da economia das cidades, os processos de modelização desenvolvidos pela abordagem económica convencional assemelham-se ao trabalho que um biólogo executa, na bancada de um laboratório, quando disseca um anfíbio, separando o sistema nevrálgico (que pretende identificar) dos tecidos que impedem a sua observação e estudo. Ou ao trabalho de um físico, que constrói artefactos suscetíveis de simular os fenómenos naturais, de modo a evidenciar as leis fundamentais que os regem (das forças que estruturam constelações de astros e sistemas planetários às leis que explicam o movimento ritmado de um pêndulo ou a geometria perfeita de um caleidoscópio). Tal como nas ciências ditas "exatas", a Economia Urbana convencional procura – através da lógica e das potencialidades oferecidas pelos processos de formalização e modelização – extirpar da complexidade das cidades tudo o que possa obscurecer a identificação, formulação e demonstração das leis fundamentais (as leis de um mercado idealizado), que as regem. E recorre, para tal, à simplificação e abstração que o traçado geométrico das formas e a linearidade das equações matemáticas possibilitam.

Partindo de leis e postulados previamente estabelecidos, nos termos do método hipotético-dedutivo, os processos de modelização e formalização da Economia Urbana convencional implicam portanto a "preparação" prévia do objeto de estudo, de modo a que este possa evidenciar a presença das forças determinantes, tomadas à partida como as que estruturam a economia das cidades. Esta "preparação" pressupõe a sua representação abstrata e restritiva, de modo a tornar possível "dar sentido ao complexo ruído do mundo real" (Krugman, 1991: 2) mediante o recurso a processos de simplificação, idealização e isolamento (Mäki, 2004: 1724-1725)[13]. Metodologicamente, trata-se de, numa primeira fase, "isolar uma seleção reduzida daqueles que são tidos como sendo os mais relevantes fatores – eventualmente até um só fator", para que – nas fases seguintes – se possa "relaxar" o artificialismo introduzido na investigação, inerente aos processos de modelização e formalização, incorporando "outros fatores e características da situação em análise, de modo a obter um resultado mais detalhado" e realista (*idem*, 1720).

Têm vindo a ser identificadas as fragilidades que decorrem do recurso à modelização e formalização, enquanto métodos de investigação consagrados pela Economia Urbana. Num plano teórico, os próprios economistas urbanos convencionais reconhecem as limitações do seu uso, que os obrigam a relativizar as conclusões a que chegam (Mills, 2000: 17-18). E advogam a sua superação através de uma maior complexificação dos modelos (mediante a integração de variáveis adicionais), que possibilite uma maior aproximação à realidade. Um processo que Mäki designa – como referido anteriormente – por "relaxamento" da conceção e dos pressupostos iniciais de um modelo ou de uma equação matemática. Mas é também a própria realidade, a evolução e reconfiguração das cidades, que questiona o princípio segundo o qual a modelização e a formalização constituiriam os métodos mais válidos,

---

[13] Debruçando-se especificamente sobre o modelo de Von Thünen, Uskali Mäki (2004) distingue, no processo de modelização, o recurso à *simplificação* (redução do objeto de estudo a um número limitado de características, entre todas as que o constituem); à *idealização* (representação abstrata, que reduz o objeto aos seus traços essenciais) e ao *isolamento* (autonomização do objeto, destacando-o do contexto em que este se insere, sendo assim negligenciados fatores tidos como irrelevantes). No modelo de Alonso, por exemplo, a análise assume o isolamento da cidade, constituindo a sua estrutura monocêntrica um exemplo de idealização e a concentração do emprego no centro uma simplificação da realidade.

adequados e capazes para identificar as leis que configuram a economia dos espaços e dos sistemas urbanos.[14]

O "irrealismo" dos processos de modelização e formalização constitui, portanto, um dos aspetos centrais das críticas aos métodos da Economia Urbana convencional. Uskali Mäki, porém, sublinha que esse mesmo "irrealismo" não decorre necessariamente da invocação de pressupostos irrealistas,[15] mas antes da pressuposição de que é possível compreender o modo como uma variável determina um processo complexo, tomando-a isoladamente e destacando-a, assim, do conjunto de interações que estabelece com outras variáveis. Ou seja, "no mundo real, o isolamento assumido pela teoria não existe, enquanto que a força isolada existe. É o isolamento que constitui uma ficção, não a força isolada" (2004: 1727). O que significa, segundo Lawson e Staeheli, que "não podemos trabalhar com uma força isolada. Porque o que é normal é depararmo-nos com múltiplas forças a operar em simultâneo, facto que a teoria tem que saber acomodar" (1990: 14).

Estas limitações são tanto mais relevantes quanto estamos, reconhecidamente, perante uma tarefa de investigação complexa, na qual dimensões de natureza histórica, política, social e comportamental se entrecruzam com os aspetos económicos, mesmo quando os procuramos apreender na sua formulação mais restrita. Ao que acresce o facto de a rigidez metodológica inerente à modelização e formalização (eleitos como os métodos válidos para descortinar as leis subjacentes aos processos económicos urbanos), e a adoção de pressupostos axiomáticos inamovíveis, tornarem a Economia Urbana convencional significativamente impermeável, e por isso indisponível, para o diálogo com outras ciências e perspetivas que se dedicam ao estudo das cidades.

---

[14] Em relação ao modelo de Christäller, por exemplo, João Ferrão assinala tendências de evolução das cidades que questionam os pressupostos do modelo hierárquico, como a "internacionalização dos sistemas urbanos" ou a "emergência de estruturas inter-urbanas organizadas não hierarquicamente, mas em rede" (1997: 17). No caso do modelo de Alonso-Muth-Mills, é reconhecida a sua desadequação face à emergência de múltiplos centros nas cidades, à dispersão do emprego e à própria "ausência de um setor governamental", enquanto elemento a considerar na análise dos processos económicos urbanos (Mills, 2000: 17-18).

[15] O pressuposto central no modelo de Von Thünen deve ser encarado, segundo Mäki, como realista. Isto é, pode realisticamente pressupor-se – em termos teóricos – que "os custos de transporte são reais e têm um impacto apreciável nos padrões de uso do solo" (2004: 1727).

## As cidades da Nova Geografia Económica

A Nova Geografia Económica (NGE), que Paul Krugman define como a análise da organização da produção no espaço (1991: 1), constitui uma tentativa de superação das principais limitações e aspetos críticos da análise espacial convencional, em que os modelos da Economia Urbana se inspiram. Mas mantém, contudo, a opção pela modelização e a formalização, que continuam a ser encaradas como requisitos de análise e validação científica apropriados ao estudo da relação dos processos económicos com as suas dimensões espaciais.

De facto, para a Nova Geografia Económica o problema não é fundamentalmente de natureza metodológica, mas sim dos pressupostos teóricos em que a economia espacial convencional assenta. Ou seja, apesar da elegância geométrica dos modelos e do rigor matemático das análises, a Economia Urbana convencional ter-se-ia revelado – na perspetiva da NGE – incapaz de responder satisfatoriamente à questão de saber "onde as cidades se formam e a relação espacial que se estabelece entre elas" (Fujita *et al.*, 1991: 25), ou de explicar – num sentido mais amplo – as desigualdades de desenvolvimento existentes entre diferentes cidades, países e regiões (Krugman, 1991: 3). Uma primeira crítica da NGE reside pois na incapacidade da Economia Urbana convencional para compreender a realidade, que deriva, em larga medida, da opção pela abstração inerente às "paisagens idealizadas" e à obsessão pela "localização ótima das infraestruturas", que contrastam com a insuficiente atenção prestada à análise espacial da "estrutura de mercado" (*idem*, 4-5).

Este desfasamento face à realidade radicaria, nos termos daquela que é porventura a crítica central da NGE à Economia Urbana convencional, nos obstáculos teóricos colocados por dois importantes princípios da teoria do equilíbrio geral: a concorrência perfeita e os rendimentos constantes à escala. Isto é, no primeiro caso, o pressuposto de que as empresas, dada a sua multiplicidade e dimensão, não têm capacidade para influenciar individualmente o preço de mercado e, no segundo caso, o pressuposto da existência de uma proporcionalidade direta entre o aumento da produção e o aumento dos fatores produtivos (Pontes e Salvador, 2009: 270). Nas palavras de Krugman:

> Para dizer alguma coisa útil ou interessante sobre a localização da atividade económica no espaço é necessária uma distanciação relativamente aos rendimentos

constantes e ao pressuposto da concorrência perfeita, que continuam a dominar a maioria das análises económicas. [...] Enquanto faltarem aos economistas ferramentas analíticas para pensar com rigor sobre os rendimentos crescentes e a concorrência imperfeita, o estudo da geografia económica está condenado a permanecer fora do *mainstream* da profissão (1991: 4).

Ao assumir – como refere Krugman – que "os agentes, na concorrência perfeita, tomam os preços como dados adquiridos e definem as quantidades de produção isoladamente", em vez de considerar que "as decisões dos agentes em concorrência imperfeita são afetadas, e dependem, pelo que outros agentes decidem" (*apud* Dymski, 1996: 440), a Economia Urbana convencional falharia em três aspetos essenciais. Por um lado, ao ignorar que as cidades constituem – mesmo quando tomadas numa perspetiva estritamente económica – espaços de intensas interações que interferem necessariamente, potenciando ou restringindo, nas decisões dos agentes. Por outro, que essas decisões não se circunscrevem ao mundo perfeito de uma racionalidade assente num balanço estrito entre custos e benefícios pecuniários, isolado das relações contextuais com os outros agentes. E, por último, que os rendimentos crescentes à escala implicam tomar em consideração fatores externos às empresas, isto é, que não se circunscrevem às dimensões de natureza endógena, relativas ao aumento de produtividade que resulta da melhoria da eficiência técnica e organizacional.

A superação dos postulados da concorrência perfeita e dos rendimentos constantes à escala, centrais nos trabalhos economia espacial convencional, muito deve assim a dois importantes conceitos que enquadram os modelos da NGE, pouco reconhecidos pelas correntes dominantes da Economia Urbana: o conceito de externalidades e o conceito de economias de aglomeração.[16]

---

[16] De acordo com a diferenciação estabelecida por Hoover em 1948, "as economias podem ser consideradas a três níveis: em primeiro lugar, as economias de escala associadas à eficiência técnica e organizacional da empresa; em segundo lugar, as economias de localização, quando as empresas se localizam na vizinhança umas das outras e operam no mesmo setor ou em setores associados; e, em terceiro lugar, as economias de urbanização, que resultam da acessibilidade a infraestruturas, serviços à produção, mão de obra qualificada, fornecedores e clientes" (Albergaria, 2009: 62). As economias de aglomeração associam-se tanto às economias de localização como às economias de urbanização.
As reservas à noção de externalidades económicas e de economias de aglomeração pelos economistas urbanos convencionais encontram-se bem expressas em Mills (2000: 9-16), que as

De facto, nos termos da Economia Urbana convencional, as economias de produção restringem-se essencialmente ao universo da empresa (economias de escala), não integrando as chamadas "externalidades marshallianas", isto é, fatores que têm impacto nos processos económicos, mas que são exteriores às empresas.[17] Ora, como referido, as cidades significam, por excelência, lugares densos em termos de externalidades, ao acolherem múltiplas interações entre diferentes agentes e na medida em que dispõem de um conjunto de recursos (e circunstâncias) que condicionam e balizam a sua ação. A existência de bens públicos, as indivisibilidades, os contingentes de mão de obra e a divisão do trabalho, os equipamentos coletivos, os regimes de produção e a acessibilidade ao transporte e à informação, entre outros (Fujita, 1989: 133-136), constituem fatores incontornáveis na determinação dos custos de produção, possibilitando a obtenção de rendimentos crescentes, um dos conceitos que efetivamente melhor permite traçar a linha de distinção entre as cidades da Economia Urbana convencional e as cidades da Nova Geografia Económica.

A NGE abre, desse modo, a possibilidade de considerar que a economia das cidades não seja, por um lado, o simples somatório das ações dos indivíduos e das empresas em situação de concorrência perfeita – nos termos da lógica dos rendimentos constantes – e, por outro lado, que os espaços urbanos deixem de significar simplesmente o "palco" em que se inscrevem as decisões dos agentes e onde têm lugar as atividades produtivas. Nas palavras de Masahisa Fujita, "se definirmos amplamente as externalidades, de

define como "a grande mistificação em Economia Urbana". As objeções apresentadas incidem na ênfase que deve ser concedida às economias de escala (internas à empresa) enquanto fator explicativo dos processos económicos urbanos; na incapacidade de demonstração formal das dinâmicas económicas resultantes da aglomeração; no equívoco de considerar os bens públicos enquanto externalidades económicas; e ainda numa objeção de natureza metodológica. Para Mills, "as economias de aglomeração constituem um dos poucos assuntos em Economia em que as medições precedem a teoria". Ou seja, resultam de uma lógica analítica que escapa ao cânone metodológico das correntes dominantes em Economia Urbana: o método hipotético-dedutivo.

[17] As externalidades económicas surgem quando as transações de mercado dão origem a benefícios ou custos para terceiros, ou seja, para agentes que não se encontram diretamente envolvidos nessas transações. Reveladora da relação intrínseca entre o conceito de externalidades e os espaços urbanos, vale a pena reter a definição apresentada por Reis (2010: 229), segundo a qual as externalidades constituem: "benefícios (ou custos) que favorecem (ou prejudicam) aqueles que não participaram na sua geração mas *que partilham uma mesma situação contextual*" (sublinhado nosso).

modo a incluir os efeitos das interações sem custos entre os agentes, então elas representam uma causa maior das cidades" (*idem*, 135), acrescentando que a noção de externalidades económicas tem sido "recorrentemente utilizada para explicar a natureza de muitas cidades especializadas na economia moderna, em que cada uma se funda numa indústria básica, resultante da coexistência de muitas empresas idênticas produzindo o mesmo bem transacionável" (*idem*, 127).

Trata-se, pois, de um conceito "intimamente ligado à concentração espacial" (Fujita *et al.*, 1991: 18), devendo por isso ocupar um papel necessariamente central na teoria económica urbana.

Um outro elemento que enquadra a perspetiva da NGE, também ele intimamente associado às externalidades económicas, diz respeito à influência que a "trilogia marshalliana" exerceu nos estudos constituintes desta renovada aproximação à economia das cidades. Para Marshall (2005), que introduz justamente o conceito de externalidades no discurso económico, as vantagens de produzir num "distrito industrial" decorrem essencialmente de três fatores: a) a existência de um contingente de mão de obra qualificada (*pool labor market*), resultante da concentração espacial de empresas de um dado setor industrial (ou enquadradas em domínios industriais interdependentes), favorável à localização de outras empresas e ao próprio emprego; b) a circunstância de um centro industrial possibilitar a disponibilidade de *inputs* intermédios específicos em maior variedade e a mais baixo custo; e c) o facto de a aglomeração das atividades produtivas e dos serviços permitir a génese e o desenvolvimento daquilo que hoje se designa por *spillovers* de conhecimento. Isto é, o papel que a interação entre os agentes económicos e a facilidade de difusão e partilha de informação num contexto de aglomeração (incluindo as dimensões da educação e investigação) representa para o surgimento de efeitos multiplicadores relacionados com o progresso tecnológico e a inovação (Marshall, 2005: 287-364; Krugman, 1991: 36-70; Fujita *et al.*, 1989: 17-23; Dymski, 1996: 440).

É a partir desta perspetiva sobre os fundamentos económicos dos processos da aglomeração, tratando designadamente a questão dos contingentes de mão de obra e da disponibilidade de *inputs* intermédios, que emergem os modelos da Nova Geografia Económica. Assumindo o princípio da mobilidade dos fatores de produção (ao contrário dos modelos da economia espacial convencional, designadamente no âmbito do comércio internacional, que preferem valorizar as vantagens comparativas de distintas localizações), as estruturas de mercado passam a ser interpretadas como o resultado de uma tensão entre forças centrípetas (tendentes à concentração) e forças centrífugas (favoráveis à dispersão), que decorrem de processos económicos assentes na existência de rendimentos crescentes, geradores de dinâmicas de competição imperfeita e de equilíbrios múltiplos, ao contrário do que estabelecem os principais pressupostos da teoria do equilíbrio geral (Kaldor, 1972; Dymski, 1996).

O modelo espacial dos rendimentos crescentes, ou "modelo centro-periferia"[18] de Paul Krugman, inicialmente formulado em 1991 e desenvolvido num conjunto de trabalhos posteriores, procura demonstrar que a mobilidade das empresas e da mão de obra se encontra em estreita relação com as dinâmicas de aglomeração e dispersão das atividades económicas no espaço, desencadeando efeitos cumulativos e multiplicadores, capazes de explicar não só a génese e a configuração territorial das economias urbanas e regionais, mas também a sua especialização e diferenciação.[19]

Para Gary Dymski, a reinterpretação que Krugman faz da obra de Marshall permite mostrar que:

> Se o setor produtivo constitui, ele mesmo, uma fonte fundamental de procura de bens e produtos, e se o custo dos transportes aumenta com a distância, então as empresas aglomeram-se, dada a existência de rendimentos crescentes (1996: 440).

Deste modo, a concentração de empresas industriais e de serviços, além de diversificar o tecido económico, constitui igualmente um fator favorável ao aumento e concentração da população (e por conseguinte do emprego), com evidentes impactos acrescidos no incremento e diversificação do consumo,

---

[18] Em certo sentido, Krugman mantém "as cidades em laboratório", na medida em que procura modelizar as dinâmicas de concentração e dispersão (e demonstrar formalmente a existência de rendimentos crescentes e de equilíbrios múltiplos) a partir de exercícios abstratos e hipotéticos, fundados em determinados pressupostos que lhe permitem estabelecer diferentes cenários (como, por exemplo, a existência de uma distribuição simétrica ou assimétrica da mão de obra entre duas regiões fictícias, ou a elasticidade ou rigidez dos salários).

[19] Seguindo uma perspetiva de análise semelhante, Anthony Venables valoriza o papel que a transação de bens intermédios e os custos de transporte desempenham nas decisões de localização das empresas e nos efeitos multiplicadores daí decorrentes, igualmente condicionados pela relação entre concentração e dispersão.

que constituem por seu turno um estímulo para a formação ou atração de novas empresas, numa lógica circular e cumulativa (Krugman, 1991: 14-15).[20]

Os avanços que a Nova Geografia Económica permitiu alcançar na compreensão da inscrição e desenvolvimento espacial dos processos económicos urbanos e regionais são assinaláveis. Ao questionar a validade (e sobretudo o realismo) dos principais pressupostos da Economia Urbana convencional (como o princípio dos rendimentos constantes à escala, da concorrência perfeita e do comportamento racional dos agentes)[21], a NGE tornou possível uma maior aproximação à complexidade das cidades enquanto objeto de estudo da Economia e contribuiu para uma aproximação às perspetivas que valorizam o espaço enquanto parte necessariamente integrante das economias, na medida em que acolhe interações entre distintos agentes, concentra fatores produtivos e externalidades económicas e materializa e consolida, em última instância, ambientes de produção e de consumo.

De um ponto de vista metodológico, contudo, a NGE permaneceu no interior do universo delimitado pelas fronteiras da formalização e da modelização, que assumiu – à semelhança da Economia Urbana convencional – como as ferramentas válidas na produção de conhecimento em Economia, desvalorizando assim aproximações de natureza qualitativa. Uma opção que suscita naturalmente perplexidade, uma vez que os economistas da NGE começam justamente por acusar os economistas *mainstream* "de seguir a

---

[20] Os modelos da NGE, nomeadamente o de Krugman e de Venables, procuram igualmente dar conta da cumulatividade e circularidade em processos de declínio económico urbano e regional, tomando-os como o resultado da prevalência de forças de dispersão sobre as forças de aglomeração. Nestes casos – igualmente equacionados em termos hipotéticos e abstratos – a mudança de localização de uma empresa, ao provocar a descida dos preços dos bens (de consumo final ou intermédios), pode obrigar à descida dos salários numa região, incentivando a deslocação da mão de obra (ou o seu regresso às atividades agrícolas, no caso do modelo de Venables), o que acentua a quebra do consumo local e a saída ou encerramento posterior das empresas (Pontes e Salvador, 2009: 277-280).

[21] Para Krugman, "a assunção das expectativas racionais parece presumir um grau de informação e sofisticação que não é razoável" (1991: 29). Com esta crítica geral à economia espacial convencional, Krugman rejeita, por exemplo, o pressuposto de que – nos termos do modelo de Henderson – o ponto ótimo do tamanho das cidades seja tributário de decisões racionais e da posse plena de informação por parte dos agentes; do mesmo modo que – no modelo de Christäller – a configuração da hierarquia urbana e do estabelecimento de um padrão geométrico da área de influência das cidades se deva a essa mesma racionalidade e a esse mesmo domínio, pleno, de informação pelos agentes.

linha de menor resistência matemática", isto é, de apenas tentar analisar as forças que são capazes de modelizar (*idem*: 6).

De facto, embora sejam considerados como relevantes os três fundamentos apontados por Marshall para a emergência de "distritos industriais", os modelos de Krugman e Venables excluem da análise formal os *spillovers* de conhecimento, detendo-se portanto na demonstração do significado territorial subjacente à importância dos contingentes de mão de obra (mercado de trabalho associado) e da disponibilidade de bens intermédios para as economias de aglomeração. Seria aliás o próprio Krugman a justificar esta opção, invocando a dificuldade de tratar dimensões qualitativas, dando o exemplo da "invisibilidade" dos fluxos de informação associados aos *spillovers* de conhecimento, que "não deixam registo relevante, através do qual se possam medir ou seguir" (*idem*: 53). Interessado em credibilizar, reabilitar e, verdadeiramente, inscrever a questão do espaço na Economia, Paul Krugman determina que o combate pela legitimação da economia espacial no pensamento económico se deve travar recorrendo às mesmas armas do "adversário", ou seja, que se deve desenrolar no mesmo campo metodológico de batalha.[22]

Não constituindo uma resposta satisfatória a todas as críticas dirigidas à Nova Geografia Económica (a que se fará seguidamente referência), esta opção reveste-se, contudo, de uma natureza cujo significado é simultaneamente estratégico e epistemológico. Isto é, a tentativa de superação das limitações e equívocos analíticos das correntes convencionais em economia espacial (que derivam dos seus axiomas e pressupostos centrais) – através do recurso à modelização e formalização – constitui, por um lado, o desafio lançado aos economistas *mainstream*, que "decidiram há muito tempo que a conceção e formulação de modelos abstratos é um ponto essencial para que a sua profissão seja considerada útil" (Krugman, 2010: 5).

O que significa, no entender de Paul Krugman, ao efetuar o balanço de vinte anos de existência da Nova Geografia Económica, que um dos grandes

---

[22] Para Krugman torna-se, de facto, necessário que o confronto da economia espacial convencional se faça no âmbito do seu cânone metodológico, recorrendo aos modelos de escolha racional: "um sociólogo poderia ser capaz de ajudar [na demonstração de *spillovers* de conhecimento], com os seus métodos de investigação; mas eu pretendo manter-me tão longe quanto possível desses métodos, permanecendo com os pés-na-terra, na monótona análise económica, antes de recorrer a outras ciências sociais" (1991: 54).

méritos desta perspetiva consiste no facto de ter permitido "levar os economistas a pensar sobre a localização e a estrutura espacial", isto é, a estrutura geográfica da economia (*idem*: 17). Tarefa que, nestes termos, seria dificilmente bem sucedida (sobretudo por "desconsideração do adversário") caso o combate fosse travado através do confronto com outros domínios científicos que analisam aspetos relacionados com a economia das cidades, ou com outras correntes, integrantes do pensamento económico, mas cujo posicionamento se revela marginal face ao pensamento *mainstream*.

Ainda assim, Krugman não deixa de reconhecer, por outro lado, que "os sistemas complexos de relações, tanto no universo físico como social, são melhor descritos por modelos simples, os melhores para demonstrar os princípios básicos", acrescentando que "a utilidade de uma explicação depende da capacidade de ser consistentemente lógica" e que "o único caminho para legitimar essa consistência é a avaliação da sua consistência matemática, através da formalização" (*apud* Dymski, 1996: 439). Ou seja, mesmo considerando a relevância de um conjunto amplo e diverso de fatores (de natureza qualitativa e imaterial, e por isso mesmo dificilmente suscetíveis de tradução matemática), para a explicação da inscrição espacial dos processos económicos (muitos dos quais identificados e estabelecidos por outras ciências), a sua legitimação enquanto conhecimento científico em Economia não deve deixar de depender, segundo Krugman, da "prova de fogo" que constitui a sujeição aos processos de formalização e modelização. O que significa, estritamente neste sentido, um fechar de portas à análise interdisciplinar, ou ao diálogo com outras abordagens fundadas em perspetivas económicas críticas e alternativas.

Uma das questões relevantes para aferir o alcance da Nova Geografia Económica, enquanto exercício de superação dos postulados críticos da análise espacial convencional, é colocada por Gary Dymski nos seguintes termos: "como pode Krugman romper com a ortodoxia económica advogando métodos ortodoxos?" (*idem*: 445). Considerando que a NGE se aproxima, excessivamente, da ortodoxia do pensamento económico, Dymski sugere a necessidade de diferenciação entre duas Economias *mainstream*.

A primeira, walrasiana, fundamenta-se na teoria do equilíbrio geral e consagra:

> A demonstração matemática sobre como, em condições ideais, os mercados descentralizados conseguem escolher uma única localização de recursos dis-

poníveis, que maximiza a vantagem social em termos de utilidade individual" (*idem*: 445).

Trata-se da Economia *mainstream* que estabelece os princípios da concorrência perfeita, do comportamento racional dos agentes, da ausência de externalidades e dos rendimentos constantes à escala.

A segunda Economia *mainstream*, que traduz justamente os avanços alcançados pela Nova Geografia Económica, caracterizar-se-ia pela formulação de modelos de concorrência imperfeita que recusam a única escolha eficaz de localização, advogando o pressuposto dos rendimentos crescentes à escala, as externalidades económicas e, como vimos, os equilíbrios múltiplos. Segundo Dymski, ao assentarem em princípios não walrasianos, os modelos da NGE permitem uma elevada plasticidade, mas mantêm-se ancorados nos princípios da escolha racional (ainda que com uma menor rigidez face ao princípio da racionalidade dos agentes da primeira Economia *mainstream*) e na formalização matemática e modelização. Isto é, são soluções matemáticas que continuam dependentes do recurso a um conjunto limitado de pressupostos (que obrigam à rejeição de outros pressupostos e de outras variáveis)[23], através dos quais se procura demonstrar a desadequação de axiomas críticos consagrados pelos modelos que os precedem.[24]

Considerando subsistir portanto uma questão metodológica de fundo – o facto de a própria formalização e modelização implicarem necessariamente a seleção de um número limitado de variáveis, cuja escolha produz efeitos distintos – Dymski sugere que os resultados ditarão sempre as opções de

---

[23] Como sublinha Dymski, o modelo de Krugman tem implícita, por exemplo, uma noção de mercados financeiros perfeitos, que não interferem com as decisões de localização das empresas (e que pressupõem, neste caso, um acesso privilegiado dos agentes à informação financeira). Tal como a mobilidade dos trabalhadores pode depender de fatores que não estão exclusivamente associados ao mercado de trabalho, revelando por exemplo o incentivo decorrente de determinadas políticas habitacionais (*idem*: 444).

[24] Segundo Ron Martin, numa crítica que se dirige não só à Economia Urbana convencional, mas que inclui igualmente a Nova Geografia Económica, "estes modelos não se prestam facilmente à sua confirmação ou aplicação empírica, na medida em que se revelam demasiadamente abstratos, simplificados e idealizados: há um excesso de variáveis consideradas como constantes ou ignoradas para que estes modelos possam ser aplicados, ou até contraditados, no mundo real" (1999: 70)

quem modeliza, não contendo uma suposta "verdade" unívoca e imanente, intrinsecamente associada às virtualidades dos métodos em que as correntes dominantes do pensamento económico se suportam (*idem*: 445-446).

Assinale-se, porém, que tendo concentrado os esforços de modelização num conjunto limitado de fatores, associados às economias de aglomeração[25], Krugman não deixou todavia de chamar a atenção – ao longo dos trabalhos desenvolvidos no âmbito da economia espacial – para importantes dimensões, necessárias à compreensão da inscrição espacial dos processos económicos, e que têm sido igualmente negligenciadas pelas correntes *mainstream* da Economia. É o caso dos "acidentes históricos", suscetíveis de desencadear processos de aglomeração[26], dos efeitos de crescimento cumulativo e circular (em certa medida demonstrados, aliás, pelo "modelo centro-periferia", através da assunção dos rendimentos crescentes e dos equilíbrios múltiplos), ou da importância que a evolução dos processos económicos e a dependência de trajetória comportam para compreender a especialização espacial setorial ou os processos de mudança económica. Questões que assumem, nas perspetivas críticas ao pensamento neoclássico, particular relevância e centralidade.

### Para uma Economia Política das cidades

Ao questionar-se sobre o que é e o que não é económico numa cidade, José Reis (2010) afasta-se implicitamente da conceção "depurada" e restritiva que tem prevalecido nos estudos da Economia Urbana convencional (a partir dos quais a disciplina procura estabelecer a especificidade da sua análise) e convoca, simultaneamente, os fundamentos de um pensamento alternativo em Economia sobre os espaços urbanos.

Uma primeira contraposição às correntes dominantes, partindo de um pensamento crítico – isto é, não vinculado aos pressupostos e axiomas da Economia neoclássica – deve portanto começar por encarar as cida-

---

[25] Nomeadamente aqueles que, por assumirem uma natureza mais tangível (como o mercado de trabalho e os bens intermédios), revelavam maior aptidão para integrar processos de formalização.

[26] Como no famoso caso da proeminência do setor têxtil e da tapeçaria, em Dalton (EUA), cuja génese remonta a um episódio peculiar: a inovação inesperada introduzida por Catherine Evans, que decide produzir e oferecer uma colcha como prenda de casamento, dando origem a um processo cumulativo de desenvolvimento local assente nestes setores da indústria transformadora (Krugman, 1991: 59-63).

des, enquanto objeto de estudo da Economia, de uma forma substancialmente distinta. Porque imaginar como reagiria um economista convencional à questão de saber "o que é económico na cidade" corresponde, no fundo, à resposta que José Reis intui: a de não haver, afinal, "nada de economicamente relevante numa cidade, pois o que é económico passa-se noutras esferas e uma cidade não é mais do que a *projecção* disso" (*idem*, 224).

De facto, ainda que a Economia Urbana se tenha constituído para tratar os espaços urbanos a partir de uma perspetiva económica, acaba por considerá-las – como vimos – como o simples palco onde se inscrevem as decisões dos agentes, mostrando-se assim mais empenhada em deduzir e caracterizar os processos e leis que subjazem à sua ação. Ou seja, mais do que às cidades propriamente ditas, a Economia Urbana convencional acaba por se dedicar, por opção ou limitação epistemológica, às morfologias que resultam do comportamento dos agentes ao analisá-los perante a distância e, de algum modo, a sua justaposição no espaço.

É certo que a resposta à pergunta sobre "o que é económico na cidade" não será a mesma quando se interpela um economista da Nova Geografia Económica, para quem as cidades têm já um significado próprio e substantivo, ao constituir-se como expressão material das economias de aglomeração, enquanto contexto para a génese de rendimentos crescentes e para as consequentes dinâmicas de concorrência imperfeita e de divergência de trajetórias de desenvolvimento. De facto, na NGE as cidades contam, pois traduzem espacialmente a "estrutura de mercado", condicionam o comportamento dos agentes e demonstram que o espaço não é apenas suporte, mas antes um elemento constituinte e interveniente nos processos económicos.

Contudo, uma análise das cidades que se revele capaz de interpretar de uma forma mais ampla o seu significado para a Economia terá que transpor as fronteiras da análise do universo dos processos económicos no seu sentido mais restrito, excessivamente centrados nas lógicas mercantis (o que tanto sucede, em boa verdade, na Economia Urbana Convencional como na Nova Geografia Económica). Para tal, é necessário assumir uma rutura com as correntes "ortodoxas" em três pontos essenciais: no modo como se concebe o espaço; na noção de ator e sujeito dos processos económicos e no quadro metodológico estabelecido.

Uma Economia Urbana "não convencional" terá pois, desde logo, que partir de uma noção de espaço que dê conta das relações sociais e dos processos políticos. Isto é, que inclua na análise dimensões com igual significado e relevância para a compreensão dos processos económicos, para além das que – de forma mais imediata – se reconhecem como pertença identitária da disciplina[27]. Como assinalam Knox e Agnew, torna-se imprescindível adotar um conceito de espaço que é aquele que se constitui através de "relações económicas e sociais, mais do que [por] atores hipotéticos (isto é, o *homo economicus*), nas esferas da produção e consumo e nos domínios da troca; com tensões, conflitos e crises, mais do que equilíbrios, e com uma dimensão histórica" (1994: 4).

O que implica, por conseguinte, assumir que as decisões dos agentes se constituem a partir de múltiplas lógicas e fatores, traduzindo-se portanto num resultado que depende da valoração – diferenciada e contextualizada – de critérios de decisão e ação cuja natureza é heterogénea e que comportam, por isso, o jogo entre racionalidades distintas, e não apenas a de uma escolha económica racional.[28] Tal como importa incluir, na análise da economia dos espaços urbanos, o sentido coletivo de decisão e ação, também ele pautado por lógicas diferenciadas (de natureza económica no seu sentido restrito, seguramente, mas também social, política, ética, ambiental, etc.), que se entrecruzam para dar sentido às cidades enquanto comunidades em contexto, com uma trajetória e um sentido de futuro.

Por outro lado, de um ponto de vista metodológico, uma análise das cidades fundada na Economia que procure interpretar os processos económicos urbanos, considerando que os mesmos incorporam dimensões de natureza social e política, terá que repensar igualmente o papel e o lugar atribuídos aos referenciais metodológicos consagrados pela Economia Urbana convencional e ratificados pela Nova Geografia Económica. Não se trata, sublinhe-se,

---

[27] Isto é, uma noção de espaço "que já não é aquele classicamente tomado em consideração pelos economistas: o da distância, da espacialidade euclidiana, da funcionalidade dos lugares, mas que, em vez disso, remete mais para a noção de *espaço vivido*, numa abordagem particularmente familiar aos geógrafos e sociólogos" (Silva *et al.*, 2009: 228).

[28] Ou seja, abandonar a noção, explicitamente assumida pela Economia Urbana convencional (e implicitamente aceite pela NGE), da "estrita racionalidade económica", passando a encarar as decisões dos agentes, individuais e coletivos como o resultado não só de critérios pecuniários, mas também de outros fatores com significado económico que, em conjunto, explicam essas decisões. Como sucede, por exemplo, nos casos em que "o valor atribuído por uma família ou uma empresa a uma dada localização não [coincide] com o valor monetário, isto é, com a relação entre os benefícios e custos diretamente associados a essa localização" (Silva *et al*, 2009: 203).

da rejeição pura e simples do recurso a métodos de formalização e modelização. O que está em causa são, essencialmente, as finalidades com que se recorre a estas metodologias. Isto é, a necessidade de que estes recursos analíticos não constituam o critério exclusivo de produção e validação do conhecimento, nem que determinem quais as variáveis a incluir ou excluir na análise (sobretudo quando estas se restringem ao universo mais consolidado de uma ciência ou disciplina científica), em função da possibilidade de obter a sua tradução para linguagem matemática.

A formalização e a modelização devem, numa Economia das cidades que se pretenda capaz de apreender efetivamente os processos económicos urbanos (cuja natureza reclama, como referido, a abertura ao diálogo com outros domínios de conhecimento), passar a ser encaradas como instrumentos de análise entre outros – nomeadamente os de natureza qualitativa – que, complementando-se, oferecem o quadro metodológico plural necessário a uma compreensão mais ampla e profunda do que é económico nas cidades.

Por si só, de facto, a formalização e a modelização revelam-se, como refere Gary Dymski, "débeis para suportar a complexidade no sentido da sobreposição (mutuamente determinada e determinante) das relações e restrições sociais" (1996: 447), pelo que a sua prevalência no pensamento económico *mainstream* permite explicar porque falha a análise espacial formal na compreensão dos processos económicos urbanos concretos. Argumentos que, de um modo mais vasto, denunciam a incapacidade dos métodos de formalização e de modelização para incorporar e tratar dimensões intangíveis relevantes do que é económico nas cidades, a começar pelas externalidades marshallianas (em particular no que se refere aos *spillovers* do conhecimento), mas também no que diz respeito – por exemplo – às decisões coletivas subjacentes aos processos de governação ou à importância económica de questões simbólicas, como a imagem das cidades, a sua identidade e os sentimentos coletivos de pertença.[29]

---

[29] O próprio Krugman, defensor da análise espacial formal enquanto método privilegiado na aproximação da Economia ao conhecimento das cidades, reconhece que os elementos tangíveis (como os mercados de trabalho associados ou os *inputs* intermédios) são cada vez menos relevantes para compreender os espaços urbanos contemporâneos: "a ótica da NGE, a sua focalização nas forças tangíveis, parece cada vez menos aplicável aos atuais padrões de localização das economias avançadas" (Krugman, 2010: 13).

Encarar de uma outra forma o recurso à formalização e modelização significa, ainda, assumir que estes métodos não devem pretender demonstrar leis e teorias que antecedem (e em grande medida dispensam) o estudo empírico da economia das cidades (subordinando a informação disponível à confirmação das conclusões que essas leis e teorias permitem pressupor perante as "cidades idealizadas" de que partem), mas antes suportar um progresso da investigação assente em informação empírica. Ou seja, trata-se de assumir que o estudo das cidades pela Economia deve procurar encontrar – através de estudos concretos, munidos de um quadro metodológico plural – regularidades e tendências nos processos económicos urbanos (entendidos na sua interdependência face a dimensões políticas, históricas e sociais), que permitam formular hipóteses e teorias. E não, como as correntes dominantes da Economia Urbana convencional determinam, demonstrar as deduzidas leis imanentes que, supostamente, regem a economia dos espaços urbanos.

A rejeição do método hipotético-dedutivo e do individualismo metodológico como sendo as ferramentas "legítimas" de produção de conhecimento em Economia Urbana constitui, portanto, um dos pontos incontornáveis para a necessária transformação da disciplina. A recusa explícita da análise económica das cidades a partir das realidades empíricas, da diferenciação, das "nuances" e do "descritivismo" a que se referia Gleaser (remetendo estas abordagens metodológicas para territórios de outras ciências que não a Economia),[30] torna-se incomportável numa conceção de Economia Urbana que queira debruçar-se sobre o mundo urbano como ele efetivamente é e não sobre cidades imaginadas a partir de postulados previamente estabelecidos.

Por que razão, pode perguntar-se, as excelentes narrativas da evolução económica de cidades concretas (como Dalton, Manchester ou Birmingham, entre outras), construídas por Jane Jacobs em *The Economy of Cities* (1969) e elucidativas quanto a importantes dimensões económicas relacionadas

---

[30] Como refere Ron Martin, "a crença de que apenas as formas rigorosas de teoria económica, isto é, as que podem assumir uma formulação matemática" leva os economistas urbanos *mainstream* a "negligenciar os fatores sociais, culturais e institucionais associados ao desenvolvimento espacial. [...] Na medida em que não podem ser reduzidos ou convertidos em fórmulas matemáticas, são interpretados como tendo uma importância secundária ou marginal e, como Krugman defende, "é melhor que sejam deixados aos sociólogos"" (1999: 75).

com a natureza dos contextos sociais e políticos (como por exemplo a questão do conhecimento, do trabalho, da criatividade e da inovação), que explicam a sua génese e evolução (em certos casos ditadas pela contingência e pelo inesperado), não poderão ser consideradas análises de Economia Urbana, quando permitem alcançar – através do estudo empírico e comparativo que empreendem – sínteses compreensivas do seu funcionamento económico?[31] Ou por que razão, a diferenciação entre aldeias, burgos, cidades e capitais, estabelecida e fundamentada no *Essai sur la Nature du Commerce en Général*, de Richard Cantillon (Lopes, 2009: 20-23) – um outro exemplo de construção teórica sobre a economia das cidades que dispensa o recurso à formalização e modelização – não poderá ser plenamente reconhecida, como uma análise de economia urbana, pelas correntes do pensamento económico *mainstream*?

Não é difícil presumir a resposta a estas questões. Ela decorre, em grande medida, do modo como a análise económica urbana convencional tem lidado, de um ponto de vista teórico, com os conceitos de espaço e de tempo.[32] Ou seja, no limite, a opção da análise económica convencional por rasurar do espaço o seu sentido de território e de tornar irrelevantes as diferenciações de contexto que as próprias temporalidades estabelecem, ao consagrar – por exemplo – que a escolha racional dos agentes, dada a sua natureza intrínseca, é imune à influência das conjunturas históricas, políticas e sociais.

Uma efetiva aproximação da Economia à economia das cidades exige, por conseguinte, o desenvolvimento de estudos específicos em contextos concretos, na medida em que "investigar conjunturas significa dar sentido à história e ao contexto" (Dymski, 1996: 448). Significa estabelecer "um forte compromisso com o estudo dos lugares reais (o reconhecimento da especificidade local importa) e o papel dos fatores histórico-institucionais no

---

[31] Refiram-se, a título de exemplo, as conclusões a que Jacobs chega relativamente ao papel das interações mútuas entre o campo e a cidade, que destroem a teoria da primazia agrícola; à importância económica resultante do estabelecimento de relações entre cidades próximas; à demonstração da constituição da economia das cidades como resultado de processos cumulativos e complexos; ou ao seu entendimento como centros de inovação, capazes de incorporar novos processos produtivos, sedimentando experiência, interações e diversidade (Jacobs, 1969).

[32] Ou seja, justamente dois dos traços mais inapagáveis das cidades que – no seu entrecruzar – melhor explicam a formação de identidades e diferenciações.

desenvolvimento desses lugares" (Martin, 1999: 80). O que sugere a necessidade de aceitar, para lá da modelização e formalização (métodos que visam alcançar um "estado de abstração", que a Economia Urbana convencional fixa como requisito para a produção de conhecimento), uma indispensável "descrição persuasiva", como defende Ron Martin.

Pela valorização da dimensão histórica e do território, tomados enquanto expressão espacial de conjunturas sociais, culturais e políticas, que se interpenetram com o que possa ser descrito como económico para constituir a economia dos espaços urbanos, o surgimento de um novo perfil epistemológico da Economia Urbana – nos termos de uma Economia Política das cidades – há de encontrar portanto nas perspetivas institucionalistas um quadro de referência essencial. Porque, como refere Ron Martin:

> É precisamente a incrustação social, institucional, cultural e política das economias locais e regionais que desempenha um papel chave na determinação das possibilidades ou constrangimentos ao desenvolvimento, explicando a circunstância de a aglomeração espacial da atividade económica ocorrer nuns lugares em particular e não noutros (*idem*: 75).

Neste âmbito, revela-se particularmente interessante assumir a economia das cidades como uma realidade que se constitui no tempo e no espaço, como um objeto "evolucionário", para invocar o sentido do conceito de "vida do processo económico" de Thorstein Veblen (1898), que nele sublinha a centralidade da ação humana[33], atribuindo-lhe uma intencionalidade que é indissociável do contexto em que se inscreve. Isto é, uma intencionalidade que não se encontra previamente determinada por princípios ou lógicas imanentes, por "ideais de conduta", "leis naturais", "sequências causais" imutáveis ou "mecanismos de controlo" externos (*idem*: 5).

Trazer as instituições para a Economia Urbana significa integrar na análise o papel que os agentes, as estruturas e as regras (formais ou informais,

---

[33] Como assinala Veblen (1898: 8), "as propriedades físicas dos materiais acessíveis ao homem são constantes: é o agente humano que muda – a sua perceção e a sua apreciação relativamente ao uso que as coisas podem ter e ao que é que esse uso conduz". Razão pela qual, segundo Veblen, "é no material humano que o processo de desenvolvimento deve ser procurado".

explicitamente estabelecidas ou tacitamente instituídas, os hábitos e as rotinas) nela assumem. E considerar que a economia das cidades há-de revelar trajetórias que são por natureza cumulativas e que traduzem a intencionalidade dos agentes individuais e coletivos, fundada nas circunstâncias concretas em que estes – a cada momento – se movem. Ou seja, trata-se de construir, nos termos da proposta de Veblen, "a teoria de um processo, de uma sequência em aberto" (*idem*: 2). E de reconhecer, como sublinha José Reis lembrando John Commons a propósito da importância da noção de transações, um sentido "essencialmente social, com a qual se pretende captar as externalidades que resultam de complexas interacções entre vários domínios institucionais" (2010: 222-223).

Ao partir de um quadro teórico que reconhece a multidimensionalidade do que é económico nos espaços urbanos e que entende a ação humana situada, em contexto, uma Economia Política das cidades encontrará certamente nos processos de governação um tema central. Assumirá as cidades como espaços em que o económico se constitui, através de um "conjunto plural de formas de coordenação", que inclui – como propõe José Reis – o princípio do mercado (enquanto universo da "alocação de recursos"); a especificidade dos ativos (enquanto sistema de "organização, procedimentos e mobilização da capacidade económica"); e a endogeneidade das preferências[34], enquanto reflexo de "comportamentos colectivos, diferenciação, instituições e governação" (*idem*, 2010: 230).

O que invoca, por outro lado, a noção de que as cidades são lugares com forte concentração de "capital social", dos "recursos relacionais" a que se refere Pierre Veltz, sublinhando a sua importância para a capacidade económica dos lugares (2008: 87) e lembrando que estes são "recursos que resultam em geral de processos de tempo longo, que não se podem construir e desenvolver a não ser através da duração" (*idem*: 92).

---

[34] O conceito de especificidade dos ativos sugere que "qualquer processo económico assenta em recursos (activos) próprios e diferenciados, constituídos ao longo de processos singulares e estritamente relacionados com o contexto organizacional em que vão ser usados e valorizados", querendo a noção de endogeneidade das preferências aludir ao processo complexo de formação das decisões individuais e colectivas, isto é, mediante "interacções intensas de natureza contextual, política e social, e não de modo abstracto, dedutivamente comandado por padrões de racionalidade que lhes sejam exteriores" (Reis, 2010: 227-228).

Uma noção de cidade que parta de uma perspetiva económica, mas que consiga superar as incapacidades, limitações e o fechamento disciplinar a que a Economia Urbana convencional sujeitou a análise dos espaços urbanos, encontra assim na proposta de José Reis uma boa definição, ao considerar que:

> A economia das cidades [se] constitui evolutivamente, [se] representa em lugares e territórios, assenta em recursos materiais e imateriais e origina (e decorre de) um conjunto de interacções sistemáticas – mercantis, institucionais, simbólicas – entre pessoas, segundo escalas e processos de governação e negociação diversos" (2010: 220).

O que significa, como sugere Ron Martin, a necessidade de incorporar no estudo económico das cidades a análise das "variações espaciais no alcance, densidade e papel das instituições (tanto da organizações formais, regras e práticas, como dos hábitos informais, rotinas, normas, redes, etc.) que sustentam (ou que em alguns casos minam) a atividade económica, e como e porquê estas geografias institucionais se desenvolvem, elas próprias, desigualmente no espaço" (1999:75).

O distanciamento conceptual e metodológico que uma Economia Política das cidades representa, face ao modo como a Economia Urbana convencional encara os espaços urbanos e se estabelece disciplinarmente, torna-se evidente. E suscita, naturalmente, a abertura ao diálogo com outros domínios científicos de conhecimento, dando assim sentido ao princípio de relação que a ciência económica deve manter com os seus objetos, apontado por Simões Lopes, quando sublinha que "o tratamento a dar aos problemas ditos económicos não pode situar-se no contexto dos sistemas fechados" (2009: 27). Isto é, trata-se de assumir que as cidades "são domínios substantivos complexos" e que devem por isso ser partilhados com outras disciplinas ou, "mais rigorosamente, com outras formas de ver" (Reis, 2010: 232), no quadro de um entendimento da Economia enquanto "ciência aberta" (Neves, 2007), em que os economistas – que Krugman reconhece lerem "definitivamente pouco as pessoas fora da tribo" – são motivados a começar a "espreitar com mais frequência por cima da cerca" (2010: 7).

A relação das cidades com a Economia pode traduzir-se na proposta de José Reis (2010), quando as encara como espaços de diálogo transdisciplinar, suscetíveis de diluir, em absoluto, as fronteiras que separam os diferentes modos de as interpretar. Isto é, transmutando de algum modo o estatuto das cidades enquanto objeto científico num estatuto de domínio científico. Mas não terá que ser necessariamente assim, na medida em que a produção de um discurso sobre as cidades fundado na Economia assuma, como pressuposto claro e incontornável, a necessidade de diálogo e de permuta de saberes com outras ciências sociais.

## REFERÊNCIAS BIBLIOGRÁFICAS

ALBERGARIA, Henrique *et al.* (2009), "A Teoria da Localização", in Costa, José Silva; Nijkamp, Peter (orgs.), *Compêndio de Economia Regional: Teoria, Temáticas e Políticas*. Vol. I. Cascais: Principia, 45-110.

ALVES, Manuel Brandão (2001), Multidimensionalidade do espaço: Do espaço objecto ao espaço sujeito e à ordem no território, *Série Didáctica*, 1, Lisboa: Centro de Investigações Regionais e Urbanas.

CLAVAL, Paul (1987), *Geografia do Homem: Cultura, Economia, Sociedade*, Coimbra: Almedina.

COSTA, José Silva; NIJKAMP, Peter (2009), "O espaço económico e a teoria económica", in Costa, José Silva; Nijkamp, Peter (orgs.), *Compêndio de Economia Regional: Teoria, Temáticas e Políticas*. Vol. I. Cascais: Principia, 7-17.

DYMSKI, Gary (1996), On Krugman's Model of Economic Geography, *Geoforum*, Vol. 27, Nº 4, Oxford, Pergamon, 439-452.

FERRÃO, João (1997), Rede urbana, instrumento de equidade, coesão e desenvolvimento, in Conselho Económico e Social, *Colóquio "A Política das Cidades"*, Lisboa, 14-36.

FERRÃO, João (2003), Intervir na Cidade: Complexidade, Visão e Rumo, in Portas, Nuno; Domingues, Álvaro; Cabral, João (orgs.), *Políticas Urbanas – Tendências, estratégias e oportunidades*, Lisboa: Fundação Calouste Gulbenkian, 218-223.

FORTUNA, Carlos (2001), Sociologia, Cultura Urbana e Globalização, in Fortuna, Carlos (org.), *Cidade, Cultura e Globalização: Ensaios de Sociologia*, Colecção Território e Ambiente, Oeiras: Celta, 1-28.

FUJITA, Masahisa (1989), *Urban Economic Theory: Land Use and City Size*, New York: Cambridge University Press.

FUJITA, Masahisa; KRUGMAN, Paul; VENABLES, Anthony J. (1991), *The Spatial Economy: Cities, Regions, and International Trade*, Cambridge, Massachussets, Londres: The MIT Press.

GLEASER, Edward (2007), *The Economic approach to Cities*, Cambridge, Harvard University and NBER, http://www.economics.harvard.edu/faculty/glaeser/files/kayden4.pdf [22 de setembro de 2010].

JACOBS, Jane (1970), *The Economy of Cities*, New York: Vintage Books.

KALDOR, Nicholas (1972), The irrelevance of equilibrium economics, *The Economic Journal*, 1237-1255.

KRUGMAN, Paul (1991), *Geography and Trade*, Cambridge and Massachusetts, The Massachusetts Institute of Technology (MIT) Press.

Krugman, Paul (2010), *The New Economic Geography, now middle-aged*, Paper presented to the Association of American Geographers, April 16, http://www.princeton.edu/~pkrugman/aag.pdf [6 de dezembro de 2010].

Knox, Paul; Agnew, John (1994), *The Geography of the World Economy*, New York: Edward Arnold.

Lawson, Victoria; Staeheli, Lynn (1990), Realism and the practice of Geography, *The Professional Geographer*, 42: 13–20.

Lopes, António Simões (2001), *Desenvolvimento Regional: Problemática, Teoria, Modelos*, Lisboa: Fundação Calouste Gulbenkian.

Lopes, António Simões (2009), O espaço económico, in Costa, José Silva; Nijkamp, Peter (orgs.), *Compêndio de Economia Regional: Teoria, Temáticas e Políticas*. Vol. I. Cascais: Principia, 19-43.

Mäki, Uskali (2004), Realism and the nature of theory: A lesson from J H von Thünen for economists and geographers, *Environment and Planning* A. Vol 36, Londres: Pion, 1719-1736.

Marshall, Alfred (2005), *Principios de Economia*, Vol. I e II. Madrid: Editoral Síntesis, 287-364.

Martin, Ron (1999), The new "geographical turn" in economics: Some critical reflections, *Cambridge Journal of Economics*, 23-1: 65-91.

Mills, Edwin S. (2000), A Thematic History of Urban Economic Analysis, in *Brooking-Wharton Papers on Urban Affairs*, Washington DC, New York: The Brookings Institution.

Mills, Edwin S.; Hamilton, Bruce W. (1984), *Urban Economics*, Glenview, Illinois, e Londres: Scott, Foresman and Company [Third edition].

Neves, Vítor (2007), Sciences as open systems: The case of Economics, *Oficina do CES*, n.º 289. Coimbra, Centro de Estudos Sociais.

O'Sullivan, Arthur (2007), *Urban Economics*, New York: McGraw-Hill Irwin.

Pontes, José Pedro; Salvador, Regina (2009), A nova Geografia Económica, in Costa, José Silva; Nijkamp, Peter (orgs.), *Compêndio de Economia Regional: Teoria, Temáticas e Políticas*. Vol. I. Cascais: Principia.

Reis, José (1992), *Os Espaços da Indústria. A Regulação Económica e o Desenvolvimento Local em Portugal*, Colecção Saber Imaginar o Social, n.º 1, Porto: Afrontamento.

Reis, José (2007), *Ensaios de Economia Impura*, Coimbra: Almedina.

Reis, José (2010), Uma ciência indisciplinar: A cidade dos economistas, in Neves, Vítor; Caldas, José Castro (orgs.), *A Economia sem Muros*, Série Conhecimento e Instituições, Coimbra: Almedina/CES, 219-232.

Silva, Mário *et al.* (2009), Modelos de crescimento regional, in Costa, José Silva; Nijkamp, Peter (orgs.), *Compêndio de Economia Regional: Teoria, Temáticas e Políticas*. Vol. I. Cascais: Principia.

Veblen, Thorstein (1898), Why is Economics not an Evolutionary Science, *The Quarterly Journal of Economics*, 12, 373-397.

Veltz, Pierre (2008), *Des lieux et des liens: Essai sur les politiques du territoire à l'heure de la mondialisation*, Éditions de l'Aube.

## SOBRE OS AUTORES

### ANA CORDEIRO DOS SANTOS

É Investigadora do Centro de Estudos Sociais (CES)/Laboratório Associado da Universidade de Coimbra, onde integra o Núcleo de Estudos de Ciência, Economia e Sociedade. Doutorada em Filosofia da Economia pela Universidade Erasmus de Roterdão, Holanda, mestre em Economia e Política Social pela Universidade de Roskilde, Dinamarca, e licenciada em Economia pelo ISEG. O seu trabalho de investigação recente incide sobre as temáticas da metodologia da economia, economia experimental e economia comportamental, tendo publicado em várias revistas de especialidade. Publicou em 2009 o livro *The Social Epistemology of Experimental Economics* na Routledge.

### CELIA LESSA KERSTENETZKY

É professora titular de Economia da Universidade Federal Fluminense (UFF), Niterói. É doutora em ciência política pelo IUPERJ (1997) e Ph.D. *cum laude* em Social and Political Sciences pelo European University Institute (1998), com estágios pós-doutorais no MIT e na Columbia University. Dirige, na UFF, o Centro de Estudos sobre Desigualdade e Desenvolvimento (CEDE) e é pesquisadora 1 do Conselho Nacional de Desenvolvimento Científico e Tecnológico (CNPq), Brasil. Possui diversos artigos publicados em periódicos científicos nacionais e internacionais. Seus interesses de pesquisa incluem a análise das desigualdades sociais e da pobreza e dos sistemas de bem-estar social em perspectiva comparada, a filosofia da economia e a filosofia política.

### DAVID DEQUECH

É professor de economia da Universidade Estadual de Campinas, São Paulo. Possui um Ph.D. em economia pela Cambridge University (1998). É editor associado do *Journal of Economic Behavior and Organization* e foi recentemente *fellow* da Fundação Humboldt no *Max Planck Institute for the Study of Societies* e membro do conselho editorial do *Journal of Economic Issues*. Pesquisa atualmente dois conjuntos de temas: as relações entre instituições e o comportamento e o pensamento dos agentes econômicos; a importância e ubiquidade das instituições na vida econômica. Tem diversos artigos publicados em revistas internacionais e brasileiras.

### EMMANOEL DE OLIVEIRA BOFF

Possui graduação em Ciências Econômicas pelo Instituto de Economia da UFRJ – Universidade Federal do Rio de Janeiro (1999), mestrado em Comunicação e Cultura pela Escola de Comunicação da UFRJ (2004), e doutorado em Economia pela UFF – Universidade Federal Fluminense (2009). Atualmente é membro do CEDE (Centro de Estudos de Desenvolvimento e Desigualdade) e professor adjunto do departamento de economia da UFF, onde ministra disciplinas na área de pensamento econômico. Seus principais temas de estudo focam na história dos modos como os indivíduos são modelados pela teoria econômica e a influência de instituições (como escolaridade e emprego formal) e do capital social sobre a disposição a pagar dos indivíduos para conservação de bens públicos.

### JAQUES KERSTENETZKY

É Professor Associado do Instituto de Economia da Universidade Federal do Rio de Janeiro. Doutor em Economia Política pelo Instituto de Economia da UFRJ (1995) com pesquisa da tese realizada na Universidade de Bologna, foi Adjunct Professor na Stern School of Business da New York University em 2010/11. É pesquisador associado do INCT/PPED UFRJ. Seu trabalho de pesquisa reúne História Empresarial e História do Pensamento Econômico no tema de Firmas e Mercados, com especial atenção para a obra de Alfred Marshall. Publicou vários artigos em periódicos nacionais e internacionais.

### JOSÉ CASTRO CALDAS

É Investigador do Centro de Estudos Sociais (CES)/Laboratório Associado da Universidade de Coimbra, onde integra o Núcleo de Estudos de Ciência, Economia e Sociedade. Anteriormente foi Professor Auxiliar do Departamento de Economia do ISCTE e investigador do DINÂMIA, de que foi vice-presidente. Licenciado em Economia pelo ISEG, mestre em Matemática Aplicada à Economia e à Gestão, doutorado em Economia pelo ISCTE. Os seus principais interesses de investigação atuais incluem a deliberação individual e coletiva, ética e economia, economia institucionalista e história da economia. Publicou recentemente *Economia(s)* (com Francisco Louçã, Afrontamento, 2009) e co-organizou, com Vítor Neves, *A Economia Sem Muros* (Edições Almedina, 2010) e *Facts, Values and Objectivity in Economics* (Routledge, 2012).

JOSÉ REIS
É Professor Catedrático da Faculdade de Economia da Universidade de Coimbra (FEUC), da qual é também, desde 2009, seu Diretor, e Investigador do Centro de Estudos Sociais (CES), no qual integra o Núcleo de Estudos de Ciência, Economia e Sociedade. É doutorado e agregado em Economia pela Universidade de Coimbra. É coordenador do Programa de Doutoramento em Governação, Conhecimento e Inovação (CES e FEUC). Foi Secretário de Estado do Ensino Superior (1999-2001), Presidente da Comissão de Coordenação da Região Centro (1996-1999) e Presidente do Conselho Científico da FEUC (1992-1994 e 2002-2004). Os seus temas de investigação em economia compreendem três áreas principais: Economia dos Territórios, Institucionalismo, Estado e Governação e Economia Portuguesa. Publicou recentemente "Ensaios de Economia Impura" (Edições Almedina, 2007; reeditado em 2009).

MAURO BOIANOVSKY
É professor titular do Departamento de Economia da Universidade de Brasília, doutor em economia pela Universidade de Cambridge e mestre em economia pela Pontifícia Universidade Católica do Rio de Janeiro. Atua na área de Historia do Pensamento Econômico, especialmente historia da macroeconomia e da teoria do desenvolvimento econômico, com publicações em periódicos internacionais. Seu livro *Transforming Modern Economics*, em coautoria com Roger Backhouse, será publicado pela Cambridge University Press em 2012.

NUNO SERRA
É Mestre em Geografia pela Faculdade de Letras e aluno do Programa de Doutoramento em Governação, Conhecimento e Inovação, na Faculdade de Economia da Universidade de Coimbra, encontrando-se a preparar a dissertação «O Imaterial e o Político na Economia das Cidades». Técnico Superior Principal na Santa Casa da Misericórdia de Lisboa, beneficia atualmente de uma bolsa da Fundação Calouste Gulbenkian. Os seus interesses de investigação incidem nos domínios da economia urbana, políticas de habitação, políticas públicas e papel do Estado. Publicou, em 2002, o livro «Estado, Território e Estratégias de Habitação». É co-autor do blogue Ladrões de Bicicletas.

VASCO ALMEIDA
É investigador do CEPESE – Centro de Estudos da População, Economia e Sociedade e docente no Instituto Superior Miguel Torga (ISMT), onde tem lecionado

várias disciplinas nas áreas da Economia e da Política Social. É membro do Conselho Diretivo do ISMT, editor de recensões críticas da Revista Interações e Coordenador da Biblioteca do ISMT. É doutorado em Governação, Conhecimento e Inovação pela Faculdade de Economia da Universidade Coimbra (FEUC), mestre em Economia Europeia pela FEUC e licenciado em Economia pela FEUC. O seu trabalho de investigação tem-se centrado nas questões do Estado, despesas públicas, institucionalismo, governação e terceiro setor, tendo vários artigos publicados nas referidas áreas.

VÍTOR NEVES
É Professor Auxiliar da Faculdade de Economia da Universidade de Coimbra e Investigador do Centro de Estudos Sociais (CES), onde integra o Núcleo de Estudos de Ciência, Economia e Sociedade. É licenciado em Economia, mestre em Economia Europeia e doutor em Economia, pela Universidade de Coimbra. Tem lecionado disciplinas nas áreas da Economia Pública, da Metodologia e História do Pensamento Económico, e da Economia da Habitação. O seu trabalho de investigação mais recente tem incidido sobre a natureza da Economia como ciência, nomeadamente o significado do 'económico', Economia e interdisciplinaridade, sistemas abertos, objetividade na Economia e o problema do valor e custos sociais. Co-organizou, com José Castro Caldas, *A Economia Sem Muros* (Edições Almedina, 2010) e *Facts, Values and Objectivity in Economics* (Routledge, 2012).